안경 없이 성경 읽기

The Bible Unfiltered

안경 없이 성경 읽기

우리 시대의 프레임으로 걸러내지 않은
성경 읽기

The Bible Unfiltered: Approaching Scripture on Its Own Terms

안경 없이 성경 읽기
: 우리 시대의 프레임으로 걸러내지 않은 성경 읽기

초판 1쇄 인쇄 | 2021년 2월 10일
초판 1쇄 발행 | 2021년 2월 20일

지은이 | 마이클 하이저
옮긴이 | 김태형
펴낸이 | 신은철
펴낸곳 | 좋은씨앗
출판등록 제4-385호(1999. 12. 21)
주소 | (06753) 서울시 서초구 바우뫼로 156(양재동, 엠제이빌딩) 402호
주문전화 | (02) 2057-3041 주문팩스 | (02) 2057-3042
페이스북 | www.facebook/goodseedbook
이메일 | good-seed21@hanmail.net

ISBN 978-89-5874-349-1 03230

Naked Bible Podcast를 듣는 애청자들에게

차례

제2부 안경 없이 구약 읽기

제3부 안경 없이 신약 읽기

● 일러두기

1. 미주는 모두 저자의 주이고, 각주는 모두 역자의 주이다.
2. 본문에는 한글개역개정을 사용했고, 필요한 경우에 영역본을 병기했다.
3. 원서에 이탤릭체로 표시된 강조는 작은따옴표로 표시했다.
4. 단행본 등의 출판물은 『 』, 논문, 문서 모음집이나 문자 중심의 미디어 매체는 「 」, 영화나 TV 프로그램 등의 영상 미디어 매체는 《 》표기를 사용했다.

들어가는 글

내가 기고한 「바이블 스터디 매거진」(Bible Study Magazine)의 기사 일부를 렉스햄 출판사에서 단행본으로 편찬해서 발행하기로 결정한 지 어느덧 3년이 흘렀다. 그 결과물로 나온 책이 *I Dare You Not to Bore Me with the Bible*(좋은씨앗 역간 예정)이다. 나는 이 책의 머리말에서 "여러 성경 본문을 제대로 이해하려면 본문을 본래의 문맥 안에서 읽어야 한다. 우리에게 친숙한 전통적인 것들을 통해 본문을 걸러내서는 안 된다"[1] 라고 주장했다. 지금은 이를 그 어느 때보다 확신하고 있다. 이런 확신을 바탕으로 「바이블 스터디 매거진」의 관련 기사들을 모아 두 번째 책을 준비해왔고, 이런 나의 확신은 독자들에게도 가치 있는 고민거리를 던질 수 있으리라고 생각한다.[2]

우리는 글을 쓰거나 말을 하면서 상대방에게 이해받고자 할 때, 자연스럽게 독자나 청중을 고려하게 된다. 갓난아기에게 말을 걸 때, 부모에게 편지를 쓸 때, 고용인을 평가할 때, 또는 친구와 서로 오해를 풀 때, 우리는 '일상'의 경험과 '상호' 인식, '익숙한' 사회적 환경 속에서 도출된 어휘와 문체, 그리고 예화들을 사용한다. 이 같은 방식을 사용하지 않는다면 상대방이 이해하리라고 기대하기란 쉽지 않을 것이다. 어쩌면 꽤나 비참해질 정도로 오해를 받을 수도 있다.

우리의 언어 생활은 바로 이런 요인들로부터 파생되며, 이에 따른 방식으로 그 형태를 갖추게 된다. 달리 말하면, 우리는 우리의 '삶'을 나누는 정도만큼, 또는 조금 덜 세련되게 학자들의 언어로 표현하자면, 우리가 인식의 틀(cognitive framework)을 공유하는 만큼만 서로를 이해할 수 있다.

저자와 독자 사이의 성공적인 (여기서 소위 "성공적"이라는 표현은 저자가 의도한 대로 독자가 잘 이해하는 상태를 의미한다) 의사소통을 만들어내는 일종의 연결고리는 서로 공유하는 세계관과 사고방식 없이는 만들어질 수 없다. 이처럼 성경의 저자들은 독자들에게 이해받고 싶었다. 그들은 일부러 의미를 잘못 전달하려는 의도를 가지고 글을 쓴 게 절대로 아니다. 보다 근본적으로 말하자면, 성경의 원저자이신 하나님은 하나님 자신의 생각, 성품, 뜻을 우리가 명백하게 제대로 깨닫기를 원하셨다. 하나님은 그런 일을 사명으로 완수할 사람들, 즉 성경의 저자들을 선택하셨고 그들을 준비시키셨다. 그들은 그 일에 결코 방해가 되는 사람들이 아니었다. 하지만 성경 말씀이 기록되고 나서 수천 년이 지난 후에 살고 있는 우리가 그 글을 읽기란 매우 곤란한 일이 아닐 수 없다. 우리는 그들과 전혀 다른 시대, 다른 세상에 살고 있기 때문이다. 우리는 성경 저자들과 동시대의 삶을 공유하지 않는다. 우리는 수만 가지 이유들로 인해 성경의 저자들과는 동일한 사고방식을 공유하지 않는다.

우리는 다만 성경 번역가들의 고된 수고 덕분에 성경의 저자들이 기록한 글을 손쉽게 접하고 읽을 수 있게 되었다. 그러나 글로 소통하고 그것을 전달하는 작업에는, 하나의 언어에서 또 다른 언어로, 일대일로 단어들을 전환시키는 단순한 작업보다 훨씬 더 많은 수고가 투입되어야 한다. 사고방식과 세계관, 곧 삶 자체를 공유해야 그런 표현들을 제대로 이해하고 바르게 구현할 수 있게 된다.

예를 들면, 내가 중국인 친구에게 "낙태 문제는 미국에서 뜨거운 감자(hot potato)다"라고 말할 때, 영어가 모국어가 아닌 친구의 입장에서 "뜨거운"(hot)과 "감자"(potato)라는 각각의 단어를 문자적으로 아는 것만으로는 이 말의 의미를 이해하기 어렵다. 이런 관용적 표현들은 미국 문화권 내에서 또는 미국인들과 관계를 맺고 소통한 경험이 있어야 온전히 이해할 수 있다. 또 다른 대화에서는 상대방에게 은유적으로 이해되길 바라면서 특정 의도를 가지고 말할 수도 있다. 어떤 상징적이고 대표적인 의미를 상대방이 눈치채길 바라면서 내가 그것과 관련된 사물이나 개념을 언급할 수도 있을 것이다. 내가 말하는 바를 상대방이 제대로 이해하기 위해서는 한마디로 내 생각이 오롯이 그의 머리속에 들어가 있어야 (즉 상대방이 나의 세계관을 이해하고 있어야) 한다는 것이다.

물론 성경에서 일부 내용, 예를 들어 대개는 매우 중요한 사건이나 핵심적인 개념들은 시대적인 간극을 뛰어넘어 단순명료하게 전달되는 경우도 있다. 그러나 그 반대의 경우도 많은 것이 엄연한 현실이다. 성경에는 까다로운 본문들이 다수 존재한다. 더욱 당혹스러운 사실은 우리가 전통적으로 생각해왔던, 또는 받아들여왔던 본문 해석들이 성경 저자들의 본래 의도라 할 수 있는 본문의 실제 의미와 많은 차이를 보일 수 있다는 것이다.

그러나 이런 현실적 장벽 앞에 좌절하기만 한다면 결코 바람직한 대처가 될 수 없다. 우리가 성경의 모든 내용을 완벽하고 세밀하게 이해할 수는 없지만, 그럼에도 불구하고 우리 자신을 성경 저자들의 세계관과 사고방식에 연결시키고자 노력한다면, 이전보다 더 많은 부분을 이해할 수 있을 것이다. 혹여 성경에 대한 철저한 이해가 애초에 불가능하므로 아예 공부할 필요가 없다고 결론 내린다면, 그것은 섣부르고 무책임한 판단이다. 우리가 먹는 모든 음식이 매순간 우리 몸에 필요한 최선의 것인지를 다 파악할 수 없다고 해서, 먹는 것 자체를 중단할 수는 없지 않은가?

우리는 그 어느 때보다 성경 저자들의 상황과 본문 배경 속으로 우리를 연결시켜주는 정보의 홍수 시대에 살고 있으며, 이는 실로 엄청난 특권이 아닐 수 없다. 나는 학자로서 당신에게 이처럼 성경의 문맥으로 연결되어야 할 필요성을 일깨우려 할 뿐 아니라, 성경 읽기의 유리한 고지를 점령할 수 있도록 힘껏 돕고자 한다. 『안경 없이 성경 읽기』라는 이 책이 바로 그 일을 했으면 하는 것이 나의 간절한 바람이다.

워싱턴 주, 벨링햄에서

마이클 하이저

제1부
책임감 있는 성경해석

1.
진지한 성경 공부는 유약한 자들을 위한 것이 아니다

성경 본문과 진지하게 교류하는 고된 작업, 즉 우리가 성경 연구 또는 성경 공부라고 부르는 활동에 대해 학문적 수준에서 언급할 때 가장 선호하는 업적 중 하나를 꼽자면 바로 헬라어 사전 편찬자 프레드릭 윌리엄 댄커(Frederick W. Danker, BDAG에서 "D"에 해당하는 인물)의 연구다.[1] 댄커는 "학자로서의 작업은 유약한 겁쟁이들이 감당할 만한 것이 아니다"(scholar's tasks are not for sissie)라는 유명한 말을 남겼다. 댄커의 말은 옳다. 나는 누군가 반드시 했어야 하는 지당한 말을 댄커가 기꺼이 언급한 것에 대해 고맙게 생각한다.

진지한 성경 공부에 대해 진실을 말하자면, 그것은 결코 쉬운 작업이 아니라는 것이다. 본문이 실제로 무엇을 의미하는지 (또는 아마도 무엇을 의미하는지) 그리고 왜 그런 의미인지를 파악하기 위해서는 상당한 시간과 꾸준한 노력이 투입되어야 하며, 대개 한 본문에만 며칠, 몇 주, 또는 몇 달이 소요되기도 한다. 만일 자신에게 성경 공부의 효과가 없는 것같이 느껴진다면, '제대로' 하고 있는 것이 아니기 때문일 것이다.

> **THE BIBLE UNFILTERED**
>
> 만일 자신에게 성경 공부의 효과가 없는 것 같이 느껴진다면, '제대로' 하고 있는 것이 아니기 때문일 것이다.

나는 진지하게 성경을 공부해야 한다고 말하는 것이 어떤 사람에게는 마치 성경 공부의 즐거움을 빼앗는 것처럼 여겨진다는 사실을 알고 있다. 그러나 성경 공부를 통해 기쁨을 얻는 것과 성경 공부를 통해 한 차원 높은 수준의 배움을 얻는 것을 구분하고, 둘 사이에서 어느 하나만을 선택해야 한다고 생각한다면 그것은 큰 오해다. 어떤 일에 능숙하거나 또는 어떤 주제를 깊이 통달하고 있는 사람은 그만한 노력을 기울였기 때문에 자신이 통달한 것을 즐길 줄 아는 사람이다. 악기 연주에 능숙해지는 것이나 전문 요리사가 되는 것, 또는 야구 선수로서 골든글러브를 수상하는 것 등 어느 분야든지 최고의 자리에 오른 사람들은 수천 시간의 노력 끝에 그런 경지에 도달했다. 그들에게 다른 방도는 없었다. 성경 공부라는 분야에서 그와 마찬가지의 수준에 도달한 사람들 역시 그만한 대가를 치렀다. 그들은 고된 수고가 따른다는 이유로 성경 공부를 포기하지 않은 확신의 사람들이다. 그들은 결코 유약한 겁쟁이들이 아니다.

자신에게 만족을 주는 그 어떤 것보다 성경을 더 잘 알길 진정 원하는가? 우리가 소위 하나님의 말씀이라 부르는 이 성경에 대해 정말로 깊은 통찰을 얻기를 원하는가? 그렇다면 몇 가지 유념해야 할 사항이 있다.

성경 공부는 영적으로 고취되기 위한 것이 아니다

먼저 가장 명백한 것부터 말해 보겠다. 누구든지 성경이 인류를 향한 하나님의 메시지라고 참으로 믿는 사람이라면, 하나님이 우리를 계속해서 사랑으로 돌보시는 이유와 그 방식에 대해 시시때때로 경이로움과 기쁨을 경험하게 될 것이다. 성경에 담겨 있는 영적인 함의를 정말로 이해하는 사람에게는 당연한 일이다. 따라서 여기서 우리의 어떤 감정적인 반응이 성경과의 심도 깊은 교류와 상충되는 것이라 주장하려는 것은 아니다. 하지만 당신이 특정한 방식으로 어떤 교감이나 기분만을 느끼려 하거나 영적으로 더욱 고취되고 싶어 성경을 공부한다면 당신의 성경 공부는 지나치게 자기중심적이게 될 것이란 사실을 지적하고자 한다.

우리는 성경 어느 곳에서도 "어떤 특별한 기분을 경험하기 위해 성경을 연구해 보라"는 식의 가르침을 찾을 수 없다. 궁극적으로 성경은 하나님에 관한—하나님이 무엇을 행하셨고, 하나님이 무엇을 하고 계시며, 하나님이 무엇을 행하실지에 대한—책이지, 당신에 관한 책이 아니다. 성경 공부를 하는 동안 '당신'의 이야기—그리고 '당신'의 문제해결—에 집착하고 있다면, 정작 성경이 들려주는 '하나님'에 관한 이야기에는 결코 감화되지 못할 것이다. 물론 하나님의 이야기를 깨닫고 이해하다 보면 결국 당신의 문제에 다가가게 될 수도 있다. 그러나 그 반대의 경우는 없다. 자기 치유(self-therapy)의 형태를 뛰어넘는 진지한 성경 공부는 영감 된 성경 본문을 숙달하는 작업과 직결된다. 당신은 이 일을 정말로 원하거나 반대하거나, 둘 중 하나일 것이다. 이런 공부를 정말로 원한다면, 기꺼이 시간을 들여야 하고 자신의 공부와 사고의 과정을 지속적으로 점검하고 평가하는 노력에 진력해야 한다.

세부적인 사안에 주목하고 명확하게 사고하는 것은 예수님을 사랑하는 것과 배치되지 않는다

나는 신앙인의 길에 접어든 직후부터 성경을 배우는 일에 완전히 사로잡혔었다. 질문들을 제기했고 답변들에 귀를 기울였다. 그리고 더 많은 질문들을 추적해갔다. 때때로 나의 이런 행동에 사람들이 짜증을 내기도 했다. 심지어 교회와 가정에서 진행되는 성경 공부 시간에, 내가 성경에 너무 집착한다는 이유로 꾸지람을 들었던 적도 몇 차례 기억난다. 그 결과, 당시에 나는 성경 공부의 참된 목적이 예수님을 배우고 어떻게 그분을 따를 것인지를 더 깨닫는 것에 있다는 얘기를 들어야 했다.

그때에 나는 그런 의견에 동의하지 않았고 지금도 마찬가지다. 생리 중인 여인이 부정하다고 여겨지는 이유(레 15:19-24), 우림과 둠밈이 무엇인지에 대한 설명(출 28:30), 몇몇 영역본에 요한복음 5:4이 포함돼 있지 않은 이유 등은 예수님과 아무 관련이 없는 내용이다. 이 같은 난해한 본문들이 성경에 포함되어 있다는 사실은 그 자체로, 예수 그리스도에 관한 본문만큼이나 이런 본문들도 성령으로 감동된 하나님의 말씀이라는 것을 의미한다.

성경 공부는 우리가 영감 되었다고 말하는 그 본문이 정말 무엇을 의미하는지를 배워가는 것이다. 성경의 모든 본문이 의미하는 바를 배워가는 일은 하나님이 자기 백성을 어떻게 구원하셨는지, 하나님의 성품이 어떠한지에 대한 더 깊은 이해와 깨달음을 얻게 한다. 물론 예수님은 이 모든 것에서도 가장 중요한 핵심 주제가 되신다. 그러나 성경에는 그리스도의 생애와 죽음과 부활 이야기, 그리고 예수님의 비유와 산상수훈만 있는 것이 아니다. 이것만이 하나님께서 우리가 알기를 원하시는 것의 전부라면, 하나님은 우리에게 단지 사복음서만 허락하셨을 것이다. 하나님은 그보다 더 많은 뜻을 품고 계심이 너무나 분명하다.

성령의 인도하심은 커닝 페이퍼처럼 사용하라고 주신 것이 아니다

텔레비전 방송에서 야구나 미식축구 경기를 시청한 적이 있다면, 선수들이 신에게 자신의 플레이가 성공하기를 빌거나 해낸 결과에 감사하는 장면을 분명 보았을 것이다. 선수들이 홈플레이트를 밟으면서, 또는 터치다운하면서 손가락으로 하늘을 가리키는 모습은 쉽게 볼 수 있다. 어떤 선수들은 기도를 위해 잠시 고개를 숙이기도 한다. 이런 모습은 매우 고무적이며, 실제로 많은 사람들에게 단지 하나의 제스처로 그치는 것이 아니라, 감동과 간증의 순간으로 다가오기도 한다.

하지만 솔직히 말해 보자. 미식축구 선수가 대형을 유지하고 자신들의 약속된 플레이를 기억하지 않는 한, 아무리 손가락으로 하늘을 가리켜도 득점에 성공하기 어려울 것이다. 야구 선수가 타석에서 짧게 기도한다 한들 무슨 소용이 있겠는가. 커브볼을 제대로 받아칠 줄 알아야 안타가 나오는 것이다. 그렇지 않으면 손쉽게—어쩌면 박진감 넘치게—아웃 당할 것이다.

성경 공부도 마찬가지다. 성경을 정말로 아는 그 느낌과 확신을 간절히 열망하는 많은 그리스도인조차 정작 그런 수준에 도달하기 위해 필수적으로 요구되는 시간을 투자하는 데는 인색하기 짝이 없다. 대신 그들은 쉬운 지름길을 선택하고, 태만한 자신의 모습은 내버려둔 채 성령이 알아서 깨닫게 해주시기만 바랄 뿐이다. 성령이 우리를 진리로 이끄시리라는 약속의 의미를, 마치 성령이 우리의 나태함을 눈감아주시면서 우리가 필요로 하는 답변을 자동으로 제공해 주시는 것으로 잘못 생각하고 있다. 성삼위 하나님이신 성령 하나님은 기말고사 시험 시간에 우리 옆에 앉아 자신의 답안지를 몰래 보여주는 학창 시절의 그런 친구가 아니다.

성경 공부를 위해 본인 스스로 노력해야 할 부분을 성령의 힘으로 대체하려 하지 말고, 진지한 성경 공부에 매진하는 가운데 성령에게 지혜와 안목을 구함으로 (당신 자신과 심지어 신학 서적을 저술한 모든 저자의) 이치에 맞지 않은 잘못된 생각들을 모두 드러낼 수 있게 하라. 하나님의 말씀 연구에 더욱 헌신하고 매진할수록 성령은 더욱 당신과 함께 일하실 것이다.

2.
진지하고 정직한 태도로 성경을 문맥적으로 해석하라

초보 신자에서 전문적인 성경학자에 이르기까지 성경 공부에 관심 있는 사람이라면, 성경을 올바르게 해석하기 위해 반드시 '문맥(맥락, 배경) 안에서' 해석해야 한다는 말을 한번쯤은 들어봤을 것이다(어쩌면 본인 입으로 말했을 수도 있다). 물론 그 말에 반대하는 것은 아니다. 그러나 질문 하나를 던질 수밖에 없다. 그것은 무슨 의미인가? 다른 말로 풀자면, '어떤' 문맥을 말하는가?

우리는 성경 본문을 해석할 때 여러 문맥에 주목할 필요가 있다.

- **역사적 배경**(Historical context)은 본문의 배경이 되는 특정 시기와 특정 사건을 보여준다.
- **문화적 배경**(Cultural context)은 당대 사람들의 생활방식, 그들의 세계

관과 사고방식을 보여준다.

- **문학적 배경**(Literary context)은 주어진 성경 본문이 당대의 동일한 문학 장르에 속하는 저작들과 어떤 방식으로 그 양식에 일치하는지(또는 그렇지 않은지)를 보여준다.

이 모든 것이 다 중요하다는 사실은 분명하다. 그러나 이렇게 문맥을 공부했다고 해서 문제의 핵심을 간파한 것으로 볼 수는 없다. 이런 "문맥 이론"에는 우리가 놓치고 있는 한 가지 요소가 분명 있다. 이제 그 분명한 무언가를 확실히 붙잡을 때가 왔다. 믿거나 말거나 내 경우에는 그것을 나의 머릿속과 마음속에 확실하게 정립시키기까지 수년 동안의 연구가 필요했다.

성경의 진정한 문맥

그리스도인으로서, 의식적으로든 또는 그렇지 않든, 우리는 기독교의 역사가 성경 해석을 위한 진정한 문맥에 속한다고 사고하는 훈련을 받아왔다. 그러나 그렇지 않다. 어렵게 들릴 수 있지만, 기독교 역사와 기독교 사상은 성경 저자들의 배경이 되지 '않는다.' 유구한 2천 년의 기독교 역사와 사상은 그보다 오래 전에 성경 저자들이 기록한 성경 본문을 해석하는 데 적실한 문맥에 속한다고 할 수 없다.

물론 교부들도 성경 해석을 위한 적실한 문맥을 제공하지 않는다. 교부들은 대부분의 구약성경이 기록된 지 천 년 또는 그 이상이 지난 시점에 살았던 자들이다. 그들 중 소수의 사람들만이 히브리어를 읽을 수 있었다. 신약 시대와 이레나이우스, 테르툴리아누스 등과 같은 중요한 초기 신학자 사이에는 1세기 또는 그 이상의 시간적 간극이 발생한다. 초대 교회사에서 가장 유명한 아우구스티누스의 시대는 바울의 회심 이후 약 300년이 지난 시점이었다.[1] 이들 사이의 시간적 간극은 미국 독립기념일과 오늘 우리 사이의 시간적 간극보다 훨씬 더 크다. 또한 대부분의 교부들은 헬라어, 라틴어 또는 시리아어로 번역된 구약성경을 주로 사용했고, 따라서 그들의 주해는 대개 번역본에 의존한 것이었다. 게다가 교부들은 성경과 관련된 저술을 할 당시, 성경의 문맥으로 돌아가 살피기보다는 주로 그들 당대의 신학적인 논쟁에 응답하는 식으로 글을 썼다.

시간적 간극을 더 벌려 역사를 살필수록, 그 문맥상의 차이는 점점 더 벌어진다. 가톨릭 교회는 우리가 성경을 해석하기 위한 적실한 문맥적 배경이 아니다. 고대 후기 또는 중세의 랍비 운동도 아니다. 루터, 칼빈, 츠빙글리, 또는 재세례파로 이어지는 종교개혁 시대도 아니다. 청교도의 시대도 아니며, 그 어떤 종류의 복음주의 시대도 아니다. 그리고 오늘날 현세계도 성경 해석을 위한 제대로 된 문맥이 될 수 없다.[2]

그렇다면 성경 해석을 위한 적실한 문맥은 무엇인가? 내가 말하고자 하는 너무도 뻔한 사실은 바로 이렇다. 성경 해석을 위한 적실한 문맥은 성경 저자들의 문맥, 즉 성경을 기록하던 당시의 배경, 성경을 있게 했던 바로 그 정황이다. 다른 모든 문맥은 이질적이고 맞지 않는 것이며, 기껏해야 부차적인 것들이다.

문맥상의 간극을 연결시키기

성경 본문은 주전 2천 년부터 주후 1세기 사이에 고대 근동과 지중해 연안에서 살던 사람들에 의해 기록되었다. 그러므로 우리는 성경 저자들의 사고방식을 이해하기 위해, 그들의 배경에 문을 두드릴 필요가 있다. 우리는 성경 저자들이 공유했던 고대의 세계관을 우리의 머릿속으로 끌어와야 한다.

이런 논평이 너무나 당연한 것임에도 불구하고 오늘날 우리 교회 안에는 각종 신조, 신앙고백, 교단 신학과 같은 필터로 성경을 여과하여 해석하려는 경향이 설득력 있게 받아들여지고 있다. 이런 현상 자체를 나쁘게 볼 수는 없다. 이는 우리가 고안해 낸 (중요하지만) 인간적인 요소일 뿐이다. 신조는 기독교 신학의 중요한 요지들을 추출하는 데 유용한 도구다. 그러나 신조는 하나님의 큰 계획과 전체 경륜과 다소 떨어져 있으며, 성경의 세계와는 더욱 멀리 떨어져 있다. 우리는 이 같은 사실을 언제나 인지하고 있어야 한다.

내 주장을 오해하지 말기 바란다. 우리가 기독교 신앙의 선배들과 그들의 전통을 무시해야 한다는 것이 아니다. 오늘날의 우리가 과거의 그들보다 더 똑똑하다고 주장하는 것도 아니다. 그들 중에는 탁월한 지성으로 인정받은 성인들도 있다. 문제는 이들의 지적 능력이 아니다. 단지 그들이 성경 저자들의 세계에서 너무 멀리 떨어져 있었고, 그 간극을 좁힐 기회가 그들에게 거의 없었다는 사실이 문제일 뿐이다.

다소 이상하게 들릴 수 있지만, 이런 점에서 우리는 실제로 과거의 여느 영적인 믿음의 선배들보다 더 유리한 위치에 있다. 오늘날 우리는 성경 저자들이 살던 시기에 번성했던 주요한 문명을 판독하는 시대에 살고 있다. 우리는 그 시기의 문명이 낳은 지적이고 문화적인 산물들을 헤아려볼 수 있다. 그 자료들의 분량은 실로 어마어마하다. 엄청난 글과 문헌들이 있다. 우리는 전에 없던 방식으로 성경 저자들의 세계관이라는 맥락—학문적 표현으로는, 그들의 '인식 구조' 또는 '인지적 틀'—을 발견할 수 있다. 신약성경의 저자들에 대해서도 마찬가지다. 그들은 자신들 앞에 놓인 것을 유산으로 물려받은 자들이고, 우리와는 2천 년이나 동떨어진 주후 1세기에 살았던 사람들이기 때문이다.

한번 생각해 보라. 당신이 지금 어떤 글을 쓰고 있다면, 현재로부터 수천 년이 지난 후대의 사람들이 어떻게 그 글을 이해할 수 있겠는가? 어떻게든 당신의 머릿속으로 들어가 당신 자신이 현재 바라보는 세계를 그들도 바라보지 않는 한 아마도 불가능할 것이다. 그들은 당신이 생각하는 방식, 그 사고의 틀이 무엇인지 알아내야 한다. 당신을 잠재적으로 염려하게 하고, 분노하게 하고, 즐겁게 하고, 또는 우울하게 만드는 더 넓은 세계에서 일어나는 많은 일들을 그들도 이해할 수 있어야 한다. 왜 이 단어를 사용했고 왜 저 단어는 사용하지 않았는지를 문법적으로 분석하기 위해, 또는 당신이 사용한 어떤 표현을 정확히 판독하기 위해, 그들은 당신이 살던 시대의 대중문화를 이해할 필요도 있을 것이다. 이런 작업은 후대인들이 당신의 사고방식과 세계관, 그 틀이 무엇인지 알아내지 않는 이상 불가능할 수밖에 없다. 바로 이것이 본문을 그 문맥(맥락, 배경) 안에서 해석한다는 의미다.

> **THE BIBLE UNFILTERED**
>
> 현대적 상황에서 이해되는 어떤 문맥이 아니라, 오직 성경 세계의 문맥 안에서 성경 연구의 틀을 구성하기로 결심했을 때, 그날 나는 엄청난 해방감을 맛보았다.

나는 이것이 어려운 작업이라는 사실을 잘 안다. 우리가 오랫동안 수용해왔던 전통을 넘어서서 성경의 본래 문맥을 읽어내기란 결코 쉬운 일이 아니다. 그러나 그럼에도 불구하고, 만일 우리가 그렇게 노력하지 않는다면, 우리는 그 문맥 안에서 성경을 해석하는 일이 얼마나 중요한지를 논하는 이야기를 모두 중단해야 한다. 위선자가 되고 싶지 않다면 말이다. 솔직히 말하자면, 현대적 상황에서 이해되는 어떤 문맥이 아니라, 오직 성경의 세계라는 문맥 안에서 성경 연구의 틀을 구성하기로 결심했을 때, 그날 나는 엄청난 해방감을 맛보았다.

이로써 나는 다시금 첫 완독을 위한 성경 읽기의 여정에 들어설 수 있었다. 당신에게도 이 같은 일이 일어날 수 있다. 확신하지 못하겠는가? 아직 늦지 않았다.

3.
진정성 있는 성경 읽기와 초자연적 세계

앞 장에서는, 더 세밀하게 말하자면, 성경을 해석하는 데 있어 적실한 문맥이란 어떤 신조나 어느 교파의 기독교 역사가 아니라고 언급했다. 더 나아가 성경의 문맥은 오늘날 현대 세계의 문맥과 '전혀' 다르다고 말했다. 성경을 이해하기 위한 올바른 문맥은 성경이 쓰인 바로 그 당시의 문맥이다. 당연한 말처럼 들릴 수도 있다. 그러나 내 경험에 따르면, 누가 생각해도 이것이 뻔하고 자명한 진리임에도, 여기에 온전히 집중하기란 결코 쉽지 않다.

성경의 문맥에는 초자연적 세계도 포함된다. 성경의 저자들은 매우 역동적이고 활발하게 움직이는 영적 세계를 믿었다. 그들이 믿은 세계에는 삼위일체 하나님, 천사들, 사탄, 귀신들(demons)만 있는 것이 아니었다. 여러 신들(단지 우상으로만 여겨지지 않은 이방 민족의 신들)이 있었고,

더불어 (귀신은 아니고, 실제론 귀신보다 우월하며) 지리적 영역에 대한 권세를 주장하는 영적 존재들이 있었다.[1] 그리고 시각적으로, 심지어 물리적인 형태로 나타날 수 있으며, 한때 자신들이 속했던 물리적인 세계와 소통할 수 있는 망령들(ghosts)도 포함된다(삼상 28:3-20). 성경의 저자들은 신적인 존재들도 우리처럼 먹고 마시고 다투기도 하며 심지어 인간들과 자손을 낳을 수 있는 존재라고 여겼다(창 6:1-4; 18:1-8; 19:1-11; 32:22-32; 민 13:32-33; 벧후 2:4-10; 유 1:6-7).

성경의 "기이한" 본문 맞대하기

성경의 세계관에 따르면, 보이지 않는 초자연적 세계에는 나름의 서열이 존재한다.[2] 성경은 지적 능력을 지닌 이런 존재들이 신분과 계급에 따라 서로 다른 일을 한다고 말한다. 이 모든 천상의 존재들이 하나님의 형상을 따라 창조되었다(창 1:26의 복수 형태는 삼위일체를 말하려는 게 아니다). 따라서 천상의 존재들은 자유의지, 즉 스스로 의사를 결정할 수 있는 능력을 소유하며, 이들의 모든 행동과 태도는 프로그래밍되거나 예정된 것이 아니다. 실제로 그들은 자신들이 하나님의 계획에 대적할 수 있다고 믿었다. 천상의 존재들은 적어도 자신들이 지속적으로 하나님의 뜻을 훼방해 하나님을 괴롭게 하고 인류에게 (영원토록 또는 다른 식으로) 불순종의 막대한 대가를 치르게 할 수 있을 것으로 생각했다.

이 문제를 정직하게 마주해 보자. 지금까지 우리는 전혀 이런 식으로 생각해 오지 않았다. 대부분의 기독교 전통에서 인식해 오던 초자연적 세계는 이런 모습이 아니었다. 그러나 우리가 성경 저자들과 그들이 최초에 의도했던 원래의 독자들의 인식 구조(사고의 틀)로 성경을 읽는다면 더 이상 문제가 되지 않는다. 하지만 대다수, 특히 복음주의 성경 학계에서 성경 저자들의 초자연적 사고는 대충 넘어가거나 기피하는 난감한 주제로 치부되어왔다. 나는 성경학자로서 지난 20여 년 간 집중적이고 지속적으로 연구하면서 이런 일을 수없이 겪어왔다. 성경의 여러 "기이한" 이야기들 속에서 본문이 분명하게 말하고 있는 바를 기발한 방식으로 얼버무릴 수 있는 길은 많다. 그러나 성경 연구는 현대 독자들의 구미에 맞춰 성경 본문을 편안하게 재단하기 위한 방편이 아니다. 성경 연구는 성경 저자들이 믿었던 것, 그리고 그들이 자신들과 동일한 사고의 틀을 가진 당대의 독자에게 전달하고자 했던 바를 우리에게 고스란히 되살려놓기 위한 방편이 되어야 한다.

THE BIBLE UNFILTERED

성경 연구는 현대 독자들의 구미에 따라 성경 본문을 편안하고 쉽게 맞춰주기 위한 것이 아니다.

우리는 성경의 권위에 대해 정직한가?

솔직히 말하자면, 대부분의 그리스도인들은 자신들이 초자연적인 세계를 믿는다고 생각하지만, 그 이유는 단지 삼위일체, 사탄, 그리고 천사와 귀신을 믿기 때문이다. 예수 그리스도를 구주로 시인하고 살아 계신 하나님을 믿는 것. 이 정도가 그리스도인들이 실제로 생각하는 초자연적 세계의 범주라 하겠다. 자신을 그리스도인으로 부르기에 꼭 필요한 만큼만 인정하는 것이다. 그 밖의 다른 초자연적 세계의 여러 구성 요소들은 너무 무섭고, 이상하고 심지어는 미신적으로까지 보인다는 것이다.

초자연적 세계와 관련하여, 성경의 영감과 권위를 믿는다고 주장하는 모든 그리스도인들이 스스로 물어봐야 할 질문은 단순하다. "성경 인물들과 저자들이 믿었던 초자연적 세계를 나는 과연 어느 정도나 믿고 있는가?" 부정적으로 질문한다면 다음과 같다. "나는 현대인으로서 성경 인물들과 저자들이 믿었던 초자연적 세계를 과연 어느 정도 무시해야 그것을 받아들이는 데 불편해지지 않는가?" 이 질문들에 정직하게 대답해 보라. 초자연적 세계라는 주제와 관련하여, 성경의 권위에 우리가 어느 정도로 진지한지 알게 될 것이다.

4.
성경을 성경 되게 하라

내가 성경을 연구하는 학자라서 그런지 종종 성경 해석 방법에 대한 조언을 구하는 사람들이 있다. 그럴 때마다 나는 성경 연구와 관련된 (로고스 바이블 소프트웨어 같은) 도구를 소개하면서 원어 분석에 대한 기술들을 가르쳐주기도 한다. 심지어 영어만을 의지해서 해석하려는 사람들에게도 그렇게 한다.[1] 그러나 이런 것들이 내가 추구하는 정답은 아니다. 나는 오랜 여정을 통해 그 어떤 방법보다 성경 해석에 도움이 되는 한 가지 근본적인 혜안이 있다는 확신을 얻었다. 이것은 내가 당신에게 줄 수 있는 최선의 답변이자, 가장 중요한 조언이다.

"성경을 성경 되게 하라."

이 말은 무슨 의미인가? 성경 이해의 길은 우리가 성경을 우리의 전통, 우리의 선입견, 우리의 개인적 선호, 또는 우리 문화 속에서 일어나는 지적 논쟁에 짜 맞추려고 하지 않는 것이다. 물론 우리는 삶의 어려움이나 개인적인 의문점을 해결해줄 어떤 자료와 근거를 성경에서 찾으려 할 수 있다. 그러나 우리는, 성경이 궁극적으로는 우리를 위한 하나님의 말씀이긴 하지만 본래 우리를 대상 독자로 해서 기록된 문헌이 아니라는 사실을 반드시 기억해야 한다. 성경의 기록은 우리에게 여전히 너무나도 중요하다. 그러나 우리는 오직 성경이 본래 말하려던 대로 말하게 할 때만, 비로소 그 메시지 또한 정확하게 분별할 수 있다는 사실을 반드시 유념해야 한다.

이런 조언은 "성경은 문맥 안에서 해석되어야 한다"는 만고불변의 진리를 다루는 2장의 내용과 일맥상통한다. 2장에서 우리는 (기독교의 역사를 포함하여) 성경이 기록된 시대 이후에 시도되는 성경 해석이 어쩔 수 없이 성경과 이질적일 수밖에 없다는 사실을 보았다. 성경 해석을 위한 적실한 문맥은 성경이 기록된 당시의 문맥 외에는 존재하지 않는다. 우리가 성경 저자들의 그것과는 결코 어우러질 수 없는 일련의 경험과 사고("인식의 틀")을 통해 성경 본문을 걸러내고 있다면, 우리는 성경을 성경답게 대하지 못하고 있는 것이다.

> **THE BIBLE UNFILTERED**
>
> 당신이 성경 저자들의 그것과는 결코 어우러질 수 없는 일련의 경험과 사상들을 통해 성경 본문을 걸러내고 있다면, 당신은 성경을 성경답게 대하지 못하고 있는 것이다.

나는 표면적으로 명백한 것을 확실하게 붙잡으라고 말하고 있다. 그러나 그것이 쉬운 일이라면 (그리고 통상적인 일이라면) 나는 다른 것에 대해 글을 썼을 것이다. 명백한 것을 확실하게 붙잡는 일은 결코 쉬운 일이 아니며 지금도 그렇다. 하지만 택하신 성경 저자를 통해 성경을 기록하게 하신 하나님의 결정을 존중하는 척하는 자가 되지 않기를 원한다면, 우리는 분명 그렇게 할 필요가 있다.

성경을 성경 되게 하는 것의 중요성과 관련하여 많은 실질적인 예를 떠올릴 수 있는데, 앞서 언급했던 초자연적 세계관을 하나의 사례로 들 수 있다. 이는 나의 또 다른 저서 『보이지 않는 세계』와 『성경의 초자연적 세계관』(이하 좋은씨앗 역간)의 주된 관심사이기도 하다.[2] 추후 초자연적 세계관에 대해 다시 살펴보겠지만, 여기서는 다른 두 사례를 살펴보고자 한다.

성경에 나타난 근대 과학 발생 이전의 우주론은 어떤가? 나는 고대 히브리인들의 우주 개념을 『페이스라이프 스터디 바이블』(*Faithlife Study Bible*)에 기록한 바 있다.[3] 성경 저자들의 당시 관점에 따르면, 지구는 평평하고 둥글며 지지하는 기초가 있고(삼하 22:8) 물로 에워싸여 있었다(창 1:10). 물은 땅을 뒤덮은 견고한 궁창("expanse"; "firmament")으로 둘러져 있었다(창 1:6; 잠 8:27-28). 하나님이 모든 만물을 창조하셨다는 사실을 기록하라고 택하신 성경 저자들은 과학을 기술한 것이 아니다. 그들은 전혀 그렇게 할 수 없었고, 하나님도 그 사실을 잘 알고 계셨다. 우리는 창세기를 다윈의 진화론에 맞서 논쟁하는 방향으로만 몰아가거나 이 안에 양자물리학의 원리가 감춰져 있는 것처럼 다루기보다는 창세기를 있는 그대로 두어야 한다. 그렇게 해야 하나님이 영감을 불어넣어 기록하신 창세기의 목적, 창조주 하나님에 관한 진리, 그리고 하나님 앞에서 우리가 지닌 책무에 관한 진리를 선포하는 목적이 성취될 수 있을 것이다. 성경 비판론자들이 택한 내용에 근거해서 그들과 맞서 싸우려고 하기보다는, 본래 성경의 취지는 그들이 기대하는 것과 다르므로 본래 성경의 존재 이유에 어긋나게 비난하는 것이 이치에 맞는지 설명해 보라고 그들에게 요구해야 한다. 그런 터무니없는 논리에 따른다면, 그들의 강아지가 왜 고양이가 아닌지, 또는 그들의 아들이 왜 딸이 아닌지 우리도 그들에게 따져 물어야 할 것이다. 이처럼 성경 비판자론들의 공격은 얼토당토않은 비난에 불과하다. 그러나 정작 우리가 본래 하나님의 의도대로 성경을 성경 되게 하지 못하면서 오히려 현대 과학을 뒷받침하는 과학적 자료로 사용하려 한다면, 그런 말도 안 되는 비판에 기름을 끼얹는 꼴이 될 것이다.

문화를 초월하는 진리

구약성경이 가부장제적 사고를 드러내며, 모세 율법의 일부는 여성에 대한 편견적인 관점도 포함한다는 사실을 우리가 부정하려 할 경우에도 똑같은 문제가 발생할 수 있다. 그 자체가 당시 고대 사회의 문화였기 때문이다. 하나님은 성경의 특별한 용도를 위해 그 당시 문화와 전혀 상반된 어떤 새로운 문화를 본문에 주입시키지 않으셨다. 또한 하나님은 자신이 택하신 성경 저자들이 먼저 그들의 세계관부터 바꾸고 성경을 기록하도록 요구하지도 않으셨다. 성경 본문 자료들은 당시 성경 저자들이 처한 문화적 상황을 있는 그대로 반영할 뿐이다.

또한 이 모든 것은 너무도 명백한 사실이다. 성경을 공부하는 많은 사람들은 성경이 어떤 특정한 문화를 지지하는 것으로 가정하면서 앞서 언급한 사안들을 대하는 것처럼 보인다. 그러나 하나님은 주전 1000년 또는 1세기로부터 모든 시대와 지역과 민족을 아우르는 어떤 문화를 가져오려 하지 않으셨다. 그 이유는 분명하다. 성경 저자들을 통해 전하고자 하셨던 하나님의 진리에는 모든 문화를 초월하는 능력이 있음을 아셨기 때문이다. 성경 저자들의 문화적 편견을 우리에게 그대로 주입시키려는 것은 하나님의 의도가 아니다. 성경의 어떤 부분은 단순히 이스라엘 역사의 일부에 불과하다. 다른 부분들은 행동 양식에 주안점을 두기도 한다. 이와 관련하여, 하나님은 성경 저자들을 그들의 모습 그대로 놔두셨고(즉 하나님이 임무를 맡기기 위해 그들을 부르실 때, 장차 어떤 결과물을 얻게 될지 이미 알고 계셨다), 성경 저자들이 자신들의 언어문화적 수단을 통해서도 만고불변의 진리를 충분히 전달할 수 있음을 아셨던 것이다.

성경을 성경 되게 하는 것은 성경을 정확하게 해석하는 데 도움이 될 뿐 아니라, 기대하지 않았던 변증적 가치를 경험할 수 있게 한다. 성경을 그 자체의 방식으로 읽는 것은 산만한 생각들을 차단해 주면서 성경 메시지에 집중할 수 있도록 우리를 돕는다. 성경이 올바른 방식으로 이해될 때, 본문과 우리의 연관성 또한 분명하게 드러날 것이다.

5.
잘못된 성경 해석은 사람들에게 상처를 줄 수 있다

하나님의 말씀을 가르치는 성경 교사라면 예외 없이 사람들이 성경을 탐구하는 일에 흥분하는 모습을 지켜보길 바랄 것이다. 궁극적으로는 말씀을 듣는 '청중'이 모두 성경에 능숙한 '학생'으로 바뀌고 그들 역시 다른 사람을 가르칠 수 있게 되길 바랄 것이다. 그 과정에서 우리는 실수로 인한 여러 잘못된 방법들과 결론들에 계속 마주칠 수밖에 없다. 그러면 어쩌란 말인가? 성경 연구를 하지 말라는 얘긴가? 아니다. 사람들로 하여금 실제로 성경을 공부하도록 만드는 일은, 그들이 성경을 잘 알고 있다고 생각하게 하는 것보다 훨씬 중요하다. 안타깝게도, 대부분의 그리스도인들이 생각하는 "성경 속으로 깊이 들어가기"가 사실상 성경의 본문이나 주제에 대한 수박 겉핥기식 행위에 불과하다는 현실에 대해서는 아무도 개의치 않는다. 나라면 교회 밖에서는 절대로 성경을 펼치지 않는, 종교적으로 올바른 백 명 이상의 수동적인 교인보다는, 더러 실수가 있더라도 실제로 성경을 공부하려 애쓰는 학생 한 명을 더 귀하게 여길 것이다. 이건 오랫동안 내가 혼잣말로 해오던 말이다. 솔직히 말하자면, 나 역시 내가 통찰했다 여기는 지혜에 대해서도 의구심을 가져왔고, 지금도 크게 다르지 않다.

지난 수 년 동안 나는 잘못된 성경 해석을 수도 없이 보아왔다. 단지 인터넷 정보만이 문제가 아니다. 인정하건대, 온라인 성경 교육으로 통하는 대부분의 것들은 소위 말해서, "P. T. 바넘*의 성경 학교"로 통칭될 수 있을 것이다. 불행하게도 성경에 대한 수많은 얄팍한 생각들이 교회 안에서의 대중적인 소비자들을 위해 출시되어왔고, 실제로 그런 것들이 교회에서 소비되고 있다.

그런데 정말 그런 것들이 해로운가? 대부분 파괴적이진 않다. 그런 것들은 단지 그런 책을 구매하는 사람들을 계속 성경에 무지하게 만들고 정말로 배워야 하는 내용으로 나아가지 못하게 막는 것 외에는 더 나쁜 영향을 주지 않는 것 같다. 심지어 잘못된 성경 해석이 유용하게 사용된 경우도 몇 차례 있다. 현재 내가 하고 있는 일들 (특히 초자연적 세계에 관한 글을 쓰는 것, 그리고 사람들이 믿는 기이한 것들에 대해 다루는 두 개의 블로그 활동) 덕분에 나는 종종 성경 또는 성경 본문의 의미에 대해 심각하게 오인하고 있는 사람들을 다양한 경로로 만나게 된다. 이 같은 다소 '엉뚱한' 사역 때문에 나는 온갖 종류의 재미있는 전자 우편을 받는다. 나에게 연락을 하는 대부분의 독자들은 자신들의 기이하고 오

* 1810-1891, 돈벌이 수완과 쇼맨십으로 유명한 미국 기업인

싹한 체험에 대해 진솔하게 증언하는 그리스도인들이거나, TV의 판타지 채널(또는 안타깝지만, 히스토리 채널)에서 《고대 외계인》(*Ancient Aliens*) 프로그램을 너무 오래 시청한 사람들이다. 그들은 영적 위기를 일으킨 원인 같은 것을 다루는 데 서투른 목회자나 지인에게 상담(또는 더 나쁜 것)이 필요하다고 말한 후에, 무언가를 결심한다. 결국 그들은 기독교를 아예 등져버리거나, 자기 마음속에 떨칠 수 없는 그 문제를 해결하는 방법을 찾기 위해 성경을 이용하게 된다. 나는 이렇게 자신의 고민과 힘겹게 싸우는 사람들에게서, 지금까지 내가 들어본 것 중에서도 가장 어처구니없는 성경 해석을 들어본 적도 있다. 그럼에도 불구하고 때론 이런 일들로 인해 그들이 계속해서 주님을 찾게 만드는 모습도 보게 된다. 계속 그래야 할 것이다. 이런 상황에서 마지막으로 필요한 것은 사람들을 믿음에서 멀어지게 만드는 거짓된 성경 해석을 확실하게 깨부술 수 있는 성경적인 성경학자다. 이를 위해 관계를 잘 유지하고 신뢰를 쌓아가는 일이 훨씬 더 중요할지도 모른다. 추후에 기회가 된다면, 바벨탑이 정말로 스타게이트(Stargate)가 아니었다는 사실에 대해서도 언급하겠다.

정말로 해로운 성경 해석

그런데 어떤 성경 해석들은 정말로 해로울 수 있으며, 그 규모 면에서도 영향력이 무척이나 파괴적일 수 있다. 성경 해석을 통한 이런 막대한 피해는 소위 (대개 박사 학위를 가졌거나 영적 지도자의 위치에 있기 때문에 더 많이 안다고 일컫는) 전문가들에 의해 발생한다.

아마도 역사상 가장 악하고 파렴치한 사례는 인종차별주의일 것이다. 유럽의 제국주의와 식민지 건설이 펼쳐지던 대항해시대(16세기) 이래로, 당시 세계관의 일부분으로 뒤엉켜 있을 수밖에 없는 민족주의적이고 인종차별주의적인 편견들이 교회 안팎에서 영향을 끼쳐왔다. 다소 당혹스러울 수도 있겠지만, 이것은 엄연한 사실이다. 여기서 나는 좌파적인 어떤 선동적 문구를 우스꽝스럽게 펼쳐 보이려는 것이 아니다. 이것은 제법 단순명료할 뿐 아니라 그 당시 기준에서 나름대로 납득될 수 있는 역사적 사실이다. 그럼에도 결과적으로 일어난 이 모든 것에 대해서는 변명의 여지가 없다.[1]

16세기, 유럽인들이 위험을 무릅쓰고 처음 대서양을 건너 인도, 동인도제도, 인도차이나로의 진출에 박차를 가하면서, 그들은 성경의 세계와는 전혀 다른 세계에 속한 새로운 인종들과 새로운 지역들을 마주하게 되었다. 북아메리카로 불리게 되는 이 대륙은 유럽인들이 이전에 접했던 인도나 중국과는 또 다른 곳이었다. 이곳 원주민들은 대체 어떻게 그렇게 멀리까지 갈 수 있었는가? 그러나 성경은 이들에 대해 아무런 언급도 하지 않는다. 이 같은 상황은 18-19세기 들어서도 나아진 것이 전혀 없었다. 고대 인도 언어(산스크리트어) 문헌의 판독으로 오히려 그 상황이 더 불편해지기만 했다. 매우 충격적이게도, 산스크리트어는 유럽 문명의 지적 토대인 고전 라틴어 및 헬라어(인도-유럽어)와 같은 어족에서 파생된 것으로 드러났다. 산스크리트어 사본은 성경보다 훨씬 오래 전의 인류 역사를 보여주었다. 이스라엘 족장들의 문명보다 훨씬 오래된 문명에 대한 물리적 증거는 그런 역사가 실재했다는 데 무게를 실어주었다.

이런 모든 발견들이 누적된 결과, 성경은 더는 특별하지 않다고 주장할 수 있는 것처럼 보이게 되었다. 1859년에 찰스 다윈이 『종의 기원』을 출간하면서 그 위기가 더욱 고조되었다.[2] 그 후폭풍으로 산스크리트어로 기록된 대안적인 창조 설화 및 (성경이 전혀 언급하지 않았기 때문에) 존재하지 말았어야 했던 신대륙인들을 발견한 사건은 성경을 대적하는 자들에게 그들이 그토록 바라던 공격 무기를 제공해 주는 꼴이 되어버렸다. 이로 말미암아 성경은 내용적으로 잘못되었을 뿐 아니라 그 자체로도 열등한 고대 문서처럼 여겨졌고, 결국 그저 그런 유대인의 책이라는 공격을 받게 되었다.

그런 시대에, 유럽인이 아닌 모든 인종(특히 흑인과 셈족)이 "더 순수한 혈통의" 유럽인보다 열등한 민족이라는 이론들이 속출한 것은 결코 우연이 아니다. 성경 옹호자들은 논박할 수가 없었다. 오히려 그들은 성경이 이런 이론들을 지지하는 것처럼 보이도록 하기 위해 최선을 다했다. 그 시대에 노아의 아들 함의 죄로 말미암아 흑인종이 생겨났다는 터무니없는 주장을 제기했다. 또한 가인이 아내를 취한 장면은, 비록 아담 자신도 유대인은 아니었으나, 고대에 아담보다 열등한 동시대 사람들이 존재했음을 입증하는 것이라는 주장, 또는 예수님은 실제로 유대인이 아니라, 산스크리트어로 고귀한 태생을 뜻하는 아리아인이었다는 식의 "학문적" 변론들이 난무했다. 다른 해석학적 비약들, 예를 들면, 유대인들은 하나님에게서 버림 받았고 따라서 이후 기독교를 수용한 서구 문명 (즉 유럽인)보다 더 하등하다는 주장은, 유대인에게 그리스도를 죽인 살인자라는 혐의를 씌우고 오랫동안 정당화시키는 데 사용되었다. 그러나 적어도 성경은 소위 그들만의 "정확한" 역사적 해석의 뒤안길로 사라지지 않았다. 성경은 여전히 그 고귀한 위상을 존중받아 마땅했다. 결국 성경은 그런 끔찍하고 잘못된 성경 해석에서 "건짐"을 받았고, 우리는 여전히 이 땅에서 그런 결과들을 안고 살아간다.

정말 그렇다. 때로 잘못된 성경 해석은 여러 세대로 이어지는 매우 파괴적인 결과를 낳을 수 있다. 그러나 이 또한 성경을 오늘날 우리 자신들의 질문을 배경으로 읽는 것이 아니라, 문맥 안에서 해석해야 한다는 필요를 심각하게 드러내는 또 하나의 실증적 사례라고 할 수 있다. 인종차별주의적 공세는 완전히 불필요한 것이었다. 그러나 그런 것은 존재한다.

6.
고집스런 문자주의 해석: 뿌린 대로 거둔다

이제 우리는 잘못된 성경 해석이 정말로 해로운 결과를 낳을 수 있다는 사실을 확인했다. 앞서 언급했다시피, 나는 불가사의한 이야기들에 관한 집필, 그리고 성경 및 고대 세계에 관해 사람들이 믿는 기이한 것들에 대한 블로그 활동 등으로 인터넷상에서 알려져 있는 탓에, 이미 내가 감당할 수 있는 몫 이상으로 비합리적인 해석들에 노출되어 있다. 그런데 초기에 내가 쓴 글들은 역사적 상황이 성경의 진실성과 권위에 대한 도전을 어떻게 불러일으키는지에 관한 것이었다. 불행하게도, 때로 성경의 내용이 완전히 터무니없게 보이도록 만드는 장본인이 다른 누구도 아닌, 성경을 굳게 믿고 있는 사람들 자신이라는 것이다.

최근에 나는 그리스도인들 사이에서 유행처럼 돌고 있는 평평한 지구론 운동에 경종을 울리고 정신을 차리도록 해줄 것을 부탁하는 몇

> THE BIBLE UNFILTERED
>
> 성경이 평평한 지구론에 대한 믿음을 요구한다고 가르치면서 자신들만의 신앙의 투쟁을 벌이느라 분주한 "성경 교사" 무리들이 증가하고 있다.

몇 이메일을 처리해야 했다. 맞다. 제대로 파악했다. 성경이 평평한 지구론에 대한 믿음을 요구한다고 가르치면서 (교회와 온라인상에서) 자신들만의 신앙 투쟁을 벌이느라 분주한 "성경 교사" 무리들이 증가하고 있다. 이런 사상은 최근 부흥하고 있는 또 다른 "바이블 팩트"와도 관련되어 있다. 그것은 바로, 태양이 아니라 지구가 태양계의 중심이라고 주장하는 지구 중심론(천동설)이다.[1] "성경적 지구 중심론"은, 예를 들면, 시편 104:5 같은 말씀에 대한 극단적인 문자적 해석(hyper-literal interpretation)을 기반으로 한다(지구가 움직이지 않으려면 태양 및 다른 행성들이 지구 주위를 공전해야 한다는 식의 해석을 주장한다).

여기서 잠깐. 나는 당신이 어떤 생각을 하고 있을지 충분히 예상할 수 있다. 그렇다면 우주 여행의 경우는? (감히 말하건대) 전 세계 지구촌의 소통을 가능케 하고자 궤도로 진입시킨 인공위성들은? 지구의 곡률을 이용해 탑승객들의 마일리지 포인트를 속이는 항공사들의 비행 패턴은? (물론 모든 항공사가 그렇지는 않을 것이다.) 저들의 주장에 따르면, 사실 이 모든 것이 성경을 대적하는 자들이 기획한 음모이며, 이것이 바로 과학이 의도하는 일이란 것이다. 하나님이 지구를 창조하셨다는 성경의 진리를 덮어 무마시키기 위해 과학이 거짓말을 꾸며냈다는 것이다. 저들에게 뭐라고 대꾸하겠는가. 그저 한숨 밖에 나오지 않는다.

대체 어떤 해석학적 비법이 이런 모든 터무니없는 주장들을 가능하게 했는가? 사실은 꽤 단순하다. 성경에 대한 극단적인 문자적 해석이 그 비법이다. 소위 평평한 지구론자들(flat-earthers)은 성경에 기록된 근대 과학 발생 이전 단계에서의 (구약학자들 사이에서는 잘 알려진) 우주론을 문자 그대로의 실제 사실로 맹목적으로 받아들여야 할 것처럼 여겨왔다. 그러나 이런 우주론을 문자 그대로 받아들인다면 현대의 기초과학(그리고 인간의 인지 경험)이나 성경의 영감성과 무오성을 부정할 수밖에 없게 된다. 그들의 이런 논리는 매우 큰 결함을 안고 있다.

하나님이 성경을 기록하고자 근대 과학 발생 이전에 살던 사람들을 택하여 사용하셨기 때문에 근대 과학 발생 이전의 우주론이 담긴 것이지, 실제로 지구가 평평하고 둥근 원으로 생겼거나 그 위로 돔 형태의 덮개가 씌워져 있기 때문이 아니다.[2] 평평한 지구론자들과 지구중심론자들 중에 인류의 달 착륙 사실과 국제 우주정거장의 존재를 부정하지 않는 이들은 성경에 언급되는 돔 형태의 덮개 부분에 대한 주장을 얼버무리기도 한다. 하나님이 성경의 기록을 위해 택하신 고대의 저자들은 굳이 자기 자신이 아닌 다른 사람이 될 필요가 없었다. (천체의 운행 방식을 이해하는 현대의 과학자일 필요가 없었다.) 하나님도 그들에게 그런 것을 요구하시지 않았다. 오직 하나님은 가장 중요한 진리를 전하기 위해 자신의 영으로 그들을 감화시키셨을 뿐이다. 그 진리란, 하나님이 우리가 아는 (우리를 포함한) 모든 것을 창조하셨고, 따라서 우리는 하나님 앞에서 책임감 있는 존재이며, 이곳 지상에서 그리고 그 너머에서도, 우리의 생명은 오직 하나님에게 의존하고 있다는 것이다. 성경의 저자들은 현대의 과학 교육을 필요로 하지 않았다. 그들은 자신들의 세계관과 인식의 틀 그리고 고대 세계에서 잘 알려진 상징적 은유(그들의 문화적 문맥)를 통해 진정한 창조자가 누구인지 그리고 왜 그것이 중요한지에 대한 메시지를 전달했다. 이것이 성경을 있는 그대로 취하는 것이며, 오늘 우리의 문맥이 아니라 성경 자체의 문맥에 비춰서 본문을 해석해야 한다는 사고인 것이다. 그러나 너무도 많은 그리스도인들이 저들의 절대적이고 타협불가능한 문자주의를 마치 성경의 영감성과 무오성에 대한 순전한 믿음인 마냥, 마치 문자주의를 믿음과 동의어인 것처럼 인식하는 세뇌교육을 당해왔다. 하지만 그렇지 않다. 전체 기독교 신앙의 역사에서 그런 적은 단 한번도 없었다.

우상 숭배 같은 문자주의

나는 지난 35년간 그리스도인이었다. 그 대부분의 기간 동안 내가 다닌 교회는 (신자가 되고 처음 몇 년은) 근본주의, 또는 내가 편의상 부르는 바, 개혁주의 또는 신앙고백 전통에서 스스로 분리된 대중적인 복음주의 배경을 지녔다. 이 두 기독교 하위문화 모두, 특히 창조 및 예언과 관련해서는, 성경의 '문자적' 해석을 높게 평가했다. 그러나 성경이 평평한 지구론을 가르치고 있다는 생각은 그런 배경에서조차 보편적이지 않은 개념이다. 성경 문자주의를 지나치게 강조하는 것에는 반드시 그 대가가 따른다. 문자주의는 하나의 우상 숭배로 전락할 수 있다. 나는 그동안 가르치는 일을 해오면서 상식 밖의 터무니없는 얘기들을 성경의 가르침인 것 마냥 철저히 신봉하는 학생들을 만나왔다. 그중 몇 가지만 소개하면 다음과 같다.

- 아기들은 실제로 남성의 정자 속에 보관되어 있다. "씨"[종자, 후손]를 뜻하는 히브리어 '제라'(seed)는 어린아이들을 가리키고 여자에게 사용되지 않는다. 유전학은 엉터리다(창 13:16; zr = 자손).
- 성경은 순간이동(염력)이 있음을 보여준다(행 8:39–40).
- 비행접시는 천사들이 조종하는 것이다(겔 1장; 슥 5:5–8).
- 에덴동산에서 동물들은 말을 할 수 있었다(창 3장).

더 많은 내용을 열거할 수도 있지만 이미 감을 잡았을 것으로 생각한다. 하지만 여전히 간과하기 쉬운 부분이 또 하나 있다. 우리가 성경을 공부하는 사람들에게 무조건 문자 그대로의 해석이 경건에 준하는 모습인 것처럼 가르친다면, 우리는 그들에게 성경에 대한 깊은 사고를 전혀 가르치지 못하고 오히려 빈곤한 사고만 부추기는 꼴이 될 것이다. 내 말이 틀렸는가? 더 생각해 보자.

그렇다면 "문자적"이라는 의미는 과연 무엇인가?

많은 독자들이 성경의 문자적 해석을 변호하는 상투적인 얘기들을 들어봤을 것이다: "명백하게 이해되는 의미(plain sense)라면, 다른 의미는 찾지 말라." 매우 간결하고 설득력 있는 말이 아닐 수 없다. 깊이 고민하지 않는다면, 정말 그럴듯하게 들릴 수 있는 표현이다. 그러나 실제로 도움이 되는 말은 아니다.

이상하게 들리겠지만, "문자적 해석"에도 해석이 필요하다. 문자의 의미는 결코 명확하지 않다. "물"(water)이라는 단어를 한번 생각해 보자. 이 단어의 "문자적" 의미는 무엇인가? 이것은 명사인가 아니면 동사인가? 어느 경우든, 이 단어의 '명백하게 이해되는 의미'는 무엇인가? 몇 가지 예를 생각해 볼 수 있다. 명사로서, "물"은 다음과 같은 의미일 수 있다.

- 화합물(H_2O)
- 액체 음료("마실 물 좀 없을까")
- 자연계에 존재하는 모든 종류의 물("저기 물 좀 봐")
    - 대양
    - 바다
    - 호수
    - 못, 늪

- 강
- 시내
- 샛강
- 만, 소해협

또한 하나의 동사로서, "물을 주다"(water)는 다음과 같은 의미일 수 있다.

- 관수하다("밭에 물을 주다").
- 수분을 공급하다("가축에 물을 주다").
- 침을 내다("입에서 물이 나다").
- 울다("눈물이 나다").

그렇다면 앞의 여러 항목 중에서 어떤 것이 '물'에 대한 명백한 '문자적' 의미인가? 어떤 것이 가장 이해하기 '쉽고'(또는 명백하고) 간결한 의미인가? 이것이 요지다. 예로 든 것 모두 다 일상에서 흔히 사용하고 이해하기 쉬운 의미들이다. 하나의 단어가 갖는 다양한 의미들을 구분하는 것은 문맥과 은유다. 이제 물에 대한 은유적 의미(metaphorical meaning)로까지 들어가면 보다 더 흥미로워진다. 그리고 때로는 어떤 문맥에서 요구되는 의미가 바로 은유적 의미일 가능성도 있다. "물"은 상징적이고 은유적인 의미에서 생명의 근원, 정화, 변화, 움직임, 또는 위험을 뜻하는 데 사용될 수 있다. 이런 은유들은 물이 갖는 물리적 특성 때문에 이해될 수 있으며, 여전히 어떤 실재를 묘사한다. 비문자적(Non-literal)이라고 해서 "가짜"(not real)라는 의미가 아니다. 평평한 지구론자들의 사례에서 알 수 있듯이, 문자주의를 고집한다고 해서 반드시 정확한 성경 해석 또는 심지어 통일성 있는 성경 해석을 담보할 수 있는 것은 아니다.

7.
성경의 모든 것이 전부 예수님에 관한 것은 아니다

오랜 세월을 그리스도인으로 살았거나 교회에서 자라온 사람이라면, 성경은 사실상 전부 예수님에 관한 내용이라는 주장을 최소한 한두 번은 들어봤을 것이다. 이런 진부한 주장은 일리가 없지 않지만, 오해를 불러일으키기 쉽다.

실제로 성경에는 예수님과 직접 관련되지 않은 내용이 많다. 구약에서 나병을 진단하고 대처하는 과정(레 13:1-14:57)은 예수님과 직접 관련 있는 내용이 아니다. 성관계를 가졌거나 유출병이 있는 사람을 부정하게 여겨 거룩한 장소에 들어가지 못하도록 금하는 규례도 예수님과 직접 관련 있는 내용이 아니다(레 15장). 사사 시대의 영적, 사회적, 도덕적 부패(삿 17-21장)는 예수님에 대해 말하기 위해 성경에 기록된 내용이 아니다. 바벨탑 사건도 예수님을 가리키는 사건이 아니다(창 11:1-9).

에스라가 포로 생활에서 귀환한 유대인들에게 이방 여자들을 그들 가운데서 내보낼 것을 명했을 때(스 9-10장), 에스라는 예수님에 대한 어떤 예표를 보여준 것이 아니다.

요지는 분명하다. 어떠한 이스라엘 사람도 구약의 이런 본문 또는 여타 본문들을 읽을 때, 메시아적인 구원자를 마음속에 그리지 않았을 것이다. 신약 저자들도 예수님이 누구시고 그분의 가르침이 무엇인지를 설명하려는 목적으로 이런 본문들을 언급하지 않는다.

그런 생각이 보편적인 이유는 무엇인가?

내 경험에 따르면, 그렇게 (성경이 사실상 전부 예수님에 관한 것이라고) 말하는 대부분의 이유는 사람들이 성경을 읽도록 독려하려는 데 있다. 그 말은 좋은 동기부여가 된다. 그러나 다른 이유도 발견하게 된다. 즉 여러 성경 본문에서 실제로 일어나고 있는 일들이 무엇인지를 정확히 파악해 내는 고된 수고를 피하기 위한 핑곗거리인 경우가 많다는 것이다. 사람들은 자신들이 현재 읽는 본문이 예수님과 얼마나 동떨어진 것인지는 전혀 상관하지 않고, 그 본문을 무조건 예수님의 생애와 사역의 어떤 부분들과 연관성을 짓도록 배운다. 그러나 이처럼 상상력을 동원하는 해석은 건전한 성경 해석 방법이 아니다. 이런 해석은 잘못된 (심지어 이단적인) 해석을 막아주는 경계선을 희미하게 할 뿐 아니라, 우리로 하여금 성경을 이용해 얼마나 영리하게 짜 맞출 수 있는지를 과시하게 한다. 따라서 그런 해석상의 전제에서 비롯되는 오류에 대해 인식하는 것은 매우 중요하며, 여기에는 단순하지만 중요한 이유가 있다.

첫째, 예수님과 관련이 없는 어떤 본문을 예수님의 특정한 행위와 말씀에 비추어 우리가 판단한다면 그 본문이 실제로 무엇에 관한 본문인지에 대해 깨달을 수 있는 일말의 희망도 갖지 못하게 될 것이다. 성경에 그 어느 것도 우연히 기록된 것은 없다. 성경은 지적 활동에 의한 창조물이다. 성경에 대한 고차원의 관점을 지닌 우리의 임무는, 하나님이 성경 안에 해당 본문을 넣기 원하신 이유가 무엇인지 분별하는 것이다.

> **THE BIBLE UNFILTERED**
>
> 예수님과 관련이 없는 어떤 본문을 예수님의 특정한 행위와 말씀에 비추어 판단한다면, 우리는 그 본문이 실제로 무엇에 관한 본문인지에 대해 깨달을 수 있는 일말의 희망도 갖지 못하게 될 것이다.

둘째, 모든 본문을 예수님과 억지로 연결시켜 해석하려는 시도는, 우리가 예수 그리스도를 분명하게 볼 수 없는 본문들의 중요성을 최소화시키거나 무시하는 결과로 이어질 수 있다. 하나님의 구원 계획에서 언제나 예수 그리스도가 중심이 되시기 때문에, 예수님의 가르침이나 복음 이야기 자체에 더 구체적인 설명을 추가하지 않는 본문들은 그저 주변적이고 선택적인 본문으로 간주될 수 있다는 것이다. 영생을 얻는 것과 "전혀 무관한" 본문에 사람들이 무슨 이유로 진지하게 고민하면서 시간을 투자하겠는가? 그러나 우리는, 하나님의 편에서 볼 때 현재 우리에게 주어진 성경은 그 자체로 하나님의 섭리 가운데 하나님의 의도적인 선택과 결정에 따라 기록된 결과물임을 명심해야 한다. 우리의 선택은 두 가지다. 우리는 우리의 이런 믿음이 사실이며 그에 따라 합당하게 반응할 수 있고(즉 하나님의 모든 경륜을 공부할 수 있고), 아니면, 성경 기록과 관련한 하나님의 모든 결정이 임의적이고 지적인 것이 아니라는 판단에 따라 반응할 수도 있을 것이다.

셋째, 예수 그리스도에 대해 이야기하지 않는 본문에서 무조건 능숙하게 예수님을 발견해 내는 기술은 진지하게 성경을 공부하는 사람들의 열의를 오히려 저하시킬 수 있다. 또한 특정인에게만 마치 어떤 영적인 권위나 특별한 (심지어 권위적인) 안목이 있는 것으로 믿게 만들 수도 있다. 주어진 어떤 본문에 소위 "예수님에 관한 내용"이 명백히 드러나지 않았더라도 우리가 배운 방식대로 어쨌든 이 모든 것이 예수님에 대한 내용이라고 계속 되뇌이게 되면, 그 누구도 진지한 성경 공부의 필요성을 실감하지 못하게 될 것이다. 더 나아가 목회자들이나 다른 영향력 있는 사람들이 그들만의 특별한 혜안으로 "발견해 내는" 것들만 수동적으로 들으려 할 것이다. 사람들은 자기 스스로 성경 본문에 대해 올바르게 이해할 수 없다고 판단하게 되면, 자신들 스스로 말씀에 대해 고민하고 생각하는 능력을 내버리게 된다.

결국 요지는 우리가 성경의 영감과 권위에 대해 온종일 이야기하면서도, 정작 본문 해석을 위한 쓸데없어 보이는 번거로운 수고들로부터 벗어나려는 잘못된 통념으로 인해 문맥의 중요성을 간과하는 위험에 빠질 수 있다는 것이다. 성경의 위대한 드라마, 그 대서사는 궁극적으로 우리를 예수님께로 인도한다. 그러나 그렇다고 해서 예수님이 성경 모든 본문에서 언제나 핵심 주제가 되시는 것은 아니다. 그런 개념은 해석학적 기술과 판단에 따른 것이지, 각 본문 자체가 실제로 말하는 내용은 아니기 때문이다.

8.
성경 읽기와
성경 암송은
성경 공부가 아니다

먼저 가장 확실한 것부터 말하자면, 우리는 반드시 성경을 읽어야 한다. 또한 성경 암송에도 힘을 기울여야 한다. 이 두 가지는 모든 그리스도인의 삶에 주축이 되는 반드시 필요한 영적 훈련이다. 그러나 그럼에도 불구하고 이 둘 모두 그 자체로 성경 공부는 아니다. 이 말의 의미를 하나씩 짚어서 설명해 보고자 한다.

읽기는 격식을 갖춘 행위가 아니다—공부는 그렇지 않다

성경 읽기는 성경과의 만남에서 우리가 가야 할 최종 종착점이 아니다. 오히려 그것은 시작일 뿐이다. 성경 읽기는 적어도 우리의 출발점이 되어야 한다. 오랫동안 가르치는 사역을 해오면서 깨닫게 된 것은 많은 그리스도인들이 성경 읽기를 성경 공부와 동일한 것으로 생각한다는 것이다. 이런 믿지 못할 현실에 몸부림쳐야만 했다. 그러나 단순히 말하자면, 성경 읽기는 성경 공부가 아니다.

> **THE BIBLE UNFILTERED**
>
> 성경 읽기는 성경과의 만남에서 우리가 가야 할 최종 종착점이 아니다. 오히려 그것은 시작일 뿐이다. 성경 읽기는 적어도 우리의 출발점이 되어야 한다.

독서라는 것은 약식으로 이뤄지는 가벼운 행위로 일종의 여가선용을 위한 취미 활동이다. 그 동기는 개인적인 즐거움과 풍요로운 삶을 위한 것이지 어떤 내용을 완전히 터득하고 숙달하기 위한 것이 아니다. 우리는 인류 역사에 나타난 하나님의 이야기와 하나님이 주시는 인생의 교훈을 얻기 위해 성경을 읽는다. 이런 성경 이야기는 우리의 삶을 붙잡아주고 하나님과의 관계를 유지시켜준다. 성경 읽기는 본질적으로 경건의 행위이고 어떤 중요한 기술이 필요한 것은 아니다.

반면에 성경 공부는 더 많은 집중과 노력을 필요로 하는 일종의 전문적인 행위다. 우리는 공부라는 것이 어떤 방법이나 기술을 필요로 한다는 것을 직관적으로 알고 있다. 그것은 특정한 종류의 도구 또는 도움일 수도 있다. 성경을 공부할 때면 우리는 질문하고, 문맥에 대해 생각하고, 비판적 사고를 형성하고, 해석을 위한 더 많은 정보를 찾는다.

성경 읽기와 공부의 차이를 설명하는 것은 어렵지 않다. 실제로 누구든지 커피 한 잔을 스스로 타서 마실 수는 있다. 그 정도는 대부분 사람들이 가능하지만 그렇다고 해서 그들을 바리스타라고 부를 수 있는 것은 아니다. 우리는 이런 일에 수반되는 행위들이 기본적으로는 다르지 않다는 사실을 직관적으로 알고 있다. 그러나 일반인들의 커피 제조 수준을 뛰어넘는 바리스타가 되기 위해서는 많은 시간과 노력을 들여야 하고, 전문적인 연구와 기술을 활용하는 경험이 필요하다. 그것은 성경 공부에도 똑같이 적용된다.

당신과 당신의 친구와 함께 달에서 왔고 커피가 뭔지 전혀 모른다고 치자. 당신은 이 커피라는 것에 대해 조심스럽게 관심을 갖게 되었고, 따라서 사전을 찾아보기로 했다. 커피란 "커피나무 열매의 씨앗을 빻거나 볶아서 만든 커피콩을 재료로 하는 대중적인 음료"라고 적혀 있다. 충분해 보인다. 당신은 뭔가를 배웠다. 그러나 당신의 친구는 더 이상의 것, 훨씬 더 많은 내용을 알고 싶어 한다. 커피는 어떻게 만들어지는가? 제조 과정은 어떤가? 하나 이상의 과정이 더 필요한가? 한 종류 이상의 커피콩이 있는가? 어느 지역에서 자라는가? 색, 향, 또는 풍미에는 어떤 차이가 있는가? 커피는 차와 어떻게 다른가? 커피가 대중적으로 인기 있는 음료라면, 소비량은 어느 정도인가? 각 나라와 지역, 남녀와 연령대, 또는 지능지수에 따라, 그 소비량이 많은 차이를 보이는가? 어쩌면 당신의 친구는 카페인에 대해서는 알고 싶어하지 않을 수 있다. 어쨌든 요지는 분명하다. 공부는 열정과 헌신을 필요로 하는 행위다. 그러나 읽기는 이보다 훨씬 덜 부담스러운 활동이다.

암기는 사려 깊은 분석이 아니다

내가 바이블 칼리지에 처음 입학했을 때, 성경 암송에 특별한 열의를 지닌 교수님 한 분이 계셨다. 당시 한 학기 동안 그 교수님은 우리 학생들에게 150개 성구를 구두점 하나까지 빠뜨리지 않고 다 외우게 하셨다. 나 같은 경우 단기 기억력이 상당히 우수한 편이라 사실 그리 어려운 과제는 아니었다. 그 수업에서 얻은 훈련 자체는 개인적으로도 유익했으나, 솔직하게 말하자면 그런 방식의 성경 암송을 통해서는 성경 어느 한 구절도 그 의미를 제대로 배울 수 없었다.

성경 구절을 정확하게 기억할 수 있다고 해서 그 구절을 이해하는 것은 아니다. 예를 들어, 당신이 어떤 세무 자료 양식을 외울 수 있을지 몰라도, 정작 그 양식에 들어 있는 복잡한 내용에 대해서는 이해하지 못하고 혼란스러워할 수 있다. 그렇게 세무 양식을 외운다고 해서 회계사나 국세청 직원이 될 수 있는 것도 아니다. 이는 성경도 마찬가지다. 어쩌면 누군가 성경 전체를 다 외워버릴 수도 있을 것이다. 그러나 그 자체로, 성경을 바르게 해석하거나 이해할 수 있게 되는 것은 아니다.

진정한 성경 공부는 분석과 사고를 요구한다. 예를 들면, 이런 문구를 외우는 것은 그리 어렵지 않을 것이다: "비만에 관한 새로운 연구가 더 큰 임상 대상자들을 찾고 있습니다"(New Study of Obesity Looks for Larger Test Group, 비만

> **THE BIBLE UNFILTERED**
>
> 진정한 성경 공부는 분석과 사고를 요구한다.

연구가 더 비만인 실험군을 찾는다는 의미로 읽힐 수 있다). 그러나 이 말의 의미를 이해하려면 다소 생각할 시간(그리고 약간의 유머감각)이 필요하다.

우리가 읽는 많은 글들, 특히 성경 본문들은 앞의 유머러스한 문구처럼 쉽게 분석되지는 않는다. 많은 그리스도인들이 에베소서 2:8-9을 암기하고 있을 것이다.

> 너희는 그 은혜에 의하여 믿음으로 말미암아 구원을 받았으니 이것은 너희에게서 난 것이 아니요 하나님의 선물이라 행위에서 난 것이 아니니 이는 누구든지 자랑하지 못하게 함이라.

여기서 얼마나 많은 독자들이 당연해 보이는 질문을 던져봤을까? 이 구절에서 '하나님의 선물'은 무엇인가? 은혜를 말하는 것인가? 믿음을 말하는 것인가? 둘 다 인가? 아니면 다른 것인가? 우리는 그것을 어떻게 알 수 있는가? 이 구절을 암기하는 것은 신앙생활에 유익할 것이다. 그러나 그 의미를 바르게 이해한다면 훨씬 더 유익할 것이다.

9. 마르크스주의와 성경신학은 동의어가 아니다

나는 전문적인 훈련을 받은 성경학자다. 그러나 대부분의 사람들은 내가 다른 한편으로는 '정치 중독자'라는 사실을 모른다. 나는 대학에서 역사학과 정치학을 전공했다. 석사 과정으로 대학원에서는 (비록 고대사이긴 하지만) 역사학을 전공하면서 대학원 학비 조달에 보탬이 되고자 학부에서 서구문명사를 가르치기도 했다. 지역 커뮤니티에선 미국사를 가르치기도 했다. 나는 정치적 담론에 대해 관심이 많지만, 또 한편으로는 미국 정치 회의론자라고 고백할 수밖에 없다. 나는 그 어떤 정당도 신뢰하지 않는다. 이미 괴로운 세상을 더 성가시게 하는 자들을 향해 답한다면, 모든 국가 문제들에 대한 궁극적인 해결책은 인간의 손 심지어 미국인의 손으로 만든 이 나라가 아니라, 오직 하나님 나라에 있다고 믿는다.

내가 왜 이런 말을 하겠는가? 나는 성경신학으로 박사학위를 받았지만, 그렇다고 정치 이론에 대해 문외한이 아니라는 점을 언급하려는 데 있다. 이런 개인 관심사 때문에, 나는 세간에 유행처럼 퍼진 특정한 기독교 사상, 곧 신약성경이 마르크스주의를 지지한다는 식의 주장과 부딪히게 되었다.

이런 사상은 몇 가지 이유를 근거로 해석학적으로 부적절하다고 할 수 있다. 빈곤에 대한 문제, 그리고 가난한 자들에 대한 돌봄과 관련하여 그들의 성경신학은 근본적으로 이해가 부족하다. 그들은 복음과 사회경제라는 두 가지 다른 주제를 혼동하여 하나의 문제처럼 결부시켰고, 예수님과 사도들에게서 나온 명백한 반마르크스주의적 발언들을 무시했다. 그리고 공산주의 정치 이론에 대해 잘못 대변하고 있다. 쉽게 말해, 여러 부분에서 자신들의 무지함을 드러내고 있는 것이다.

구약성경

구약성경은 우리가 다루는 주제와 관련해 특정한 요소들을 매우 분명하게 보여주고 있다.[1] 구약에서 우리는 영적 수준이 깊으면서도 동시에 상당한 부를 소유했던 사람들을 여럿 보게 된다. 그중 아브라함이 가장 유명할 것이다(창 24:34-35). 구약에서 우리는 십계명 가운데 두 계명이 사유재산의 적법성을 전제로 하고 있으며 이를 침해하는 도둑질을 명백한 범죄로 규정하고 있음을 본다(출 20:15; 신 5:21). 부는 노동에 대한 정당한 대가로 얻는 열매다(잠 10:4; 13:4). 또한 부를 상속받는 것 역시 그 자체로는 정죄 당하지 않는다(신 21:16; 잠 19:14).

> **THE BIBLE UNFILTERED**
>
> 성경신학에 따르면 부와 재물은 본질적으로 악한 것이 아니다. 하나님이 미워하시는 것은 부 자체가 아니라 가난한 사람을 억압하는 것이다.

성경은 가난에 대해서도 많은 말을 하고 있다. 구약은 빈곤에 대해, 그리고 가난한 자들에 대해 다양한 표현으로 기술한다. 이런 표현들은 가난한 자들이 갖는 입지에 대해 무엇을 암시하는가? 구약은 어떤 종류의 가난에 대해 묘사하는가? 성경에 따르면 가난에는 여러 다양한 원인이 있다. 가장 일반적인 원인은 전쟁(외국의 침략), 기근과 가뭄, 게으름, 그리고 악한 자들에 의한 피해의 결과다.

성경은 우리에게 부유한 삶이 자동적으로 불의로 이어진다거나 또는 필연적으로 불의를 야기하는 속성이 있다고 말하는가? 성경 본문을 앞에 놓고 진지하게 고민해 본 사람이라면 이 질문에 대한 해답은 "아니요."(no)라는 것 알 수 있다. 성경신학에 따르면 부와 재물은 본질적으로 악한 것이 아니다. 하나님이 미워하시는 것은, 부와 재물 자체가 아니라 그것을 빌미로 이루어지는, 가난한 사람에 대한 억압이다. 예를 들면, 부와 재물로 인해 가난한 사람을 착취하거나 유린하거나 또는 그들에게서 법적인 정의를 시행하지 않고 보류하는 것이다(사 3:14-15; 32:7; 암 2:6-7; 5:12; 렘 5:28).

나는 독자들에게 존 레벤슨(Jon Levenson)의 소논문인 「성경적 시각에서 바라본 빈곤과 정부」(Poverty and the State in Biblical Thought)[2]를 한 번 읽어보길 추천한다. 레벤슨은 유대인 성경학자로, 그의 저술은 히브리 성경에서 다루고 있는 이스라엘 정부와 빈곤 문제와의 관계를 이해하는 데 도움이 된다. 레벤슨의 통찰을 엿볼 수 있는 한 가지 대목을 소개한다.

> 그런 후에, 가난한 자의 보호를 명하는 법률이 개인, 씨족, 지역민, 고도로 연결된 사회 조직에 공고된다. 이런 법률은 정부 차원의 정책이라기보다는 종교적 계명으로 간주된다. 이런 법률로 인해, 사람들은, 부자와 가난한 자 사이에서 일종의 중보자가 됨으로써, 하나님이 제정하신 의무를 떠안게 되고, (정부가 아닌) 가난한 자들에게 빚을 지게 된다.[3]

여기서 핵심 요지는 성경에서 권하고 있는 가난한 사람들에 대한 돌봄과 배려는 국가 권위를 통한 강제력에 의한 것이 아니라는 데 있다. 그것은 하나님을 기쁘시게 하려는 개인들을 향한 요청이다.

신약성경

가난이라는 주제와 관련하여 예수님과 사도들이 보여준 신학은 히브리 성경에 기초하고 있다. 예수님의 말씀에 따르면 가난한 사람들은 항상 있을 것이나(요 12:8) (따라서 불평등한 경제적 계급적 차이도 항상 있을 것이나) 하나님은 가난한 자들을 멸시하지 않으신다. 오히려 하나님은 가난한 자들이 부유한 자들에 의해 억압당하는 것을 기뻐하지 않으신다 (예를 들면, 신 24:14; 잠 14:31; 슥 7:10; 약 2:6).

그러나 여전히 사고가 신중하지 못한 사람들은 신약성경이 마르크스주의를 주창한다고 믿는다. 신약이 이런 사상을 가르친다고 생각하는 자들은 사도행전 2:42-45을 하나의 중요한 증거 본문으로 자주 사용한다.

> 42 그들이 사도의 가르침을 받아 서로 교제하고 떡을 떼며 오로지 기도하
> 기를 힘쓰니라 43 사람마다 두려워하는데 사도들로 말미암아 기사와 표적
> 이 많이 나타나니 44 믿는 사람이 다 함께 있어 모든 물건을 서로 통용하
> 고 45 또 재산과 소유를 팔아 각 사람의 필요를 따라 나눠 주며.

마르크스주의의 유명한 슬로건, "각자 자신의 능력에 따라, 각자 자신의 필요에 따라"는 사도행전 2장의 이 본문과 일맥상통하는 것처럼 보일 수 있다. 그러나 그렇게 생각하는 것은 마르크스주의와 사도행전 2장을 맥락과 관계 없이 읽었기 때문이다. 사도행전 2장을 해석하는 마르크스주의자들은 우리가 이 본문에서 읽는 모든 내용이, 자원하는 마음에서 우러나온 행동이라는 명백한 사실을 놓치고 있다. 여기에는

수입과 사유재산에 대한 재분배를 강제로 요구하는 막강한 권력 기관(또는 종교적 권위) 같은 것이 존재하지 않는다. 사도행전 5장에서 믿는 자들은 자발적으로 자신들의 소유를 팔아 분배 절차를 밟았다. 심지어 아나니아와 그의 아내가 그 소유를 팔아 그 값에서 얼마를 감추고 속이는 죄를 범했을 때, 베드로는 아나니아에게, "판 후에도 네 마음대로 할 수가 없더냐?"며 꾸짖었다. 이 장면에서도 강제적인 요소는 보이지 않는다.

또 다른 이유로, 사도행전 2장은 마르크스주의 이론을 그 본문에 대한 "적용"으로 정당화시킬 수 없다. 그것은 예수님의 가르침과도 모순될 것이기 때문이다. 교회와 국가 정치의 분리를 선포하신 이가 예수님이며, 실제로 예수님은 이 세상 정부와 구별되는 하나님 나라에 대해 말씀하셨다(마 22:21).

생각해볼 문제들

내 경험에 비춰볼 때, 마르크스주의에 동요되고 그런 사상에 애틋한 감정을 느끼는 그리스도인들은 대개 가난한 사람들에 대한 진심 어린 배려심을 품고 있다. 그러나 그들은 성경 및 마르크스 사상에 대한 매우 왜곡된 이해와 불완전한 지식으로 신약성경을 읽고 있다. 이 책은 전자(성경에 대한 왜곡된 이해)와 관련한 오류를 다루고 있지만, 후자(마르크스 사상에 대한 왜곡된 이해)와 관련한 오류 역시 마르크스, 또는 마르크스와 함께 공동으로 『공산당 선언』(*The Communist Manifesto*[1848 political])을 집필한 프리드리히 엥겔스의 글을 직접 읽은 독자들이라면 어렵지 않게 분간할 수 있을 것이다. 이 둘 모두 반유대주의자들이다. 그들의 경제 이론은 폭력에 의한 혁명을 조장하기 위해 고안된 것이며, 실제로 가난한 자들을 배려하기 위한 것이 아니다. 엥겔스 자신도 이렇게 말했다. "정치에 의한 자유는 엉터리 자유(sham-liberty)이며, 최악으로 가능한 노예제다."[4]

성경신학에 무지한 (그리스도인들을 포함한) 사람들이 성경이 마르크스주의의 토대를 마련한다고 주장할 때, 그들의 말도 안 되는 오류를 짚어내기란 그리 어렵지 않다. 그러나 성경신학은 오늘날 우리가 자본주의를 통해 경험하는 많은 것들에 대해서도 그와 마찬가지로 지지를 표명하지 않는다. 성경은 사유재산이 부의 축적이나 우월한 지위를 얻기 위한 수단이 될 수 없음을 분명히 밝힌다. 하나님은 우리가 소유를 사용하여 다른 사람들에게 복을 나누어주길 원하신다. 정부가 알아서 우리를 대신해 가난한 자들을 돌봐줄 것으로 기대하면서, 가난한 자들에 대한 실질적인 돌봄과 배려를 저버린다면, 우리 그리스도인들은 교회와 국가의 분리에 대한 예수님의 가르침을 위반하게 되는 것이다.

> **THE BIBLE UNFILTERED**
>
> 성경은 사유재산이 부의 축적이나 우월한 지위를 얻기 위한 수단이 될 수 없음을 분명히 드러낸다. 하나님은 우리가 소유를 사용하여 다른 사람들에게 복을 나누어주길 원하신다.

성경신학에서 다른 사람에 대한 돌봄과 배려는 각 개인들이 져야 하는 영적인 의무다. 세속 권세에 무책임하게 떠넘겨버릴 수 있는 사안이 아니다. 그러나 우리는 기본적으로 그렇게 살아가고 있다. 교회가 해야 할 일, '우리'가 해야 할 일을 마치 정부가 대신해 줄 것으로 여기는 듯하다. 이런 신학은 성경이 마르크스주의를 지지한다고 주장하는 것과 똑같이 고질적으로 잘못된 신학이다.

10.
예언을 해석(또는 잘못 해석)하는 방법

성경을 어떻게 해석할 것인가에 대한 조언에는 한도 끝도 없을 것이다. 앞서 언급했던 한 가지 법칙에는 다음과 같은 것이 있다. "단순한 해석으로 명백하게 이해된다면, 다른 의미는 찾지 말라."[1] 나는 처음에 이 말을 사람들에게 액면가 그대로의 문자적 해석을 독려하는, 성경 속 예언 해석과 관련한 인용구로 듣게 되었다. 비록 나쁘지 않은 조언처럼 들리기는 하지만, 신약 저자들은 이런 규칙을 전달받지 못했다. 가장 잘 알려진 비문자적(non-literal) 독법 사례 가운데 하나로, 사도행전 15장을 들 수 있다. 야고보가 아모스 9:11-12을 인용하는 장면이다.

사도행전 15:16-18	아모스 9:11-12
16 이 후에 내가 돌아와서 다윗의 무너진 장막을 다시 지으며 또 그 허물어진 것을 다시 지어 일으키리니 17 이는 그 남은 **사람들**[2]과 내 이름으로 일컬음을 받는 모든 이방인들로 주를 찾게 하려 함이라 하셨으니 18 즉 예로부터 이것을 알게 하시는 주의 말씀이라 함과 같으니라	11 그 날에 내가 다윗의 무너진 장막을 일으키고 그것들의 틈을 막으며 그 허물어진 것을 일으켜서 옛적과 같이 세우고 12 그들이 **에돔**[3]의 남은 자와 내 이름으로 일컫는 만국을 기업으로 얻게 하리라 이 일을 행하시는 여호와의 말씀이니라

아모스의 예언을 통해 하나님은 언젠가는 "다윗의 무너진 장막을 일으키고(repair) 그것들의 틈을 막으며 그 허물어진 것을 일으켜서 옛적과 같이 세울 것(rebuild)"을 약속하셨다. 우리는 수리(repair)하고 재건(rebuilding)한다는 표현을 접하고, 물리적인 건축물을 떠올릴 수 있다. 여기서 "장막"(booth, *sukkah*)은 초막절의 초막(tent)으로 사용된 단어다(레 23:34). 문자적으로 읽으면, 우리는 이 예언의 초점이 다윗의 시대에 사용되었다가 솔로몬이 건축한 성전 안으로 들어오게 된 성막(tabernacle)이라고 생각할 수 있을 것이다.

많은 사람들이 아모스 9장을 마지막 때 성전 재건을 묘사하는 본문으로 읽는다. 에돔에서 "얻게 될 자들"과 여호와 하나님을 부르게 될 만국 백성은 그런 문맥과 어울리는 것으로 보인다.

그러나 사도행전의 저자인 누가는 본문을 그런 방식으로 해석하지 않는다. 누가는 아모스 본문을 "단순하게" 또는 문자적으로 받아들이지 않는다. 사도행전 15장에서 누가는 예루살렘에 모인 초대 교회의 모습을 묘사하고 있다. 그들은 바울과 바나바가 앞서 이방인들에게 복음을 전했다는 사실과 그 과정에서 복음을 받아들인 이방인이 율법을 지켜야 하는지의 문제로 논쟁이 벌어진 사실을 접한다. 베드로와 야고보가 바울과 바나바를 변호한다. 야고보 사도는 이방인의 구원이라는 중대한 사건이 이미 구약에 예언되었음을 증명하기 위해 아모스 9:11-12을 인용한다. 야고보(그리고 저자 누가)는 재건과 보수에 관한 표현이 다윗의 아들, 곧 부활하신 예수 그리스도를 가리키는 것으로 해석한다. 또한 "에돔의 남은 자"라고 말하지 않고, 대신에 "그 남은 사람들"이라고 말한다.

야고보와 누가는 구약의 헬라어 번역본인 칠십인역을 사용했다. 히브리어 사본에서 이 예언서의 본문은 "에돔"(히브리어 *'edom*)으로 표기하고 있으나, 칠십인역은 "사람"(히브리어 사본의 표기를 *'adam*으로 읽은 것)으로 표기한다. 두 단어가 같은 자음을 쓰고 있으나 그 점 말고는 전혀 다른 단어다.

"에돔"에서 "사람들"(mankind)로의 용어 전환은 바울과 바나바의 선교 사역뿐 아니라 당시의 모임 상황에도 잘 들어맞는다. 이방인들 (즉 단지 이스라엘만 아니라, 모든 인류, 열방)이 이제 복음을 받아들이고 있기 때문이다. 그러나 히브리어 본문에서는 분명히 다른 표현이 사용되었다. 따라서 야고보와 누가는 구약 아모스 본문을 문자적으로 해석하지 않

> THE BIBLE UNFILTERED
>
> 야고보와 누가의 구약 해석은 문자적이지 않고, 다른 독법을 적용한 헬라어 번역에 근거한 관념적 또는 '영적' 해석인 것이다.

고, 다른 표현을 쓰는 헬라어 번역에 근거해 관념적 또는 "영적" 해석을 시도하고 있는 것이다.

당시 야고보와 누가가 구약성경을 잘못 읽었다는 말인가? 그렇지 않다. "에돔의 남은 자"는 개념적으로 볼 때, "불택자들"(nonelect)을 가리키는 것으로 이해할 수 있기 때문이다. 우리는 에돔이, 자신의 장자 명분을 팥죽 한 그릇에 팔아넘긴 에서(창 25장)의 후손들이라는 사실을 기억할 필요가 있다(창 36:1). 그러므로 아모스 9:11에 대한 칠십인역의 "사람들"이라는 비문자적 번역은 정확한 의미의 범주 안에 포함되는 해석이라고 볼 수 있다.

이런 본문들에 대한 비교 대조는 중요한 교훈을 준다. 즉 구약의 예언에 대한 해석 방식은 단순한 하나의 원리로 축소될 수가 없다. 그리고 모든 것이 다 문자적으로 해석될 수도 없다. 신약성경이 우리에게 그것을 보여준다.

제2부
안경 없이 구약 읽기

11. 여호와께서 가인을 낳으셨다?

그리스도인들은 종종 성경을 문자적으로 해석해야 한다고 배운다. 1부에서는 문자적 해석을 지나치게 강조할 때 발생할 수 있는 몇 가지 문제들을 살펴보았다. 그러나 문자주의(literalism) 해석을 주장하는 이들 대부분은 자기 주관적 해석이나 개인적인 특이한 해석을 방지하기 위해 그런 문자적 해석을 옹호했다는 사실 또한 짚고 넘어가야겠다. 만일 우리가 성경 본문을 곧이곧대로 해석할 경우, 그들의 논리에 따르면, 더 자주 성경을 정확히 해석하게 된다는 것이다. 이런 접근 방식은, 비록 좋은 의도에서 비롯된 것이긴 하나, 여러 가지 이유 때문에 항상 최선의 전략이 될 수는 없다. 일례로, 성경 본문을 가장 단순한 방식으로 읽으면 엉뚱하고 어이없는 결과가 초래되기도 한다.

창세기 4:1은 가장 쉽게 접할 수 있는 사례다. "아담이 그의 아내 하와와 동침하매 하와가 임신하여 가인을 낳고 이르되 내가 여호와로 말미암아(ESV. the help of, 즉 여호와의 도움으로) 득남하였다 하니라." 이 구절을 언뜻 읽으면 별로 이상할 것이 없다고 여길 수 있다. 그러나 영어 번역본은 논란의 소지를 감추고 있다. 히브리어로 하와는, "카니티 이쉬 에트-YHWH"(*qanithi ish eth-YHWH*)라고 말했다.[1] 영어로 "the help of"는 ESV 번역진에 의해 보완된 표현이며, 히브리어의 본래 표기를 정확히 대변하는 것은 아니다.

THE BIBLE UNFILTERED

어떤 사이비 종교에서는 야훼가 하와와 성적 관계를 맺었다는 견해를 주장하기도 한다.

추가로, 히브리어 동사 '카나'(*qanah*, 카니티[*qanithi*]의 기본형, ESV는 "I have gotten"으로 번역)는 창조의 의미로 사용되기도 한다. 예를 들면, 자신의 생명을 창조하신 하나님에 대한 시편 기자의 유명한 고백을 담은 구절에서 동사로 사용된다. "주께서 내 내장을 지으시며('카나') 나의 모태에서 나를 만드셨나이다"(시 139:13).

창세기 4:1에 대한 가장 직설적이고 단순한 독법에 따른다면, "나[하와]는 여호와와 함께 사람을 만들었습니다(또는 낳았습니다)"라는 해석을 할 수밖에 없을 것이다. 우리 귀에는 이런 번역이 당연히 말도 안 되는 것으로 들리지만, 실제로 어떤 사이비 종교에서는 여호와가 하와와 성적 관계를 맺었다는 견해를 주장하기도 한다.[2] 이런 해석은 본문을 해괴망측하게 오독한 것이 너무나 명백하다. 이 구절이 하와의 성적 파트너가 아담이었고, 따라서 아담이 가인의 아버지였음을 분명히 드러내는 진술로 시작하기 때문이다("아담이 그의 아내 하와와 동침하매 하와가 임신하여 가인을 낳고"). 그러나 이런 사실이 그 하반절의 진술에 대한 의문을 완전히 해소시키지는 않고 있다.

'카나' 동사는 히브리어에서 수태와 출산을 가리키는 데 ('하라' 및 '얄라드' 만큼) 자주 사용되는 단어는 아니다. 사실 '카나' 동사가 그런 의미로 사용되는 경우는 매우 드물다. 대부분의 히브리어 학자들은 그 단어가 가인의 히브리어 이름 카인(*qayin*)과 유사한 소리를 내므로 언어유희를 위해 성경 저자가 창세기 4:1에서 '카나'라는 단어를 선택했으리라고 생각한다. 결과적으로 4:1 하반절은 하와가 여호와와 함께 가인을 출산했다고 말하려는 것이 아니다. 특히 상반절에서 이미 아담이 가인의 생부였음을 분명히 밝혔기 때문에 이는 명백한 것일 수밖에 없다. 성경의 다른 본문에서 우리가 접하는 이와 비슷한 내용들, 특히 임신에 어려움을 겪은 몇몇 여성들에 의한 진술들도, 창세기 4:1을 지나치게 문자적으로 읽으면 문제가 된다는 사실을 확인해 주고 있다. 노년의 나이로 인해 아이를 임신하지 못했던 사라(창 18:11–12)는 자신이 이삭을 낳을 수 있도록 도우신 이가 여호와이심을 알고 있었다(창 18:13–15; 21:6–7). 오랜 기간 아이를 갖지 못했던 한나는 사무엘의 탄생을 여호와께서 행하신 일로 고백했다(삼상 1:19–20).

성경 속 이 여성들과 마찬가지로, 아담과 동침해 임신한 후 자신이 '여호와와 함께 사람을 만들었다'고 고백한 하와의 진술은 하나의 관용적 표현으로 볼 수 있다. 하와는 임신과 출산이라는 신비로 하나님이 자신에게 은혜를 베푸셨음을 고백하고 있는 것이다. ESV 역본 같은 창세기 4:1의 표현은 그런 개념에 충실한 번역이라고 본다. 하와는 가인이 세상으로 나오게 된 출생 사건에 하나님이 관여하셨다고 믿은 것이 분명하다.

12.
당신 서재의 창세기 주석들은 추억의 카세트테이프에 불과하다

우리는 포도주, 치즈, 상식 등 어떤 것들은 시간이 흐르고 세월이 지날수록 더 나아진다는 말을 듣기도 한다. TV에서 《앤틱 로드 쇼》(*Antiques Roadshow*)*를 시청해본 사람이라면 어떤 필요와 수요가 있는 부동산이나 유용한 물품 또는 예술품, 인기 자동차 등을 오래 소유하면 할수록 그 가치가 상승한다는 사실에 대해 잘 알 것이다. 그러나 안타깝게도, 성경 연구를 위한 가장 보편적인 도구들에 있어서는 대부분이 그 반대다. 그것은 마치 첨단 기기들과 같다. 오래될수록 더 구형이 되고 심지어는 폐기물처럼 전혀 쓸모없게 되기도 한다.

주석서들 또한 시간의 경과에 따라서 더 좋아지는 도구들이 아니다. 그 이유는 제법 단순하다. 성경학자들은 어떤 분야에서든 전문가들이다. 그들은 계속해서 더 많이 생각하고 더 깊이 연구하는 사람들이다.

---

* 한국의 《TV쇼 진품명품》과 유사한 방송 프로그램.

성경 연구에 관한 자료들은 갈수록 많아지고 더 개선되고 있다. 고고학의 발전은 갈수록 더 많은 관련 자료들을 발굴해 내고 있다. 오늘날 컴퓨터 기술은 고대 언어와 관련하여 그 어느 때보다 더 철저하고 정밀하며 더 빠른 분석을 가능하게 만들었다. 정보 접근과 자료 검색이 예전과 달리 훨씬 더 수월해지고 용이해졌다. 심지어 100년 전 학자들이 자신들의 수중에 넣을 수 있던 전문 자료들은 사실상 오늘 우리가 단 하나의 스마트폰만을 사용해서 얻을 수 있는 정보량의 극히 일부분에 지나지 않을 정도다. 이전 세대에서는 일평생 수고해야 분석 가능했던 것들을 우리는 단 몇 시간의 노력으로도 충분히 해낼 수 있다.

나는 세계 일류 수준의 바이블 소프트웨어 기업에서 일하고 있다. 그래서 성경 연구에 대한 현대 세계의 경이로운 현실들을 익히 알고 있다. 그러나 오늘 말하고 있는 바를 직접적으로 실감하게 된 것은 최근 들어서다. 『보이지 않는 세계』는 여러 기이한 본문들에 많은 분량을 할애하고 있다. 그 가운데서도 가장 낯설었던 본문은 창세기 6:1-4로, "하나님의 아들들"이(신구약 중간기 때 기록된 유대 문헌에서는 이들을 "파수꾼"[Watchers]이라 칭한다) "사람의 딸들"과 금지된 관계를 맺음으로 하늘과 땅 사이의 경계를 침범했던 노아 시대의 에피소드다. 그들의 행위는 모세와 여호수아 때 이스라엘이 가나안 땅 정복을 앞두고 마주한 거인족들의 조상 네

> **THE BIBLE UNFILTERED**
>
> 하나님의 아들들을 인간화시키고 네피림 존재의 일반적이지 않는 특성을 부정하는 모든 종류의 견해들은 결국 이 본문의 원문맥과 논증적 의미를 훼손하게 되는 오류를 범할 수밖에 없다.

피림을 탄생시켰다(민 13:32-33).[1]

그동안 성경을 공부하려는 현대인들의 구미에 맞추기 위해 이 본문의 초자연적 요소들을 제거해 내려는 많은 시도들이 있어왔다. 하지만 이런 종류의 본문은 지난 15년 동안 내 학문적 연구의 주된 관심사였기 때문에, 그런 모든 시도에는 본문 주해와 논리적 측면에서 볼 때 상당한 오류가 있음을 감히 단언할 수 있다. 특히 하나님의 아들들을 인간화시키고 네피림이라는 존재의 일반적이지 않은 특성을 부정하는 모든 종류의 견해들은 결국 이 본문의 원래 문맥(original context)과 논증적 의미(polemic meaning)를 훼손하게 되는 오류를 범할 수밖에 없다.

2010년 이전까지 이런 주장에는 논쟁의 여지가 있었던 것이 사실이다. 그러나 더 이상 그렇지 않다. 대홍수 전후의 사건들을 기록한 고대 메소포타미아 문헌에 대한 최근의 연구를 통해, 우리는 창세기 6:1-4의 기록과 하나하나 명백하게 비교할 수 있는 자료들 발견했다. 그런 유사성은 이 성경 본문이, 자신들의 신들과 문화가 우월하다고 여기던 고대 메소포타미아인들의 사고를 반박하기 위해 특별히 기록된 것임을 분명하게 드러내고 있다.

메소포타미아 자료에 따르면, 홍수 시대에 살았던 이 신비스런 존재들은 '압칼루'(*apkallu*)였다. 그들은 인간 여인들과 동침하여 반신반인의 혼혈이면서 거인족인 새로운 세대의 압칼루를 낳았다. 메소포타미아 종교는 이들 압칼루의 세대를 위대한 현자들로 추앙했다. 대홍수로 멸절하기 전까지, 인간 여인들에게서 태어난 이들 압칼루가 홍수 이전의 인간에게 전수된 신적인 지식을 보존했다. 이 지식이 바벨론에도 보존되었고, 이는 그들의 문명이 왜 다른 문명보다 우월했는지 (메소포타미아 문화권에) 설명해준다. 창세기는 메소포타미아 자료의 이런 초자연적 맥락을 부정하지 않는다. 부정하기보다 오히려 정면으로 반박한다. 소위 압칼루 종족은 구원자들이 아니라는 것이다. 그들은 이스라엘의 여호와 하나님과는 감히 맞설 수 없고 죽어 마땅한 존재였다. 대홍수 이후 압칼루 거인족은 하나님의 백성 이스라엘의 원수가 된다. 우리가 인지하든 인지하지 못하든, 창세기 6:1-4은 그들이 여호와와 그분의 백성을 상대로 하는 기나긴 전쟁의 첫 신호탄을 쏘아올리고 있다. 현대 독자들이 거리를 두고 있는 이 기이한 본문은 신약을 포함한 다른 성경 본문들을 해석하는 하나의 안목을 제공한다.

이런 새로운 연구 결과는 수메르와 아카드의 대홍수 설화에 대한 철저한 재조사를 통해 도출된 것으로, 쐐기문자 전문 학자인 아마르 아누스(Amar Annus)가 자신의 2010년 학술지 논문에서 발표한 바 있다.[2] 아누스의 이 논문은 메소포타미아 압칼루에 대한 현존하는 모든 자료를 통틀어 가장 최신의 연구다. 그의 논문은 이 주제에 대한 지난 모든 연구를 뛰어넘는 가치를 인정받고 있다.[3] 이로써 창세기 6:1-4에 대한 그 어떤 비-초자연적(nonsupernatural) 해석도 치명상을 면치 못하게 되었다.

따라서 이런 사실은, 이 본문 주석에 대해서는 우리가 그동안 신뢰해온 창세기 주석들을 더 이상 신뢰할 수 없게 되었다는 것을 의미한다. 그 주석들은 이 새롭고도 혁신적인 연구 이전에 저술된 자료들이기 때문이다. 그 주석들은 마치 이제는 폐기해야 할 구형 카세트테이프처럼 되었다. 『보이지 않는 세계』에서는 이 새로운 연구를 보다 더 심도 있게 소개하고 있으며, 최근의 연구 및 학계의 논의와 관련된 이런 종류의 주제들을 다른 주석서보다 더 많이 다루고 있다. 성경 저자들의 초자연적 세계관을 포함하여 성경을 '원문맥'으로 해석하는 것에 관심이 있는 독자라면, 고대 세계의 연구에서 얻은 새로운 안목들에 대해서도 흥미를 느끼지 않을 수 없을 것이다.

13.
이름에 담긴 의미는 무엇인가?

"나는 스스로 있는 자이니라"(I am that I am). 모세가 하나님께 이름을 여쭈었을 때 하나님이 주신 답변은 실로 간명하면서도 매우 신비롭다(출 3:14, LEB). 그 이름의 정확한 의미는 무엇인가?

하나님은 히브리어로, '에흐예 아쉐르 에흐예'(*ehyeh asher ehyeh*, "I am that I am")라고 답변하셨다. '에흐예'는 영어로 "I am"의 동사형이다. 언어를 공부했다면 (행위를 의미하는) 동사는 문법적으로 그 동사에 맞는 인칭과 수를 갖는다는 규칙에 대해 들어본 적이 있을 것이다. 대부분의 언어에서, "수"는 단수 또는 복수를 의미하고 "인칭"은 동사의 주어를 의미한다. 예를 들어, 내가 성경 언어를 가르쳤을 당시에 인칭을 설명했던 방식은 이렇다. '나'는 넘버원이다(I am number one, 1인칭). '당신'은 넘버 투이다(You are second fiddle, 2인칭). '나머지(그, 그녀, 또는 그들)'는

THE BIBLE UNFILTERED

"나는 스스로 있는 자이니라." 모세가 하나님께 그의 이름을 물었을 때 하나님이 주신 답변은 실로 간명하면서도 매우 신비로운 답변이다.

제삼자다(Everyone else is a third party, 3인칭).

이 문장에서 하나님의 이름, '에흐예'는 영어로는 동사 "to be"(*hayah*)의 1인칭 단수형이다. 이것은 자존(self-existence)의 선언이며, 따라서 화자 자신보다 더 크고 강력한 권세나 힘 또는 다른 어떤 존재에 의해 창조된 것이 '결코 아님'을 선언하는 것이다.

그러나 정확히 말하면, 히브리어 '에흐예'에서 사용된 자음들은 히브리 구약성경 여러 본문의 하나님의 이름에서 발견되는 자음들인 *y-h-w-h*와는 똑같지 않다. 이 네 개의 자음은 ("네 개의 글자"를 의미하는) 테트라그라마톤으로도 잘 알려져 있다. 이스라엘 사람들은 하나님에 대한 경외심으로 감히 그 이름을 소리 내어 발음하지 않았다. 결국 그들은 글자로 표기할 때조차, 이 네 개의 자음에 또다른 히브리어 단어, '아도나이'(*adonai*)나 '주'(Lord)의 모음을 덧붙여 사용했다.[1] 영어 성경에서는 하나님의 이 거룩한 이름을 대문자를 작게 써서 '주'(LORD)로 표기하고 있다.* 그러나 그것은 앞의 '네 글자'에 대한 실질적인 번역이 아니다. 그것은 발음되지 않았던 신성한 단어에 경외심을 표하는 대용어일 뿐이다.

'에흐예'가 출애굽기 3:14에서 하나님이 계시해 주신 이름이라면, '야훼'(*yhwh*)라는 표현은 어디서 왔는가? 한 가지 답을 얻기 위해 우리는 히브리어 단어의 의미와 그것이 취하는 형태를 자세히 살펴볼 필요가

* 개역개정. 여호와.

있다. '에흐예'와 '야훼'는 둘 다 '하야'(*hayah*, 'to be'를 의미)라는 동사의 어근에서 파생한 단어들이다. '에흐예'는 이 동사의 1인칭 형태이고 대개 'I am'('나는 … 이다' 또는 '나는 존재한다')으로 번역된다. 또한 같은 어근을 가진 단어로 '하와'(*hawah*)도 있는데, 이는 가장 오래된 히브리어 구약 사본보다 더 오래된 문서에 나오는 표준 철자다.[2] '야훼'(*yhwh*)라는 이름은 '하와'의 3인칭 형태다.

이 모든 정황은 야훼(*yhwh*)가 3인칭 형태이기 때문에 "he is"('그는 … 이다' 또는 '그는 존재한다')를 의미할 '이훼'(*yihweh*)로 발음되어야 할 것처럼 보이게 한다. 하지만 이것은 불확실하다. 성경 다른 본문에서, 하나님의 이름은 축약된 두 개의 자음 형태로도 나타나며(*yh*; 예를 들면 출 15:2), 히브리 서기관들은 거기에 항상 "*a*" 모음을 첨가해 *yah*로 표기했다. 따라서 그 이름의 첫 부분이 '야'(*yah*)라고 한다면, '이훼'(*yihweh*)는 올바른 선택지가 아닐 것으로 보인다. 그래서 학자들은 신성한 이름에 대한 철자법으로 '야훼'(*yahweh*)를 선호하고 있다. 그러나 이 또한, 이미 예상했겠지만, 여전히 논쟁거리가 되고 있다.

하나님의 신성한 이름 이면에 있는 신비와 관련된 논쟁을 해결하기 위해서는 성경 원어 속으로 더 깊이 파고들어가야 한다. 히브리어를 잘 모른다고 하더라도, 아직 포기하지 말고 조금만 더 참아보라. 이 모든 것들이 해석상의 흥미로운 대안들을 제공하고 있다.

가장 단도직입적인 설명은 다소 전문적인 내용을 담고 있다: '야훼'(*Yahweh*)는 히필(Hiphil) 미완료형의 3인칭 형태다. 복잡하게 들릴 수 있으나 기본적으로 이 같은 어형변화는 첨가된 "*y*" 그리고 축약 형태의 이름 철자 *yah*에 대한 설명을 제공해준다. 히필형은 주어의 역할을 다른 어떤 것에 대한 원인으로 나타내기 위해 사용되기 때문에, 그럴 경우 '야훼'(*yahweh*)라는 신성한 이름의 의미는 "그가 존재하게 한다"(he causes to be) 또는 "그가 존재를 불러일으킨다"(he brings into existence) 등과 같은 의미가 될 수 있다. 이는 하나님을 창조주 하나님으로 나타내는 표현일 것이다.

그러나 곤란한 점이 있다. 구약성경을 제외하고 알려진 고대 히브리어 문헌에서 '하야'/'하와' 동사의 이런 형태가 사용된 다른 사례들이 없다는 것이다. 그런 이유로 일부 학자들은 이 같은 설명을 선호하지 않는다.[3] 그들은 최소한 하나의 유사한 사례는 있어야 한다고 여긴다. 몇 가지 언어학적 이유들로, 그들은 축약형 *yah* 철자와 상관없이 *y-h-w-h*를 단순히 "he is"(yihweh)로 받아들이는 것을 선호한다.[4]

결국 두 가지 경우 모두 가능하다. 먼저 '이훼'(*yihweh*)는 하나님이 창조되지 않은 자존하는 존재이심을 드러낸다. 하나님은 본래부터 존재하신다. 다른 한 가지, '야훼'(*yahweh*)는 이스라엘의 하나님이 만물을 존재하게 하신 분임을 나타낸다. 스스로 존재하시는 그분은 창조주이신 것이다. 둘 다 신학적으로 의미심장한 선언이 아닐 수 없다.

14.
로스트 시즌, 바다 편

이스라엘 백성이 홍해를 건너는 출애굽기 14장의 이야기는 여러 TV 프로그램과 영화에서 장엄한 광경을 연출하며 유명해지기도 했다. 그러나 이런 홍해 횡단이 실제로 있었던 정확한 위치를 찾기 위해 모세와 이스라엘 백성의 발자취를 거슬러 올라가보면 한 가지 중대한 문제에 부딪히게 된다. 이스라엘의 출애굽 여정에서 만났던 '홍해'는 오늘 우리가 홍해라고 생각하는 장소와 다른 곳일 가능성이 매우 크다.

문제의 발단은 영어 번역본에서 대개 "홍해"(Red Sea)라고 번역된 히브리어 '얌 수프'(*yam suph*)라는 표현에서 시작된다.[1] 이 표현은 실제로는 "갈대들의 바다"(sea of reeds) 또는 "갈대 바다"(reed sea)를 의미한다. '얌'이라는 단어는 수역(body of water)를 의미하며, 물론 바다 같은 넓은 해역도 그 의미에 포함된다. 그러나 '수프'라는 단어는 "붉은색"(red)

> **THE BIBLE UNFILTERED**
>
> 이스라엘의 출애굽 여정에서 만났던 "홍해"는 오늘 우리가 홍해라고 생각하는 장소와 다른 곳일 가능성이 매우 크다.

을 의미하지 않는다. 오히려 그런 의미의 히브리어는 '아돔'(*'adom*, 용례. 창 25:30) 또는 '아드모니'(*'admoni*, 용례. 창 25:25)이다.

따라서 이스라엘 백성은 그 안에 (아마도 파피루스) 갈대가 무성한 수역을 뜻하는 "갈대들의 바다"를 건넜을 것이다. 이 같은 해석이 맞는다면 홍해에 적용되기는 어려워진다. 왜냐하면 홍해 수역은 대부분 염분 농도가 높아서 갈대가 자라기에 적합한 환경이 아니기 때문이다. 이 '얌 수프'라는 표현이 홍해 횡단의 정확한 위치 파악을 추가로 더 난해하게 만드는 부분이 있다. 성경에서 홍해의 두 갈래 지류 안쪽 내지 인근의 물이 있는 지역들을 가리키는 데 이 표현이 사용되었기 때문이다. 일부 구절들에서는 동쪽 지류, 즉 아카바 해협을 가리킨다(왕상 9:26; 출 23:31; 민 21:4; 삿 11:16). 그러나 '얌 수프'의 위치와 관련하여, 민수기 33:8–10은 그곳을 지리적으로 홍해의 서쪽 지류이자 이집트에서 며칠이면 도달할 수 있는 수에즈 해협 방향인 곳으로 기술하고 있다. 게다가 이 본문은 이스라엘 백성이 '얌 수프'("홍해")에 도달하기 전에 이미 "바다['얌'] 가운데를 지나"는 장면을 기록하고 있다.

> 하히롯 앞을 떠나 광야를 바라보고 **바다**['얌'] **가운데를 지나** 에담 광야로 사흘 길을 가서 마라에 진을 치고 마라를 떠나 엘림에 이르니 엘림에는 샘물 열둘과 종려 칠십 그루가 있으므로 거기에 진을 치고 엘림을 떠

나 **홍해 가**['얌 수프']**에 진을 치고**.[2]

> **THE BIBLE UNFILTERED**
>
> 세상의 끝자락으로—아무도 생존하지 못했던 혼돈의 바다로—향하고 있다고 믿었던 이스라엘 사람들은 자신들에게 나타난 하나님의 구원을 놀라운 신적 권능의 역사로 해석했을 것이다.

이스라엘이 이집트에서 벗어날 당시 그들은, 홍해 자체를 횡단하기보다는, 오히려 홍해에 인접한 작은 수역을 건넜을 가능성이 있다. 아마도 비터 호수(Bitter Lakes) 또는 팀사 호수(Lake Timsah) 중 하나일 수 있다. 그런데 또 다른 가능성도 있다. 구약성경의 히브리어 단어들은 본래 모음 없이 기록되었기 때문에, '얌 수프'라는 표현은 '얌 소프'로도 읽을 수 있다. 결과적으로 이런 이상한 발음은 "끝의 바다"(the sea of the end) 또는 "소멸의 바다"(the sea of extinction)를 의미하는 것일 수 있다. 즉 세상은 평평하고 그 경계는 물로 둘러싸여 있다고 여긴 고대의 우주론적 개념을 가리키는 하나의 표현일 수 있다. 이런 관점에서 보면, 이스라엘 백성은 사막의 광야로 빠져나갔다가 아무도 생존할 수 없는 태고의 물 속으로 곧장 들어감으로써, 자신들이 세상의 끝자락에 다다르고 있다고 생각했을 수도 있다.[3]

이런 관점은 다분히 신화적인 뉘앙스를 풍긴다. 하지만 그렇다고 해서 이런 관점이 출애굽이라는 기적적인 사건의 역사성을 완전히 배제시키지 않는다. 아무도 생존하지 못하는 혼돈의 바다 속으로, 세상의 끝자락으로 향하고 있다고 믿었던 이스라엘 백성은 자신들에게 나타난 하나님의 구원을 놀라운 신적 권능의 역사로 해석했을 것이다. 혹독한 죽음의 영역 건너편으로 안전하게 당도한다는 것 역시 그들에게는 실로 초자연적이고 기적적인 사건이 될 것이다.

비록 우리는 홍해 횡단의 정확한 위치를 딱 잘라 말할 수는 없지만, 가능성 있는 이런 모든 해석들은 자기 백성을 위한 하나님의 섭리적인 개입을 결코 배제시키지 않는다.

15.
출애굽기 21:1-6에서의 "엘로힘" 앞에 서 있는 종

이스라엘에는 매 일곱 째 해인 안식년이 되면 집안의 히브리 종을 자유인으로 풀어주어야 한다는 율법이 있다. 출애굽기 21:1-6은 그런 율법에도 불구하고 히브리 종이 오히려 자유인이 되기를 거부하고 자신의 상전 집에 머물기를 원하는 상황에 대해 규정하고 있다.

> 1 네가 백성 앞에 세울 법규는 이러하니라 2 네가 히브리 종을 사면 그는
> 여섯 해 동안 섬길 것이요 일곱째 해에는 몸값을 물지 않고 나가 자유인
> 이 될 것이며 3 만일 그가 단신으로 왔으면 단신으로 나갈 것이요 장가 들
> 었으면 그의 아내도 그와 함께 나가려니와 4 만일 상전이 그에게 아내를
> 주어 그의 아내가 아들이나 딸을 낳았으면 그의 아내와 그의 자식들은
> 상전에게 속할 것이요 그는 단신으로 나갈 것이로되 5 만일 종이 분명히

말하기를 내가 상전과 내 처자를 사랑하니 나가서 자유인이 되지 않겠노라 하면 6 상전이 그를 데리고 재판장[하나님, *elohim*]에게로 갈 것이요 또 그를 문이나 문설주 앞으로 데리고 가서 그것에다가 송곳으로 그의 귀를 뚫을 것이라 그는 종신토록 그 상전을 섬기리라.

6절에서 '하나님'*(ESV. God)으로 번역된 히브리어 단어는 '엘로힘'(*elohim*)이다. '엘로힘' 단어 자체는 복수형으로 쓰였지만, 구약성경에서는 거의 대부분 단수의 의미로 쓰이며, 대개 이스라엘의 하나님을 의미한다. 따라서 여기서 가장 단순한 독법은 '엘로힘'이 단수로 이스라엘의 하나님을 가리키고, 두 이스라엘 사람(상전과 종)이, 소위 말해, "하나님이 보시는 앞에서" 간단한 의식을 치른다는 것이다. 이 말은 오늘날 결혼 예식에서 신랑 신부가 부부로 한 가정을 이룬 것과 관련해, 하객들이 "하나님이 보시는 앞에서" 이 일의 증인이 되었음을 주례 목사가 선포하는 방식과 유사한 것일 수 있다.

THE BIBLE UNFILTERED

신명기는 매우 엄격한 유일신 사상으로 잘 알려져 있으며, 예배를 위한 택한 장소(중앙 성소)에 대한 방침으로 유명하다.

그러나 일부 학자들은 여기서 '엘로힘'이 형태뿐 아니라 그 의미에 있어서도 복수형일 수 있다고 주장한다. 그런 개념을 뒷받침할 성경적 근거를 확보하기 위해 이스라엘의 장로들과 사사(재판관)들이 그 의식에 함께 참여했을 것이라는 주장과 더불어 그래서 그 사람들이 엘로힘이

* 개역개정. 재판장.

라 불렸을 것이라는 주장을 편다. 이 같은 주장을 펴는 이들은 이것을 하나의 증거본문으로 삼아 시편 82편에 적용시키면서, 시편 82:1에 언급된 여호와의 회의 기구인 '엘로힘'이 실제로는 신적인 존재들이 아니라 사람들을 가리키는 것이라 주장한다. 그러나 출애굽기 21장에는 사사들이나 장로들이 등장하지 않으며, 구약의 다른 어느 본문에도 '엘로힘'을 인간 지도자를 가리키는 데 사용한 곳은 없다. 한편, 출애굽기 18장에 등장하는 장로들을 '엘로힘'이라 부른다고 생각하는 사람들도 많이 있다. 그러나 해당 본문은 장로들과 엘로힘을 결코 동일시하지 않으며, 거기서도 '엘로힘'은 다른 곳에서와 마찬가지로 하나님을 가리킨다. 출애굽기 21:1-6과 그와 유사한 본문, 신명기 15:12-18을 비교해 보면 그런 주장은 더 신빙성을 잃는다.

앞서 언급했듯이, 출애굽기 21:6의 '엘로힘'은, 사람들의 무리가 아니라, 매우 일관성 있게 단수의 의미로 "하나님"을 가리킬 수 있다. 그런데 본문을 신명기 15:12-18과 비교해 보면, 출애굽기 21:6이 한 무리의 신적인 존재들('신들')을 가리킬 가능성이 제기된다.

> 12 네 동족 히브리 남자나 히브리 여자가 네게 팔렸다 하자 만일 여섯 해 동안 너를 섬겼거든 일곱째 해에 너는 그를 놓아 자유롭게 할 것이요 13 그를 놓아 자유하게 할 때에는 빈 손으로 가게 하지 말고 14 네 양 무리 중에서와 타작 마당에서와 포도주 틀에서 그에게 후히 줄지니 곧 네 하나님 여호와께서 네게 복을 주신 대로 그에게 줄지니라 15 너는 애굽 땅에서 종

되었던 것과 네 하나님 여호와께서 너를 속량하셨음을 기억하라 그것으
로 말미암아 내가 오늘 이같이 네게 명령하노라 16 종이 만일 너와 네 집을
사랑하므로 너와 동거하기를 좋게 여겨 네게 향하여 내가 주인을 떠나지
아니하겠노라 하거든 17 송곳을 가져다가 그의 귀를 문에 대고 뚫으라 그
리하면 그가 영구히 네 종이 되리라 네 여종에게도 그같이 할지니라 18 그
가 여섯 해 동안에 품꾼의 삯의 배나 받을 만큼 너를 섬겼은즉 너는 그를
놓아 자유하게 하기를 어렵게 여기지 말라 그리하면 네 하나님 여호와께
서 네 범사에 네게 복을 주시리라.

출애굽기와 신명기에 나오는 의식 절차는 모두 동일하다. 그러나 '엘로힘'이라는 단어가 신명기에서는 나타나지 않는다. 출애굽기 21:6의 '엘로힘'이 이스라엘의 하나님을 가리킨다면, 신명기 15장의 법규에서 굳이 그 단어를 삭제하고 다른 단어로 대체할 하등의 논리적 이유는 없을 것이다(그 단어가 장로들과 사사 같은 사람들을 의미하는 것이라고 해도 이와 마찬가지의 논리가 적용될 수 있다). 이 문제에 대한 유일하게 일관된 설명은 출애굽기에 언급되는 '엘로힘'이 다른 신적 존재들('신들', 복수형)을 가리키는 표현임을 신명기의 저자(또는 후대의 편집자)가 어떻게든 알았을 것이라는 해석이다. 신명기는 그 엄격한 유일신 사상으로 잘 알려져 있으며(예를 들면 신 4:35, 39), 한분 하나님만을 예배하기 위한 자세한 내용들로 가득하다(신 12장).

사실 신명기는 모세 시대 이후, 주전 7세기 요시야 왕의 통치 기간

또는 그 전후로 기록되었을 가능성이 있다. 요시야 왕은 성경에서 여호와 신앙의 큰 개혁을 이룬 인물로 언급되고 있다. 그 개혁에는 이스라엘을 우상 숭배의 범죄에 빠지게 했던 석상과 목상들 그리고 이방 종교의 산당과 제단들을 제거하는 일이 포함되었다(왕하 22-23장). 신명기가 모세 후대의 저작이며 전적으로 주전 7세기에 기록되었다는 주장은 다소 극단적이고 문제의 소지가 있어 보이지만, 그러나 이스라엘의 유일신 사상을 보존하는 일에 열의를 지녔던 당대의 서기관(필사자)들이 후대의 이스라엘 독자들이 이 본문에서 '엘로힘'을 자칫 복수형으로 해석하고 다른 신들의 존재에 대한 생각을 품을까 염려한 나머지 이 단어 자체를 삭제했을 가능성은 충분히 고려해볼 만하다.

당대의 서기관들이 굳이 이렇게까지 하지 않아도 되지 않았을까 싶은 생각은 든다. 그것이 복수형으로 언급되었다 하더라도, 구약성경은 다른 신들(*elohim*)이 이스라엘의 하나님○ 여호와보다 더 하등한 존재임을 상정하고 있기 때문이다(예를 들면 신 32:17; 시 82:1). 그러나 어쨌든 서기관들은 일말의 여지를 남기지 않으려고 신중을 기했을 수 있다.

이제 한 가지 질문이 남는다. 출애굽기 21:6의 엘로힘이 정말로 복수형이라면, 이스라엘의 법규에서 거론되는 이 "신들"(gods)은 무엇을 가리키는가? 가장 유력한 대답은 아마도 죽은 선조들로 추정되는, 고대 히브리인들의 집안을 수호하는 신상인 '드라빔'(*teraphim*)일 가능성이다. 그것은 아마도 죽은 조상의 유품으로 전해지는 것일 수 있다. 창세기 31장에서, 라헬이 남편 야곱과 함께 하란 땅을 떠날 당시, 자신의 아버지 라반의 드라빔을 도둑질했다(창 31:19, 34-45). 다윗의 집에도 드라빔이 있었던 것이 분명해 보인다(삼상 19:13, 16). 실제로, 히브리어 성경의 저자들은(당시 고대 근동의 문화와 결을 같이하여) 육신의 몸에서 떠난 망자들이 신적인 존재가 된다고 여겼고(삼상 28:13에서 '엘로힘'의 용례를 보라), '드라빔'은 소위 이런 "신들"(*elohim*), 즉 집안의 조상신들을 상징했다. '드라빔'의 존재는 조상 숭배를 함의하는 것일 수 있지만, 그런 조상 숭배를 구성하는 요소들이 무엇인지에 대해서는 명확히 알 수 없다. '드라빔'은 오늘날로 치면 고인을 추모하기 위한 유사한 목적으로 사용되었던 물건일 가능성도 있다. 땅에 남겨진 유족들은 먼저 떠난 고인이 고마워할 것이라 생각하며 꽃이나 고인이 평소 좋아했던 유품들을 무덤가에 두기도 한다. 산 자와 죽은 자를 이어주는 일종의 끈인 셈이다. 어떤 사람들은 사랑하는 고인의 생전 사진들을 집안에 걸어두기도 하는데, 실제로 그것은 고인을 기억하는 데 도움이 된다. '드라빔'과 관련해서도 이 같은 의도가 담겼을 수 있다. 무덤가에 어떤 물품을 드리거나 또는 그것을 드라빔 앞에 두는 행위는, 오늘날 고인에 대한 애도와 존경을 표하는 모습에 상응하는 고대 이스라엘의 관습이었을 가능성도 없지 않다.

그러므로 출애굽기 21장 본문에서처럼, 한 집안의 종이 자유인이 되는 것을 포기하고 주인의 집에 그대로 머물고자 하는 경우, 먼저 그 종을 주인 집안의 조상들(*elohim*) 앞에 서도록 하는 의식은 당시 문화에서 납득할 수 있을 만한 장면으로 보인다. 그렇게 하지 않을 경우, 고인이 된 집안 어른들에게 무례를 범하는 것으로 여겨졌을 수 있다. 아무튼 신명기의 편집자는 출애굽기 21장의 '엘로힘'이라는 용어가 자칫 오해될 수 있는 상황을 우려했던 것으로 보이며, 따라서 그는 해당 본문을 수정해야 했을 것이다.

16.
구약에
나타난
여호와의 천사

여호와의 천사(Angel of Yahweh, *mal'akh YHWH*) 또는 주의 천사(Angel of the LORD)는 구약성경에 등장하는 중요한 실체 중 하나다. 이 천사(사자, 개역개정)에게는 여호와의 임재가 그 안에 특별한 방식으로 내주하기 때문에 그 밖의 다른 천사들과는 구별되는 존재라고 할 수 있다. 따라서 구약의 저자들은 그 천사를 종종 여호와의 대리자처럼 묘사하기도 하고, 심지어 그를 여호와 하나님과 번갈아 언급하기도 한다. 적어도 한 사건에서는 여호와와 그 천사("제2의 여호와")가 동시에 똑같은 내러티브 한 장면에 등장하기도 한다. 따라서 여호와의 천사라는 존재는 신격(Godhead)—하나님의 신성에는 하나 이상의 위격이 존재하며, 각 위격마다 여화의 신이 임재한다는 관점—에 대한 이스라엘 백성의 신앙이 어떠했는지 추측하게 한다. 신약 시대 이전의 일부 유대교 학자들은 주의 천사 및 여호와의 소위 '이중적' 현시에 관한 표현들이 나오는 이 같은 본문들에 주목하여, 두 여호와(하나는 가시적인 존재로, 다른 하나는 비가시적인 영적 존재로 이해하는) 또는 천상의 두 권세에 대한 사상을 발전시키기도 했다. 그러나 주후 2세기 이후 유대교 지도자들은 이런 부류의 가르침을 이단으로 단죄했다.

여호와로서의 주의 천사

여호와의 천사에 대한 토론을 시작하기에 앞서, 이와 관련된 본문으로 출애굽기 3장의 불타는 떨기나무에 대한 기사를 살펴보는 것이 가장 적절해 보인다:

> [1] 모세가 그의 장인 미디안 제사장 이드로의 양 떼를 치더니 그 떼를 광
> 야 서쪽으로 인도하여 **하나님**[*elohim*]의 산 호렙에 이르매 [2] **여호와의 사**
> **자**[mal'akh YHWH]가 떨기나무 가운데로부터 나오는 불꽃 안에서 그에
> 게 나타나시니라 그가 보니 떨기나무에 불이 붙었으나 그 떨기나무가 사
> 라지지 아니하는지라 [3] 이에 모세가 이르되 내가 돌이켜 가서 이 큰 광경
> 을 보리라 떨기나무가 어찌하여 타지 아니하는고 하니 그때에 [4] **여호와**
> (Yahweh)께서 그가 보려고 돌이켜 오는 것을 보신지라 **하나님**[*elohim*]
> 이 떨기나무 가운데서 그를 불러 이르시되 모세야 모세야 하시매 그가

이르되 내가 여기 있나이다 5 하나님이 이르시되 이리로 가까이 오지 말
라 네가 선 곳은 거룩한 땅이니 네 발에서 신을 벗으라 6 또 이르시되 나
는 네 조상의 **하나님**[*elohim*]이니 아브라함의 **하나님**[*elohim*], 이삭의 **하
나님**[*elohim*], 야곱의 **하나님**[*elohim*]이니라 모세가 **하나님**[*elohim*] 뵈
옵기를 두려워하여 얼굴을 가리매(출 3:1-6).

사실 떨기나무 불꽃 안에는 하나님만 계셨던 것이 아니다(비교. 행 7:30-35). 이 본문에 따르면, 천사와 여호와가 함께 그 불꽃 안에 있었던 것이 분명하다(출 3:2, 4). 그 천사는 "떨기나무 가운데에서" 나타났고, 여호와는 "떨기나무에서" 모세를 부르셨다. 이 본문은 여호와 하나님과 그의 천사 사이의 매우 밀접한 정체성과 잠정적인 상호역할의 가능성에 대해 묘사하고 있다.

또 다른 본문, 출애굽기 23:20-23은 떨기나무 불꽃 이야기보다는 덜 친숙하지만, 구약에서 여호와의 천사의 정체를 이해하는 데 가장 중요하다 할 수 있다.

20 내가 사자를 네 앞서 보내어 길에서 너를 보호하여 너를 내가 예비한
곳에 이르게 하리니 21 너희는 삼가 그의 목소리를 청종하고 그를 노엽게
하지 말라 **그가 너희의 허물을 용서하지 아니할 것은 내 이름이 그에게
있음이니라** 22 네가 그의 목소리를 잘 청종하고 내 모든 말대로 행하면 내
가 네 원수에게 원수가 되고 네 대적에게 대적이 될지라 23 내 사자가 네

앞서 가서 너를 아모리 사람과 헷 사람과 브리스 사람과 가나안 사람과 히위 사람과 여부스 사람에게로 인도하고 나는 그들을 끊으리니.

이 본문의 천사는 죄를 용서하거나 용서하지 아니할 권세, 즉 오직 하나님만 행하실 수 있는 권세를 갖고 있다. 또한 하나님은 이 천사를 보내어 이스라엘 백성들을 그 예비된 약속의 땅으로 인도할 책임을 맡기신다. 이후 그 성취된 일은 여호와의 천사로 인한 것임이 언급되고 있으며(삿 2:1-3; 비교. 수 5:13-15), 동시에 다른 본문에서는 그 공적을 하나님께로 돌리고 있다(수 24:6-8; 렘 2:7; 암 2:10). 이스라엘의 인도자로서 그 천사가 지닌 권세와 그가 지닌 여호와 역할의 호환성은 여호와의 '이름이 그에게 있다'(출 23:21)는 사실에서 기인한다.

> **The Bible Unfiltered**
>
> 출애굽기 23:20-23은 구약에서 여호와의 사자의 정체를 이해하는 데 가장 중요한 본문이라 할 수 있다.

여기서 여호와의 "이름"이라는 것은 단순히, YHWH(테트라그라마톤)로 표기되는 네 자음으로 구성된 하나님의 이름을 가리키는 것에 그치지 않는다. 오히려 그 이름은 여호와 자신을 가리킨다. 구약의 저자들은 때론 하나님 자신을 "그 이름"(the Name)으로 언급하기도 하는데, 이는 오늘날의 정통 유대교에서도 여전히 사용되고 있는 일종의 관행이다. 그 신성한 네 자음들을 발음하는 것을 피하기 위해, 이 유대인들은 YHWH를 '하쉠'("그 이름")으로 대체하고 있다. 구약의 저자들 또한, 실제로, 이와 똑같은 종류의 대용어를 사용했으며, 심지어는 "그 이름"을 하나의 인격체 또는 사람인 것처럼 서술하기도 했다(사 30:27-28; 시 20:1, 7). 여호와 하나님이 구원을 주신다는 것은 친숙한 개념이지만, 그 이름의 네 자음들이 하나님의 백성을 보호하는 것은 물론 아니다. 하나님 자신이 친히 그 백성을 보호하신다.

THE BIBLE UNFILTERED

여호와의 이름은 그분의 임재 또는 본질을 가리킨다.

신명기는 구약의 이런 "이름 신학"(Name Theology)과 관련해 일부 유용한 설명을 제공해준다. 신명기는 여호와께서 "자기의 이름을 두시려고"(신 12:5, 21) 또는 "그 이름을 거하게 하시려고"(신 12:11; 14:23; 16:2, 6, 11) 택하신 장소에서 이스라엘 백성으로 하여금 하나님을 예배할 것을 빈번하게 언급하고 있다. 이런 서술에 따르면, 이스라엘에게는 'YHWH'라는 표기가 출입구에 새겨진 성전이 없게 될 날이 올 것이다. 오히려 여호와의 이름은 그의 임재 또는 본질이며, 여호와 자신이 그 성전에 거하시게 될 것이다(왕상 8장을 참고하라).

이 본문들은 출애굽기 23:20-23의 이해를 위한 필수적인 문맥적 배경을 제공한다. 여호와 자신은 여호와의 천사 안에 내주하신다. 그 결과, 사실상 이 천사는 여호와께서 인간의 형체로 현현한 '존재'다(비교. 수 5:13-15). 출애굽기 23:23에서 여호와의 천사가 이스라엘을 약속의 땅으로 이끌고 그 거주민들을 물리친다는 사실을 상기해 볼 때, 신명기 4:37-38은 이와 관련한 또 다른 새로운 사실들을 조명해준다.

[37] 여호와께서 네 조상들을 사랑하신 고로 그 후손인 너를 택하시고 큰 권능으로 친히(**with his own presence**[LEB. 그 자신의 임재와 함께]) 인도하여 애굽에서 나오게 하시며 [38] 너보다 강대한 여러 민족을 네 앞에서 쫓아내고 너를 그들의 땅으로 인도하여 들여서 그것을 네게 기업으로 주려 하심이 오늘과 같으니라.

출애굽기 23장을 비롯해, 하나님 자신이 친히 이스라엘 백성을 약속의 땅으로 인도하신다는 다른 본문들과 함께, 이 본문은 '여호와의 천사', '여호와' 자신, 그리고 여호와 하나님의 '임재' 자체가 모두 동의어임을 계시하고 있다. 여호와는 자신의 임재와 분리될 수 없는 존재이기 때문에 여호와의 천사는 결국 여호와 자신을 가리키는 것이다.

여호와 자신과 여호와의 천사 사이의 이 같은 규명은 구약의 다른 본문들을 해석하기 위한 신학적 맥락을 제공한다. 예를 들면, 창세기 31:11-13에서, 하나님의 천사(*mal'akh ha'elohim*)는, 이전에 집을 떠나온 야곱에게 벧엘에서 여호와가 나타나신 사실을 암시하면서, 야곱에게 그의 꿈에서, "나는 벧엘의 하나님이라"고 말씀하신다. 고향으로 돌아가는 길에 형 에서와 극적인 만남을 앞두고 있던 야곱은 어떤 한 "사람"을 만나 그와 씨름을 한다(창 32장). 그런데 호세아서 12:3-5은 야곱이 '엘로힘'("하나님")과 겨루어 씨름을 했다고 말한다. 이 신적인 인물은 야곱의 이름을 이스라엘로 개명해 주면서, 오래 전에 하나님이 그와 함께 하실 것이라 약속하셨던 대로, 야곱과 함께 있던 그가 바로 하나님 자신이었음을 암시한다. 이후 창세기 48장에서 죽음을 목전에 둔 야곱은 요셉의 두 아들들을 축복하면서 여호와 하나님과 그 천사 사이의 긴밀한 관련성을 강조하는 방식으로 당시 사건을 회고한다.

> 15 그가 요셉을 위하여 축복하여 이르되 내 조부 아브라함과 아버지 이삭이 섬기던 **하나님**[*ha-elohim*], 나의 출생으로부터 지금까지 나를 기르신 **하나님**[*ha-elohim*], 16 나를 모든 환난에서 건지신 **여호와의 사자**[*ha-mal'ak*]께서 이 아이들에게 복을 주시오며 이들로 내 이름과 내 조상 아브라함과 이삭의 이름으로 칭하게 하시오며 이들이 세상에서 번식되게 하시기를 원하나이다(창 48:15–16a).

성경은 한편으로는 하나님은 영원하시고 모든 피조물보다 선재하시다는 것, 그리고 다른 한편으로는 천사들도 창조된 피조물이라는 사실을 명백한 어조로 가르친다. 따라서 "하나님"과 그 "천사"에 대한 직접적인 비교 자체가 하나님도 하나의 천사라는 것을 의미하는 것은 절대로 아니다. 오히려 바로 '그' 천사가 '하나님'이심을 단언한다. 또한 본문에서 "복을 주다"라는 동사는 문법적으로 '단수형'이다. 이것이 문법적으로 복수형 동사였다면 야곱이 서로 다른 두 인격적 존재에게 아이들의 복을 구하고 있음을 의미했을 것이다. 따라서 본문에 쓰인 단수형 동사는 두 신적인 존재의 하나 됨을 암시하고 있다.

여호와의 천사와 여호와가 동시에 등장하다

사사기 6장은 기드온이 이스라엘을 섬길 사사로 부름 받는 장면을 기록하고 있다. 이 부르심에서 기드온은, 이전에 모세가 그랬듯이, 여호와의 천사를 대면하면서 동시에 여호와의 음성을 듣고 있다:[1]

> 12 **여호와의 사자가 기드온에게 나타나 이르되** 큰 용사여 여호와께서 너
> 와 함께 계시도다 하매
> 13 기드온이 그에게 대답하되 오 나의 주여 여호와께서 우리와 함께 계시
> 면 어찌하여 이 모든 일이 우리에게 일어났나이까 또 우리 조상들이 일찍
> 이 우리에게 이르기를 여호와께서 우리를 애굽에서 올라오게 하신 것이
> 아니냐 한 그 모든 이적이 어디 있나이까 이제 여호와께서 우리를 버리사
> 미디안의 손에 우리를 넘겨 주셨나이다 하니
> 14 **여호와께서 그를 향하여 이르시되** 너는 가서 이 너의 힘으로 이스라엘
> 을 미디안의 손에서 구원하라 내가 너를 보낸 것이 아니냐 하시니라
> 15 그러나 기드온이 그에게 대답하되 오 주여 내가 무엇으로 이스라엘을
> 구원하리이까 보소서 나의 집은 므낫세 중에 극히 약하고 나는 내 아버
> 지 집에서 가장 작은 자니이다 하니
> 16 **여호와께서 그에게 이르시되** 내가 반드시 너와 함께 하리니 네가 미디
> 안 사람 치기를 한 사람을 치듯 하리라 하시니라
> 17 기드온이 그에게 대답하되 만일 내가 주께 은혜를 얻었사오면 나와 말

씀하신 이가 주 되시는 표징을 내게 보이소서 18 내가 예물을 가지고 다
시 주께로 와서 그것을 주 앞에 드리기까지 이 곳을 떠나지 마시기를 원
하나이다 하니 그가 이르되 내가 너 돌아올 때까지 머무르리라 하니라…
21 **여호와의 사자**가 손에 잡은 지팡이 끝을 내밀어 고기와 무교병에 대니
불이 바위에서 나와 고기와 무교병을 살랐고 **여호와의 사자는 떠나서 보
이지 아니한지라**
22 기드온이 그가 여호와의 사자인 줄을 알고 이르되 슬프도소이다 주 여
호와여 내가 여호와의 사자를 대면하여 보았나이다 하니
23 **여호와께서 그에게 이르시되** 너는 안심하라 두려워하지 말라 죽지 아
니하리라 하시니라

이 본문 21절에서 여호와의 천사는 자취를 감추고 사라졌지만, 여호와 하나님은 23절에서 여전히 기드온에게 말씀하고 계신다. 이 여호와의 천사는 '여호와 자신이기도' 하고 동시에 '아니기도' 하다. 이런 종류의 묘사는 그 또한 하나님이면서 동시에 성부 하나님은 아니신 예수님에 대한 신약의 본문들과 유사한 형태를 보인다.

예수, 여호와의 천사, 그리고 그 이름

신약의 여러 본문들은 미묘한 방식으로 예수님을 구약의 신적 존재인

여호와의 천사에 비견하곤 한다. 예를 들면, 유다서 1:5은 다음과 같이 말하고 있다.

> 너희가 본래 모든 사실을 알고 있으나 내가 너희로 다시 생각나게 하고자 하노라 주(LEB. Jesus)께서 백성을 애굽에서 구원하여 내시고 후에 믿지 아니하는 자들을 멸하셨으며.

이 짧은 본문 안에서, 유다는 이스라엘을 이집트에서 구해 내고 이스라엘의 원수들을 멸하신 것에 대한 공로를 예수님께 돌리고 있다. 이 본문은 여호와의 이름을 그 안에 지닌 여호와의 천사가 이스라엘을 이집트에서 인도해 줄 것에 대해 말하고 있는 출애굽기 23:20–23을 상기시킨다. 비록 일부 신약 사본의 독법에 따르면, 이 본문에서 "예수"라는 언급이 생략되고 있지만 "예수"라는 이름을 포함시킨 독법이 원본에 가장 가까운 것일 수 있다.[2]

요한복음 17:1-26에서, 예수님은 가룟 유다의 배신을 앞둔 상황에서 기도하시면서 자신을 가리켜 아버지의 그 이름이 주어진 자, 그리고 하나님의 백성에게 아버지의 그 이름을 나타내는 자로 여러 차례 말씀하신다.

> 세상 중에서 내게 주신 사람들에게 **내가 아버지의 이름을 나타내었나이다** 그들은 아버지의 것이었는데 내게 주셨으며 그들은 아버지의 말씀을

지키었나이다(요 17:6).

거룩하신 아버지여 **내게 주신 아버지의 이름으로 그들을 보전하사** 우리와 같이 그들도 하나가 되게 하옵소서 내가 그들과 함께 있을 때에 **내게 주신 아버지의 이름으로 그들을 보전하고 지키었나이다**(요 17:11b–12a).

내가 비옵는 것은 이 사람들만 위함이 아니요 또 그들의 말로 말미암아 나를 믿는 사람들도 위함이니 **아버지여, 아버지께서 내 안에, 내가 아버지 안에 있는 것 같이** 그들도 다 하나가 되어(요 17:20–21a).

내가 아버지의 이름을 그들에게 알게 하였고 또 알게 하리니 이는 나를 사랑하신 사랑이 그들 안에 있고 나도 그들 안에 있게 하려 함이니이다(요 17:26).

여기서 예수님은 자신에게 아버지의 “이름”이 주어졌고(요 17:11), 아버지께서 그 “안에” 계신다고 말씀하신다(17:21). 그 “이름”이 여호와의 임재를 대변한다는 앞서 논의된 구약적 배경이 없다면, 이런 표현들은 매우 이상해 보일 수 있다. 여호와의 임재 그 자체라 할 수 있는 그 이름은 여호와의 천사 ‘안에’ 있었다. 이는 그 천사 자신이 여호와의 임재에 대한 현현임을 암시하는 것이다. 요한은 또 다른 본문에서 예수님을 “말씀”이라고 부른다. 이것은 여호와께서 이 땅에 “말씀”으로 임재하신 장면을 기술하는 구약의 몇몇 본문을 떠올리게 하는 표현이다 (창 15:1; 삼상 3:21). 여기서 요한은 예수 그리스도가 성육신하신 여호와로서 그 이름(곧 하나님 자신)을 인류에게 나타내기 위해 이 땅에 오신, 그 이름의 현현임을 주장하고 있는 것이다. 달리 말하면, 예수님은 아무에게도 하나님의 이름을 가르치시지 않았다. 그들은 구약을 통해 그 이름에 대해 이미 알고 있었다. 오히려 예수님은 친히 인류에게 오신 하나님이셨다.

> THE BIBLE UNFILTERED
>
> 요한은 예수 그리스도가 성육신하신 여호와로서, 그 이름—곧 하나님 자신—을 인류에게 나타내기 위해 이 땅에 오신, 그 이름의 현현임을 주장하고 있는 것이다.

구약의 저자들이 여호와를 언급하는 하나의 대용어로서 "그 이름"을 사용한 것과 마찬가지로, 신약의 저자들도 "그 이름"을 예수님을 가리키는 대용어로 사용하고 있다.

> [40] 그들이 옳게 여겨 사도들을 불러들여 채찍질하며 예수의 이름으로 말하는 것을 금하고 놓으니 [41] 사도들은 **그 이름**을 위하여 능욕 받는 일에 합당한 자로 여기심을 기뻐하면서 공회 앞을 떠나니라 [42] 그들이 날마다 성전에 있든지 집에 있든지 예수는 그리스도라고 가르치기와 전도하기를 그치지 아니하니라(행 5:40–42).

이 본문의 표현은 최소한 구약에서 드러나는 것과 유사한 종류의 사고방식을 드러내고 있다. 이 유대인들은 자신들이 섬기는 하나님을 "그 이름"이라는 표현으로 언급할 수 있었고, 그들 고유의 민족적 배경 때문에 그런 평범한 표현으로도 구약적인 특별한 뉘앙스를 더할 수 있었다. 게다가 사도들이 고난 당한 이유였던 그 이름은 곧 예수님 자신을 가리키는 것임이 분명히 드러나고 있다. 로마서 10장에서 바울은 다음과 같이 말한다.

> 네가 만일 네 입으로 예수를 주로 시인하며 또 하나님께서 그를 죽은 자 가운데서 살리신 것을 네 마음에 믿으면 구원을 받으리라 … **누구든지 주의 이름을 부르는 자**는 구원을 받으리라(롬 10:9, 13).

본래 13절은 요엘 2:32, "누구든지 여호와의 이름을 부르는 자는 구원을 얻으리니"에서 유래한 문구다. 여기서 바울은 자신이 쓴 여러 서신에서 이미 여러 차례 그랬듯이, 9절에서 예수님을 주로 고백하는 것을 구약 선지자의 진술과 능숙하게 연결시키고 있다. 이스라엘의 신학에서 "그 이름"이라는 것은 여호와 하나님과 표현상 상호 교환이 가능하기 때문에, "여호와와 그 이름"을 의지한다는 것은 여호와 자신을 의지하는 것과 같은 의미다. 마찬가지로, 구약 본문에서는 여호와를 가리키는 그 이름을 신뢰한다는 것은 예수님을 주로 고백하는 것과 같은 의미다.

17.
구약 이스라엘 백성의 구원

사람의 행위로는 하나님의 은혜를 획득할 수 없으며 오직 믿음으로 말미암는 하나님의 은혜로만 구원을 얻을 수 있다는 신약의 단호한 강조 때문에(예를 들면 엡 2:8–9; 갈 2:16; 롬 4:1–12), 그렇다면 구약에서는 모세 율법에 대한 순종으로 구원을 획득할 수 있다고 가르치는 것 아니냐는 추측을 하게 만든다. 그렇지 않다.

구약의 신학은, 매우 복잡한 희생제사 제도에도 불구하고, 죄라는 문제에 대해 단호한 입장을 취하고 있다. 여기서 죄란 제의적으로 부정한 상태, 또는 하나님의 도덕법을 어기는 것 등 다양하게 정의된다. 하나님과 동행하기를 애쓰는 견실한 민족 구성원으로서, 이스라엘 백성들은 평범한 일상 속에서도 자신들이 거룩하신 하나님의 존전 앞에 불완전하고 부정한 상태에 놓여 있다는 사실을 상기하지 않고서는, 말 그대로 단 하루도 그냥 지나치는 날이 없을 정도였다. 그러므로 인간의 선(goodness)으로는 하나님의 기쁨이라는 선물을 얻게 될 것이라는 그 어떤 발상도 가질 수 없었다. 그럼에도 하나님의 율법에 따라 사는 것과 희생제사로 얻은 정결함을 유지하는 것은 엄청난 인간적 노력을 요구하는 것이었기 때문에, 이스라엘 백성들은 구원이 전적으로 수동적인 상태에 머무는 것이 아니라는 사실 또한 알고 있었다. 인간의 노력으로 구원의 일부라도 획득할 수 없다는 것은 논란의 여지가 없었다. 믿음이 구원의 기본 요건이 아니라거나, 인간의 행위가 하나님으로 하여금 그에게 구원을 줄 수밖에 없는 상황을 초래한다는 식의 개념은 이스라엘 백성에게 오히려 이질적인 것이었다.

그러므로 구약에서의 구원과 신약에서의 구원은 그 기본 구조가 같다. 신약에서도 선한 행위는 구원에 필수적이다(약 2:14-26). 그러나 그런 행위들이 구원을 유발하는 '공로적 요인'이 되는 것은 결코 아니다. 하나님은 인간의 선한 행위 때문에 반드시 구원을 베푸셔야만 하는 빚을 지시는 분이 아니다. 이것은 행위로 의롭다함을 받을 사람은 아무도 없다는 바울의 주장과 모순되지 않는다. 따라서 야고보와 바울의 주장은 이렇게 한 문장으로 합칠 수 있을 것이다: "너희는 그 은혜에 의하여 믿음으로 말미암아 구원을 받았으니, 그 믿음은 행함이 없으면 죽은 것

THE BIBLE UNFILTERED

믿음이 구원의 기본적인 요건이 아니라거나 개인의 행위가 하나님으로 하여금 누군가에게 구원을 줄 수밖에 없는 상황을 초래한다는 식의 개념이 이스라엘 백성에게는 오히려 이질적이었다.

이니라"(엡 2:8; 약 2:17). 어느 한 요소도 제외될 수 없다. 예수님도 나무는(즉 신자는) 그 열매로 안다고 말씀하셨다(마 12:33). 신자 개인에게 선한 행위("열매")가 전혀 없다면, 그가 구원을 받았다는 증거도 없는 것이다. 선한 행위가 있는지 여부는 누군가를 그리스도인으로 부를 수 있는지를 결정하는 중요한 요인이 될 수 있다. 하지만 행위 때문에 하나님이 구원을 베푸는 입장이 되시는 것이 아니다. 구원은 (믿음의 대상이신) 그리스도를 믿는 믿음으로 말미암는다. 그리고 그 믿음은 선한 행위를 낳는다. 이 두 가지가 모두 있어야 한다. 구약이 말하는 구원도 같은 구조를 지니고 있다.

구약의 이스라엘 사람들에게도 믿음은 하나님 앞에서 의롭다함을 받기 위해 반드시 필요한 것이었다. 이스라엘 백성들은 여호와가 이스라엘의 참 되신 하나님이며 다른 모든 신들보다 탁월하신 분임을 믿어야 했다. 그들의 이런 믿음이야말로 다른 신들이 아닌 오직 여호와만 신실하게 예배하는 모습으로 열매를 맺게 될 것이다. 또한 구약의 이스라엘 백성들은 여호와 하나님이 자신들의 조상 아브라함과 이삭과 야곱에게 찾아오셨고, 그들과 언약을 맺어 특별한 소유 된 백성으로 삼으셨음을 믿어야 했다. 이 언약 안에는 오직 믿음으로 받아들여야 하는 특정한 약속들이 포함되었다. 하나님이 주도하신 그 언약 및 약속들에 대한 믿음에는 순종이 뒤따라야 했다. 구약에서 아브라함 언약을 떠올리게 하는 표현들(창 12:1-3; 15:1-6)이 종종 반복될 때도 그것은 늘 하나님을 향한 순종과 연결된다(예를 들면 창 17:1-6; 22:18; 26:5). 믿는다고 하면서도, 이 족장들이 할례를 거부하고, 하나님이 명하신 곳으로 가길 거절하고, 희생제사를 거부하는 등 하나님의 명령에 불순종했다면 하나님의 복을 받지 못했을 것이다. 믿음을 소유한 그들은 또한 이 모든 것에 반드시 순종해야 했다. 이 족장들의 후손들 역시 자신들을 이집트에서 구출하신 이가 하나님이시되, 자신들의 선조들이 섬기던 동일한 하나님이심을 믿어야 했다. 그 동일하신 하나님이 이스라엘을 이 땅에서 하나님의 특별한 소유 된 자기 백성 삼기 위해, 그들을 세상에서 구별하시기 위해, 그들에게 율법을 주셨다(예를 들면 출 20-23장; 레 10-11장). 스스로를 시내 산에 나타나셨던 하나님의 자녀라고 믿는 이스라엘 백성은 율법에 순종함으로써 열매를 맺었다. 시내 산 율법은 하나님이 아브라함에게 주셨던 약속과 관련되는 것이었다(레 26장). 여호와를 믿는 것과 여호와께 신실한 것은 둘 다 구약이 말하는 구원(하나님 앞에서 의롭다함을 받기 위해 필요한)의 일부였다. 어떤 개인도 이 둘 가운데 하나만으로는 하나님과 바른 관계에 있다고 할 수 없었다.

이 모든 일에서 이스라엘 백성들은 자신들이 준행하는 율법의 행위를 통해 하나님이 구원을 빚지셨다는 생각을 가질 수 없었다. 하나님이 이스라엘과 관계를 맺으시는 이유는 하나님이 그 관계 속으로 들어가고자 택하셨기 때문이며, 이는 그 어떤 순종도 행해지기 이전에 선택하신 일이다. 하나님은 아브라함을 부르심으로써 은혜의 손길을 내미셨다. 아브라함은 믿었고, 이후에는 순종함으로써 그 믿음을 입증해 보였다(롬 4장). "마음의 할례"라는 개념은 믿음과 행위가 조화를 이루는 것을 말한다. 할례는 구약 시대에 언약의 표징이었다. 할례를 행하는 것 자체는 인간 편에서의 특정한 활동을 요구하는 것이기 때문에, 그것은 하나의 선한 행위로 간주될 수 있었을 것이다. 그러나 하나님은 이 문제에 있어 자기 백성들의 믿음에서 말미암는 순종(곧 의지적인 복종)을 바라셨다. 또한 "마음의 할례"는 어떤 행위가 아니라, 믿는 마음에 대해 말하고 있다. 그것은 단지 의지에서 그치지 않는, 하나님께 복종하는 마음인 것이다. 따라서 할례 받은 마음이란 하나님을 믿는 마음이며, 그것은 하나님과 올바른 관계를 맺기 위해 반드시 필요한 것이었다(신 10:16; 30:6; 렘 4:4; 31:33; 32:39, 40; 겔 11:19; 36:26, 27).

구약의 율법과 희생제사 제도만 기준으로 놓고 본다면, 우리는 실패할 수밖에 없으며, 따라서 하나님과의 친밀한 관계도 깨어질 수밖에 없는 불가피한 현실에 놓이게 된다. 특히 인간은 그 타락한 본성상 부도덕하고 불완전한 상태이기 때문에, 거룩하시고 완전하신 하나님의 임재 앞으로 나아갈 자격이나 능력이 전혀 없다. 그런 인간을 위해 레위기는 하나님의 백성들이 희생제사를 통해 죄로 부정해진 것을 제거("속죄")할 수 있고, 그 결과 죄 사함을 얻을 수 있음을 말해준다(레 4:20, 26, 31, 35; 5:10, 13, 16, 18; 6:7; 민 15:25-28). 하지만 그것은 그들이 죄 사함을 스스로 획득해 냈다는 의미가 아니다. 하나님은 죄 사함을 얻게 하기 위한 (희생 제사 제도라는) 전체 과정을 그 은혜로 말미암아 친히 제공해 주셨다. 그들에게 속죄의 수단을 제공해 주어야 할 어떤 강제적 의무나 책임이 하나님께 있었던 것은 아니다. 속죄를 베푸시기 위해 하나님 자신이 받으실 수 있는 제물이 어떤 것들인지 알려주셔야만 했던 것도 아니다. 하나님과의 친밀한 관계를 회복시키기 위한 이런 모든 수단들은 하나님이 우리에게 은혜를 베풀어 주시길 원하신다는 사실을 방증하는 또 하나의 사례인 것이다.

18.
들짐승(귀신)이 거하는 곳

성경의 문화적 배경을 공부하는 학생이라면 동물들과 우상 숭배 사이의 연관성에 대해 어느 정도 익숙할 것이다. 그 대표적인 예로, 이스라엘의 금송아지('에겔'[*egel*]; 출 32:1–24) 우상 숭배 사건을 들 수 있다. 이스라엘 백성이 시내 산에서 여호와 하나님과 언약을 맺은 이후임에도 불구하고, 모세와 아론은 백성들이 광야에서 "염소 귀신들"(goat demons, *se'irim*)*에게 제사하지 못하도록 일련의 조치를 취해야만 했다(레 17:7). 수백 년이 지난 후, 여로보암 왕의 배교로 말미암아 이 우상 숭배가 다시금 북왕국 이스라엘에서 자행된다("여로보암이 여러 산당과 숫염소 우상[*se'irim*]과 자기가 만든 송아지 우상[*agalim*]을 위하여 친히

> **THE BIBLE UNFILTERED**
>
> 귀신적인 것과 광야 사이의 연관성은 구약에서 그 선례가 매우 명확하다.

* 개역개정. 숫염소.

제사장들을 세움이라"; 대하 11:15).

광야의 "염소 귀신들"(*se'irim*)과 그 우상에 대한 언급은 특별한 관심을 끄는데, 구약의 여러 사례에서 귀신적인 것들과 광야 사이에 매우 뚜렷한 연관성이 나타나기 때문이다. 특히나 이스라엘 백성에게 이 점은 더 의미가 있는데, 성경 시대에는 다양한 종류의 야생 동물들과 새들이 이방 종교의 신들 및 그 우상들과 구체적으로 연결되기 때문이다. 예를 들어 이사야 34장에 기록된 사막 짐승들의 목록을 살펴보자.

> 당아새와 고슴도치가 그 땅을 차지하며 부엉이[*yanshoph*]와 까마귀가 거기에 살 것이라 여호와께서 그 위에 혼란의 줄과 공허의 추를 드리우실 것인즉 … 그 궁궐에는 가시나무가 나며 그 견고한 성에는 엉겅퀴와 새품이 자라서 승냥이[*tannim*]의 굴과 타조의 처소가 될 것이니 들짐승[*tsiyyim*]이 이리[*iyyim*]와 만나며 숫염소[*se'irim*]가 그 동류를 부르며 올빼미[*lilith*]가 거기에 살면서 쉬는 처소로 삼으며(사 34:11, 13-14).

이 본문의 히브리어 단어들은 고대 근동 종교의 거짓 신들과 관련돼 있다.[1] 11절의 '얀소프'(*yanshoph*)는 고대 이집트인들이 숭배했던 토트 신을 상징하는 동물, 따오기로 규명되었다.

한편, '타님'(*tannim*)과 '이임'(*iyyim*)이라는 단어는(13-14절) 이사야서 다른 본문에서는 병렬구조 관계에서(13:22) 아마도 들개를 가리키는 동의어처럼 사용되는 것으로 보인다.[2] 그러나 (구약성경의 헬라어 번역본인)

칠십인역은 두 단어를 모두 '오노켄타우로스'(*onokentauros*)로 번역하며, 이는 "털없는 원숭이"[3] 또는 "신화적 동물인 나귀-켄타우로스"[4] 등으로 다양하게 해석되었다. '치임'(*tsiyyim*)은 건조한 장소를 가리키는 용어와 관련되기 때문에, 이 단어는 어떤 불길한 "사막 짐승"을 가리키는 것으로 판단된다. 그것이 "염소 귀신들"(*se'irim*)과 병행하는 식으로 이사야 34:14에 위치한 것은 귀신적인 의미를 강하게 담고 있다.[5] 이 같은 (귀신적인 의미를 담은) 개념은 같은 본문에서, 고대 수메르 신화까지 거슬러 올라가야 만나게 되는 오랜 역사를 지닌 여신 '릴리트'(*lilith*, 개역개정은 올빼미)가 언급되면서 더욱 짙어지고 있다.[6] 릴리트 여신은 아이들의 생명을 앗아가고 야밤에 남성들을 유혹하는 밤의 귀녀로 여겨졌다.

신약 시대에 이르러서도 귀신들과 광야의 조합은 대부분의 유대인들에게 매우 익숙한 개념이었을 것이다. 복음서에서도 귀신들과의 조우는 종종 광야와 같은 환경에서 발생했음을 볼 수 있다(예를 들면 마 12:43–45; 눅 8:29; 11:24–26). 예수님이 마귀에게 시험을 받으신 장소도 광야였다(마 4:1–11).

하나님의 아들 예수 그리스도는 광야에서의 가장 치명적인 위협을 (가나안 정복 직전 이스라엘의 광야 생활을 배경으로 한) 신명기의 말씀(6:13, 16; 8:3)을 인용해 물리치셨다. 복음서 기사를 읽은 유대인 독자들은 그 요지를 놓치지 않았을 것이 분명하다. 즉 나사렛 예수가 어둠의 권세를 이기셨다는 사실이다. "주 예수를 믿으라!"

19. 감춰진 것은 여호와께 속한다

우리 모두는 핑계를 대는 것에 익숙하다. 속으로는 핑계 자체가 문제를 해결해 주지 못한다는 사실을 잘 알면서도, 우리의 실수와 잘못이 아니라 다른 이유가 있다는 식으로 관점을 돌리기 위해 핑계를 멈추지 않는다. 심지어 우리는 성경의 난해한 본문을 피하기 위해서도 핑계를 댄다. 성경을 이용하는 것이다. 성경에서 이해하기 매우 어렵거나 기이하게 보이는 본문을 대할 때, 종종 신명기 29:29 같은 말씀을 끄집어낸다. "감추어진 일은 우리 하나님 여호와께 속하였거니와."

성경을 공부하는 학생이나 교사 그리고 심지어 교수조차도, 해석에 어려움을 겪거나 생소한 본문을 다루어야 할 때 종종 인용하는 구절이기도 하다. 이 구절은 우리의 핑계를 보다 "신령한" 방식으로 둘러대는 데 도움을 주기도 한다.

“나는 성경을 단순하게 믿음으로 읽고 싶습니다. 당신은 머리를 아프게 하네요.”

“그런 것은 중요하지 않습니다. 성경을 이론적으로 분석하는 것은 예수님을 더 사랑하게 만들지 않아요. 신앙에 별로 도움이 되지 않습니다.”

“이런 것들은 목사님들만 알면 되는 것들이잖아요. 좀 더 우리가 실천할 수 있는 것을 말해봅시다.”

문제는 신명기의 해당 구절이 그런 식으로 주장하는 이들의 생각과 달리, 그런 의미가 전혀 아니라는 데 있다. 성경 연구를 단념하라고 권하는 성경 구절은 없다. 신명기 29:29에 대한 오용은 단지 상반절에만 주목하는 우리의 잘못된 성향에서 비롯된 것이다. 이 구절 전체를 보면 실제 의미하는 바에 대한 맥락적 힌트를 얻을 수 있다.

> 감추어진 일은 우리 하나님 여호와께 속하였거니와 나타난 일은 영원히 우리와 우리 자손에게 속하였나니 이는 우리에게 이 율법의 모든 말씀을 행하게 하심이니라.

신명기 29:29에서 핵심이 되는 표현은 “이 율법”이다. 약속의 땅 입성을 눈앞에 두고, 하나님이 제정하신 율법에 순종하면 복을 받지만 불순종하면 저주를 받는다는 (모세가 전한) 긴 고별 설교의 정점에 이 구절이 있다.

모세의 설교는 신명기 27장에서 시작된다. 첫 여덟 구절에서는 이스라엘 백성이 가나안 땅에 입성하자마자 행해야 할 규례에 대해 개괄하고 있다. 이스라엘 백성은 "이 율법의 모든 말씀" (즉 신명기 5-26장을 가리키는 것으로, 하나님이 40년 전 시내 산에서 이스라엘에게 주셨다가 다시금 주신, 그리고 확장시키신 율법이 포함된 말씀[신 27:3])에 대한 헌신을 다짐해야 했다. 약속에 땅에 들어서는 즉시, 이스라엘 백성은 하나님의 율법에 대한 자신들의 헌신을 재다짐하는 의식을 치러야 했다 (신 27:9-14). 신명기 27장 나머지 부분과 28장 전체는 하나님의 율법에 불순종할 경우 그 백성과 그 땅에 일어날 저주의 결과들을 상술하고 있다. 반대로 그들의 순종은 차고 넘치는 풍요의 복을 가져오게 될 것이었다. 그 다음 신명기 29장은 하나님의 언약적 신실함에는 변함이 없는 가운데, 실패한 이스라엘의 지난 과거에 대해 회고하고 있다. 역사적 교훈은 신명기 29:29에 이르러 마무리된다.

THE BIBLE UNFILTERED

성경 연구를 단념하라고 권하는 성경 구절은 있을 수 없다.

이처럼 신명기 29:29을 온전히 문맥에 따라 읽으면, 그 구절이 이해하기 어려운 본문을 건너뛰거나 하나님의 말씀을 면밀히 연구하는 것을 피할 수 있도록 허용해 주는 구절이 아님을 알게 된다. 오히려 이 구절은 경고의 말씀이다. 즉 하나님은 백성들의 감춰진 죄악된 행위들 (즉 모세의 설교에서 열거된 율법에 대한 위반 행위들)을 모두 알고 계신다. 밖으로 드러난, 하나님의 율법을 어긴 범죄 사실들은 이스라엘 백성들이 책임지고 처리해야 한다. 하지만 그렇지 않고 감춰진 범죄 사실들은 모든 것을 알고 계시는 하나님이 친히 처리하실 것이라는 의미다. 신명기 29:29을 본래 의미대로 바르게 이해한다면, 우리는 성경을 연구하는 일에 더 많은 노력을 기울이게 될 것이다. 그러나 더 중요한 것은, 성경 연구를 통해 얻은 교훈을 마음에 담아 영적 성장의 길에 들어서야 한다는 것이다.

20. 계속되는 여리고 전투

여호수아 6장의 여리고 성 함락은 구약성경에서 가장 기억에 남을 만한 명장면 가운데 하나다. 출애굽한 이스라엘이 홍해를 건넌 사건, 소년 다윗과 거인 골리앗의 대결 등과 더불어 구약의 위대한 서사를 이루고 있다. 그러나 많은 사람들이 여호수아서의 이런 이야기를 성경의 역사적 신뢰성에 대한 일종의 리트머스 시험지처럼 여기고 있다.

지난 수십 년 동안 학계에서는 여리고 성 함락 이야기의 역사성과 관련한 격론이 있어왔다. 이 논쟁은 다양한 관점에서 전략적으로 제기된 여러 공세들 때문에 복잡한 전쟁터가 돼버렸다. 그중에서도 이 논쟁의 최전선에는 고고학과 연대학이 자리하고 있다.

성경의 기사

이 논쟁을 이해하기 위해, 우리는 성경에 기록된 사건들에 대한 연대기적 그림을 명확하게 그릴 수 있어야 한다. 출애굽이 있은 후, 모세의 뒤를 이어 여호수아가 이스라엘의 지도자로 등극했다(민 27:18-23; 신 31:7-8). 여호수아는 여리고 정벌에 나섰고, 열왕기상 6:1에 따르면, 솔로몬이 이스라엘 왕이 된 지 사 년째 되는 해는 이스라엘이 출애굽한 지 480년이 지난 해였다. 솔로몬의 재위 사 년째 되는 해를 대부분 주전 966년으로 추정한다. 이는 곧 출애굽 사건을 주전 1446년경에 발생한 사건으로 읽게 한다("이른" 연대 관점으로 알려져 있다).[1] 이스라엘은 출애굽 이후 몇 달이 걸려 시내 광야에 도착했을 것이다. 모세오경에 따르면, 그들은 약속의 땅으로의 진입을 감행하기 전까지 그 광야에서 13개월의 시간을 보냈다. 거기서 하나님의 약속을 믿지 못하고 영적으로 실패한 이스라엘 백성에게 하나님은 그들이 저지른 불신앙 죄의 대가로 사십 년 간 광야에서 유랑하는 벌을 내리셨다(민 10:11; 14:26-33). 약 사십 년이 지나고, 이스라엘은 이제 여호수아의 지도력 아래 다시금 약속의 땅으로 들어갈 채비를 하고 있다(신 2:14). 이런 문자적 독법, 특히 열왕기상 6:1에 따른 연대를 기준으로 하면, 여리고 성 함락을 주전 1400년경으로 추정할 수 있다.

고고학적 관점

20세기 중반 이후로, 성경 속 세계에 주목해온 여러 고고학자들은 성경 기사에 따른 연대를 고고학 자료와 조화시키기란 불가능하다고 주장해왔다. 그들의 주장은 이렇다. (1) 여리고 성읍이 주전 1250년에 멸망했지만 성벽은 없었다. (2) 여호수아서가 여리고 성벽의 붕괴를 기술하는 주전 1400경에는 성벽으로 둘러진 성읍이 존재하지 않았다. 사실 그 성읍이라 알려진 지역에는 거주민도 없었다. (3) 주전 1250년에 이스라엘이 가나안을 정복했다는 증거도 거의 없다.[2]

이들 고고학자들은 여리고 성 함락 증거들이 그보다 200년이 늦은 주전 1250년경, 그러니까 후기 청동기 시대(주전 1550–1200년) 끝무렵을 가리킨다고 주장한다. 여리고를 발굴한 고고학 연구에 따르면 그 성읍은 주전 1550-1300년경까지 거주민이 살지 않았음을 보여준다는 것이다. 게다가 고고학적 기록에 따르면 당시 그 성읍에는 성벽이 없었다고 하는데, 이는 20세기 초에, 주전 1400년경으로 추정되는 불타버린 성벽 잔해가 발굴된 고고학적 작업과는 모순(그들은 모순이 아니라 '정정'이라고 말한다)되는 주장이다(수 7:24을 보라). 그러나 그 뒤에 행해진 연구에서는 이 성벽의 연대를 성경의 문자적 연대기가 가리키는 여리고 성의 함락 시기보다 훨씬 더 이전의 것으로 재측정했다. 더구나 여호수아에게 정복당한 것으로 알려진 다른 성읍들에 대한 고고학적 기록에 따르면, 그들이 파괴되었다는 증거는 찾을 수 없다는 것이다.[3]

하지만 다른 증거가 이런 주장의 설득력을 떨어뜨리고 있다. 일부 고고학자들이 무시했거나 인지하지 못한 것으로 보이는데, 약 주전 1400년대 유물로 추정되는 여리고의 항아리가 실제로 존재하고 있다. 성벽, 특히 성 안으로 파괴된 것이 아닌, '무너져내린' 성벽과 관련해서도 마찬가지다. 고대 이집트에서 부적처럼 사용되던 풍뎅이 조각품이, 주전 1700-1300년 경에 걸쳐 재위했던 파라오들의 이름이 세공된 채로, 여리고의 묘실에서 발굴되었다. 이는 주전 1400년경에 여리고 성읍에 거주민이 없었다는 주장과 배치된다. 주전 1400년대에 해당하는 지층의 도시 유적(여리고 IV호)도 갑작스런 포위 작전으로 인한 붕괴가 있었다는 증거를 보여준다. 성경에 기록된 정황에 따르면, 여호수아의 여리고성 침공 시기는 이른 봄, 추수기 이후(수 2:6; 3:15; 4:9; 5:10)였을 것이다. 유적지 IV호의 잔해에서는 여전히 추수한 곡식으로 가득 찬 큰 항아리들이 발굴되기도 했다.[4]

> **The Bible Unfiltered**
>
> 여리고를 둘러싼 설전은 여전히 분분하지만, 그런 것들이 성경의 무오성에 전혀 치명적인 문제가 되지 않는다는 점을 명심할 필요가 있다.

게다가 여호수아서의 정복 기사는 이스라엘이 점령한 모든 성읍들이 전부 다 불살라졌거나 파괴된 것으로 말하지 않는다. 많은 경우에 그곳 거주민들은 "쫓겨났고" 이스라엘 백성들이 그 성읍들을 차지했다고 기록할 뿐이다. 이로써 가나안 성읍들이 모두 진멸당한 흔적이 부족하다는 주장에 대해, 그럴 수밖에 없는 이유를 설명할 수 있을 것이다. 결과적으로 일부 고고학자들은 문자적 독법에 따른 성경 기사에서 비롯되는 연대의 신뢰성을 여전히 주장하며, 이를 근거로 하면 이른 출애굽 시기(주전 1446년)와 주전 1400년의 정복 시기가 산출된다.

상징적인 관점

일부 성경학자들은 제3의 대안을 제시하기도 한다. 그들은 여호수아서 기사의 정확성을 지지하면서도 대부분의 고고학자들이 주장하는 주전 1250년경이라는 연대를 거부하지 않는다. 여호수아서에 기록된 군사 작전이 고고학적 기록과 일치한다고 보는 건데, 여호수아에는 단지 특정 지역만의 파괴를 기술하기 때문이라는 것이다.[1] 이런 견해에 따르면, 열왕기상 6:1에 언급된 (출애굽의 연대를 알려주는) 480년은 실제 문자적인 기간이 아니라 상징적인 숫자에 불과하다. 해당 본문의 480년은 40이라는 숫자로 나뉠 수 있다(12×40). 한편 40이라는 숫자는 구약에서 100회 이상 사용된다. 많은 사사들과 왕들의 통치 기간이 40년에 달한다. 따라서 학자들은 이 숫자가 한 세대 또는 어떤 전환점을 뜻하는 의도적인 표식을 위한 숫자가 아닐지 의심하고 있다(예를 들면 삿 3:11, 31; 8:28; 삼상 4:18; 삼하 2:10; 5:4; 왕상 2:11; 11:42). 그런 관점에서 본다면, 출애굽과 가나안 정복의 연대는 유연한 것일 수 있다.

여리고를 둘러싼 설전은 지금도 여전히 분분하지만, 그런 것들이 성경의 무오성에 전혀 치명적인 문제가 되지 않는다는 점을 명심할 필요가 있다.

21.
성경에 등장하는 신성한 나무들

여호수아는 자신의 임종을 앞두고 이스라엘 모든 백성을 세겜에 모아 고별 메시지를 전했다(수 24장). 여호수아는 "너희가 섬길 자를 오늘 택하라"(24:15)고 외치며, 이스라엘 백성을 향해, 조상들의 하나님 여호와를 섬길지 또는 대적 이방인들의 신들을 섬길지 결단할 것을 촉구한다. 여호수아에게 선택지는 분명했다. 그리고 많은 독자들은 여기가 이야기의 끝이라고 생각한다. 하지만 여호수아의 신앙 고백 이후 한 가지 더 흥미로운 일이 일어난다.

> 백성이 여호수아에게 말하되 우리 하나님 여호와를 우리가 섬기고 그의 목소리를 우리가 청종하리이다 하는지라 그 날에 여호수아가 세겜에서 백성과 더불어 언약을 맺고 그들을 위하여 율례와 법도를 제정하였더라 여

호수아가 이 모든 말씀을 하나님의 율법책에 기록하고 큰 돌을 가져다가 거기 여호와의 성소 곁에 있는 상수리나무 아래에 세우고(수 24:24-26).

이 본문은 여호수아가 그 날 맹세했던 언약의 약속을 기록하고, 한 나무 아래에 큰 돌을 세워 백성들에게 그 날의 사건을 기억할 수 있게 했음을 전하고 있다. 현장에 있던 이스라엘 백성이라면 자신들의 말이 당시 "하나님의 율법책"에 기록되리란 사실을 분명히 알았을 것이다. (기록을 영구히 남기기 위해 표면이 평평한 큰 돌 같은) 기념비를 세우는 일은 당시 보편적인 관습이었다. 고대 근동의 유적지에는 지금도 수백 개의 이런 돌들이 남아 있다. 그런데 이스라엘 사람들에게 그런 기념비만큼이나 중요한 것, 그러면서도 종종 우리가 간과하는 것은 이 상수리나무(terebinth)다.

상수리나무는 당시에도 그저 평범한 나무가 아니었다. 이 나무는 "여호와의 성소 곁에" 서 있었다(수 24:26). 왜 이스라엘 백성들은 (언약궤가 보관된 성막인) 성소를 나무 옆에 세운 것일까? 그 나무를 굳이 언급하는 이유는 무엇일까?

구약 시대에 나무는, 신적인 만남 또는 임재가 일어나는 신성한 장소를 상징하곤 했다. 이 특별한 나무도 이스라엘 진영 한가운데서 신과의 만남이 이루어진 사실을 표시했다. 창세기 12:6-7은 여호와께서 아브람에게 나타나신 장소가 세겜 땅 모레 상수리나무였음을 기록하고 있다. 바로 그곳에서 여호와 하나님은 아브람에게 언약의 약속들을 주신다.[1] 하나님은 거기서 아브라함을 택하시고 그의 후손이 큰 민족이 되어 그들을 통해 모든 민족이 복을 받게 될 것을 말씀하신다. 후에 야곱은 여호와께 서원한 것을 지키기 위해 이 동일한 장소, 세겜 근처 상수리나무 아래에 가족들의 우상을 묻는다(창 35:4). 야곱의 이 같은 행동은 우연이 아니다. 야곱의 이런 행동은 이스라엘의 언약적 관계가 출발했던 옛 사건을 떠올리게 하는 의미가 있었다. 따라서 세겜의 이 상수리나무는 신성한 장소가 되었던 것이다.

> **THE BIBLE UNFILTERED**
>
> 구약 시대에 나무는 종종 거룩한 곳—신적인 만남 또는 임재가 있었던 장소—를 표시하곤 했다.

이런 사건들은 세겜의 그 상수리나무가 여호수아와 이스라엘 백성에게 특별해진 이유를 설명해준다. 그 나무는 거룩한 땅을 표시했다. 후대에, 사사기 9:5-6에서, 기드온(여룹바알)의 아들 아비멜렉은 "세겜에 있는 상수리나무 기둥 곁에서" 왕으로 선포된다. 여기서 "기둥"이란 여호수아가 자신의 임종 직전에 세운 비석을 가리키는 것일 가능성이 있다. 이 기둥은 어떤 신적인 계시를 연상시키는 사사기 9장에서 다시 등장한다(삿 9:34-37).

구약성경은 신성한 나무들에 대한 많은 언급 및 나무 관련 언어들을 다수 포함하고 있다. 에덴 동산의 생명 나무(창 2:9)는 하나님의 임재와 관련된 것임이 제법 명확하게 드러난다. 사사기 4:4-5에서 여선지자 드보라는 습관적으로 "드보라의 종려나무 아래에" 앉아 사사로서의 임무를 수행했고 하나님으로부터 계시를 받았다(비교. 왕상 13:14).

그리고 마지막으로 성경에서 가장 신성한 나무가 있다. 우리 자신이 하나님과 만나는 장소, 바로 십자가다. 바울은 예수님에 대해 말하면서, "나무에 달린 자마다 저주 아래에 있는 자"임을 우리에게 상기시키고 있다(갈 3:13). 예수님은 우리를 위해 친히 그 저주를 감당하셨고 이로써 우리는 하나님의 거룩한 가족 안으로 들어오게 되었다. 그런데 참으로 놀라운 것은 예수님은 아브라함에게 나타나셨으며 그가 거룩한 한 나라의 조상이 될 것을 약속하셨던, 성육신하신 말씀이시다(창 12:6-7; 15:1).[2] 우리를 구원하기 위해 나무 십자가에 달리신 예수님의 사역이 그 세겜 상수리나무에서 베푸신 언약을 성취하셨다.

22. 보아스는 율법 위반자인가?

룻기는 해피엔딩 스토리를 지닌 구약 이야기들 가운데 하나다. 빈곤한 과부 룻이 "유력한" 사람 보아스를 만나 결혼에 성공한다. 그리고 이 결혼을 통해 룻의 시어머니 또한 궁핍한 삶에서 복된 삶으로 건짐을 받는다. 그런데 독자들이 미처 놓칠 수 있는 부분이 있는데, 그것은 보아스가 룻과 혼인함으로써 구약의 율법을 위반한 것처럼 보인다는 점이다. "암몬 사람과 모압 사람은 여호와의 총회에 들어오지 못하리니 그들에게 속한 자는 십 대뿐 아니라 영원히 여호와의 총회에 들어오지 못하리라"(신 23:3).

룻기는 룻의 출신과 처한 상황에 대해 아무것도 숨기지 않는다. 룻은 모압 태생의 여자로(룻 1:4) 말론과 결혼했다. 말론은 이스라엘 사람으로 가족들과 함께 베들레헴 고향 땅의 기근을 피해 모압 지역에 거주했다(4:10). 우리는 이 이야기의 나머지 부분을 대충은 알고 있다. 말론이 그의 형제와 아버지를 따라 죽고(1:3-5), 빈곤 가운데 애통해하는 시어머니 나오미와 함께 룻이 베들레헴으로 떠나고(1:6-19), 보아스가 계대 결혼의 율법을 존중해(신 25:5-10) 룻과 결혼함으로 기업 무를 자의 의무를 이행하고, 나오미를 위해 말론의 이름과 엘리멜렉의 소유지를 보존한 것(룻 4:9-10) 등이다. 그런데 보아스와 결혼함으로써, 룻은 "여호와의 총회(the assembly of the Lord) 안으로 들어온" 것이 아닌가? 모압 사람은 여호와의 총회에 들어오지 못하리라는 신명기 23장의 선언은 어떻게 되는가? 이 훈훈한 이야기가 실제론 구약의 율법을 위반한 부정적인 사례가 되지는 않을까?

이후의 이스라엘의 역사에서, 오랜 포로 생활 끝에 고향으로 돌아온 느헤미야와 에스라가, 이방 여인들과 결혼해 살고 있던 이스라엘 남자들을 책망하는 것을 볼 때, 이런 의구심은 더욱 불편한 느낌으로 자라게 된다(느 13:23-27; 스 10장). 에스라는 실제로 그들을 향해, 설령 자녀가 있다 할지라도, 이방 여인들과의 혼인관계를 종료할 것을 명령했다(스 10:10-19, 44). 더욱 의미심장한 내용은, 느헤미야서에 이 같은 통혼관계 가운데 모압 여인들이 포함돼 있는 것으로 언급한다는 점이다(느 13:23).

일부 학자들은 "여호와의 총회"라는 신명기 23:3의 표현을 해석하는 방식에 중점을 두면서 보아스에게 면죄부를 주려고 한다. 여기서 "총회"(assembly)라고 번역된 히브리어 명사, '카할'(*qahal*)은 폭넓은 의미

THE BIBLE UNFILTERED

보아스가 룻과 혼인함으로써 그는 구약의 규율을 위반한 것처럼 보일 수 있다.

에서 어떤 모임이나 무리를 가리킨다. 특정 본문에서 그것은 분명히 한 민족으로서 모든 이스라엘 백성을 집합적인 의미로 가리키고 있다(출 16:3; 레 16:17). 다른 경우에는 단지 이스라엘 남자들의 회집(삿 21:5, 8; 수 8:35) 또는 공적인 일과 재판에 책임 있는 지휘 집단을 가리킬 때 사용되기도 한다(왕상 12:3; 렘 26:16–17; 겔 23:45–47). 어떤 이들은 보아스가 룻과 결혼할 수 있었던 것은 그런 통혼 금지 규정이 이스라엘 지도 계급에만 적용되었기 때문이라고 주장한다. 그러나 그 금지 규정이 이스라엘 공동체 전체에 적용되는 게 아니라는 것을 증명하기는 어렵다. 이미 다른 본문에서는 그런 의미로 사용되고 있는 것을 감안하면 더욱 그렇다.

그러면 이번에는 신명기 23:3(그리하여 보아스의 결혼)을 이스라엘 진영 내에 거주하는 이방인들에 대한 구약의 여러 본문들이 드러내는 관점들과 비교해 보기로 하겠다. 여러 본문들이 이방인들을 집합적인 이스라엘 백성의 총회로부터 구별하고 있다(민 15:15, 26; 대하 30:25). 이처럼 이스라엘에 거주하는 외국인들은 구약 율법 아래서 이스라엘 백성과 동등한 신분을 갖지 못했다. 이방인들은 종살이 제약과 관련한 율법(레 25:39–43, 46, 54–55), 면제와 관련한 율법(신 15:2–3), 이자와 관련한 율법(신 23:19–20) 등에서 해택이 배제되었다. 그럼에도, 이방 여인들과의 통혼이 일반적으로 금지된 가운데 예외적인 상황도 존재했다(신 21:10

-14). 아마도 기생 라합의 경우가 가장 두드러지는 사례일 것이다. 라합의 경우는 분명하게 여호와를 믿는 신앙으로 회심했고(수 2:11-12; 약 2:25) 이스라엘 진영 내에 거주하도록 허용된 사례다(수 6:25).

이런 사례들을 볼 때 중요한 기준은 이것이다. 이방인이 여호와를 주 하나님으로, 참 되신 하나님으로 인정하고 받아들이는 믿음이 있는지에 대한 여부다. 에스라와 느헤미야의 기사에는 그들의 이런 회심에 대한 언급이 전혀 없다. 그러나 보아스가 룻에게 기업 무를 자가 된 사건, 즉 그 구속(redemption)의 사건 중심에는 룻이 이스라엘의 하나님 편에 남기로 결심한 것이 가장 중요한 요인으로 작용했다. "어머니의 백성이 나의 백성이 되고 어머니의 하나님이 나의 하나님이 되시리니"(룻 1:16).[1] 보아스는 모압 여인과 결혼함으로써 죄를 범한 것이 아니다. 룻은 이스라엘의 하나님 여호와께 자신의 믿음을 고백한 신실한 하나님의 자녀가 분명하기 때문이다.

23. 쥐와 남성에 대하여

성경 독자들은 구약에서 이스라엘이 블레셋 사람들의 손에 언약궤를 빼앗긴 충격적인 사건을 기억할 것이다(삼상 4:11–22). 블레셋은 패배한 이스라엘에게 더 큰 모욕을 주기 위해 여호와의 언약궤를 아스돗에 가져다가 그들의 신 다곤의 신전에 두었다(5:1–2). 그러자 여호와 하나님은, 다곤 우상을 그 머리와 손목이 끊어진 몸뚱이만 남게 하는 매우 신속하고 정확하면서도 극적인 장면을 연출하셨다(5:3–5). 그러나 하나님은 다곤에게 이런 수치스런 모습을 드러내게 하는 것만으로 만족하지 않으셨다. 아스돗 사람들은 결코 잊어서는 안 되는 교훈 한 가지를 배워야 했다.

사무엘상 5:6은 하나님께서 블레셋 사람들에게 히브리어로 '오팔림'이라 불리는 육체적 재앙으로 벌을 내리셨음을 알려준다. 이것은 대개

"종양"(tumors)*으로 번역되며 치질을 의미하는 것으로도 보인다.[1] 그러나 사실, "종양"이라는 번역은 전통적인 히브리 성경인 마소라 본문에 사용된 단어를 번역한 게 아니다. 그것은 고대 서기관들이 제시한 다른 단어를 번역한 것으로, 마소라 서기관들에 의해 히브리어 사본의 여백 가장자리에 주(註)를 다는 '케티브-케레'(*Kethiv-qere*) 전통에 따른 독법이다. '케티브'(*Kethiv*)는 히브리어 본문에 "쓰여진 것"(이 경우에는 *ophalim*)을 의미하고 '케레'(*qere*)는 "읽어야 하는 것"을 의미한다. 서기관들은 사무엘상 5-6장에서 '오팔림'(ophalim) 대신에 '테호림'(*tehorim*, "swellings")이라는 단어를 대체해 썼다.[2] '오펠'(*ophel*, '오팔림'의 단수형)은 단순히 "언덕, 부푼 것"(미 4:8; 사 32:14)을 의미하기 때문에 서기관들이 굳이 이 단어를 바꿔놓은 것은 특이하다 할 수 있다.[3]

이 같은 사본상의 문제 외에도 이 단어 자체가 혼란을 야기한다. 특히 하나님의 궤를 자신들의 진영으로 들여온 것을 후회한 블레셋 사람들이 언약궤를 이스라엘로 돌려보내며 "금 독종(*ophalim* of gold) 다섯과 금 쥐 다섯 마리"를 여호와께 속건제로 드리기 때문이다(삼상 6:4-18). 속건제물로 드린 금 다섯 세트는 블레셋의 다섯 성읍을 위한 몫에 해당한다(6:17). 다곤 신은 (메소포타미아 밖에서) 곡식과 추수에 관련되었기 때문에, "땅을 해롭게 하는" 쥐에 대한 언급은 블레셋 땅이 곡식을 잃고 쑥대밭이 되었음을 가리킬 것이다(6:5). 이에 많은 해석가들도 쥐에 대한 본문의 언급이 림프절 페스트(흑사병)의 창궐을 의미하는 것일 수 있다며 서기관들이 제안한 종양이라는 해석을 정당화하고 있다.

* 개역개정. 독한 종기.

> THE BIBLE UNFILTERED
>
> 블레셋 사람들은 공포에 떨어야 했다. 이스라엘의 하나님 여호와는 자신이 한 민족의 현재 및 미래의 생존을 좌우할 수 있는 전능하신 하나님이심을 확실히 보여주셨다.

하지만 어떻게 "종양" 따위를 금으로 만들 수 있을까?

최근의 고고학적 발굴 덕분에 한 가지 가능성 있는 설명을 찾아냈다. 그들에게 내려진 재앙이 고대 문화에 공포를 불러일으킬 뿐 아니라 다곤과 블레셋 종교를 조롱하는 데 작용했을 것이라는 점이다.[4] 1990년대에 아스글론(이 이야기에서 언급된 블레셋 다섯 성읍 가운데 하나)에서 발굴 작업을 벌이던 고고학자들은 남근상 형태의 청동자기 7개를 발견했다. 이런 물건들은 대개 사람의 다산과 땅의 풍요를 기원하는 의식에 사용되던 전형적인 도구들로, 대부분의 학자들이 블레셋의 기원지로 생각하는 에게해 부근에서는 잘 알려진 것들이다. 이런 사실은 본문에서 블레셋 사람들이 만들어 바친 제물이 그런 종류의 남근상일 수 있다는 가능성을 제기한다. '오펠'("솟아난 것, 부푼 것")이라는 단어가 그런 물건들을 가리키는 완곡한 표현일 수 있다는 주장은 납득할 만하다.

그렇다면 여기서 얻을 수 있는 신학적인 메시지는 무엇일까? 아마도 여호와는 다곤 신을 섬기는 블레셋의 식량 공급을 차단하고 정상적인 성생활을 막는 (그 결과 임신과 출산을 막는) 그런 종류의 재앙을 보냄으로써, 블레셋 사람들을 심판하셨을 것이다. 이에 블레셋 사람들은 공포에 떨어야 했고 그것은 당연한 결과였다. 이스라엘의 하나님 여호와는 자신이 한 민족의 현재 및 미래의 생존을 좌우할 수 있는 전능하신 하나님이심을 확실히 보여주셨다. 블레셋 사람들이 여호와의 언약궤를 다시 돌려보낸 것은 자신들의 생사가 걸린 실로 중대한 문제가 아닐 수 없었다.

24.
사무엘의 영,
그리고
사울에게 임한 심판

사후 세계는 성경신학에서 가장 흥미로운 주제 가운데 하나다. 죽음은 마지막 종착지가 아니다. 우리의 무덤 뒤에는 또 다른 삶이 기다리고 있다. 우리는 삶의 마지막 순간을 생각할 때마다 이런 개념을 떠올리곤 한다. 그런데 성경은 조금 더 폭넓은 시각을 제공한다. 여기에는 우리가 흔히 죽은 자의 영(ghosts)이라고 생각하는 존재가 등장하는 내용이 포함된다. 사무엘상 28장은 그런 살아있는 망자들의 세계를 엿보게 하는 명료한 창문 가운데 하나라 할 수 있다.

사울은 신접한 자들과 무당들 모두를 이스라엘 땅에서 쫓아냈다. 그런데 하나님이 더 이상 그에게 응답하지 않으시고 블레셋과의 전쟁에서 행할 바를 인도하지 않으시자, 신하들에게 명하여 신접한 사람을 찾게 한다(삼상 28:3-7). 사울은 밤중에 신접한 여인이 있는 엔돌을 찾아가, 그녀에게 죽은 사무엘을 불러낼 것을 요구한다(28:8-11). 신접한 여인이 사울의 요구에 응하고, 사무엘의 망령(ghost)을 보고는 두려움에 사로잡힌다. 그리고 여인은 불법적인 신접 행위를 벌이는 현장을 덮치려고 사울이 자신을 속였다고 생각한다. 여기서 이 이야기는 오싹한 장면으로 넘어간다. 사울이 신접한 여인에게 묻는다. "네가 무엇을 보았느냐?" 이에 여인이 대답한다. "내가 영이 땅에서 올라오는 것을 보았나이다 … 한 노인이 올라오는데 그가 겉옷을 입었나이다"(삼상 28:13-14).

사울은 신접한 여인이 목격한 영이 망자들의 지하 세계에서 올라온 사무엘임을 알아챘다. 이 성경 본문에서 신접한 여인이 거짓말을 하고 있거나 또는 무엇인가에 속고 있다는 암시는 전혀 없다. 사무엘이 사울에게, "네가 어찌하여 나를 불러 올려서 나를 성가시게 하느냐?" 하고 묻자, 사울이 "나는 심히 다급하니이다 블레셋 사람들은 나를 향하여 군대를 일으켰고 하나님은 나를 떠나서 다시는 선지자로도, 꿈으로도 내게 대답하지 아니하시기로 내가 행할 일을 알아보려고 당신을 불러 올렸나이다"라고 대답한다(28:15). 사울의 말은 틀리지 않았다. 그리고 사무엘은 그가 생전에 그랬던 것처럼 사울에게 여호와의 말씀을 전한다. 사울은 여호와에게 원수처럼 되었고, 이제 하나님은 사울과 그의 아들들을 심판하실 것이다(28:16-19).

이 에피소드에서 가장 흥미로운 대목은 신접한 여인의 언어 선택이다. 그는 "어떤 신"(a god)*이 땅에서 올라오는 것을 보았다고 말한다. 여기서 신, 또는 영으로 번역된 히브리어는 '엘로힘'이다. 이것은 2,000회

* 개역개정. 영.

이상이나 이스라엘의 하나님 여호와, 참 되신 하나님을 가리키는 데 사용된 단어다. 죽은 사무엘이 여기서 이런 단어로 묘사되는 이유는 무엇일까?

'엘로힘'이라는 용어가 비록 이스라엘의 하나님을 지칭하는 데 사용되기는 하지만, 그렇다고 이 용어가 오로지 하나님만을 독점적으로 가리키는 이름표는 아니다. '엘로힘'은 다른 본문에서 귀신들을 가리키거나 여호와의 보이지 않는 천상의 무리를 구성하는 신적 존재들을 가리킬 때도 사용된다(신 32:17; 시 82:1). 이 단어는 성경 저자들이 우리가 흔히 영적 세계라고 생각하는 영역의 구성원을 가리킬 때 사용하는 단어였다. 하나님도 물론 그 세계에 속하신 분이며, 그곳의 다른 모든 존재들보다 가장 우월하신 분이다(출 15:11; 사 37:16, 20; 느 9:6; 시 136:2). 사무엘의 시신은 라마에 장사되었지만(삼상 25:1; 28:3), 그의 영은 다른 곳, 죽은 자들의 영역, 우리가 흔히 말하는 사후 세계에 있었다. 그 세계에 속한 모든 영적인 존재들은 구약에서 '엘로힘'이라는 용어로 묘사된다.

이는 이스라엘과 이웃한 민족들도 갖고 있는 세계관이었다.[1] 사무엘상 28:7에서 "신접한 자"(medium)로 번역된 히브리어는 '바알라트-오브'(*ba'alath-ov*, 문자적으로는 "죽은 자의 영을 다스리는 여주인")다. '오브'(*ov*)는 죽은 사람을 가리킨다. 이 단어는 이사야 19:3에서 사후 세계에 있는 죽은 자들과 관련된 다른 세 단어와 함께 나온다. 그 가운데 하나(*ittim*)가 망령(ghost)을 의미하는 아카드어(*etemmu*)와 매우 유사하다.

아카드어 *etemmu*는 살아 있는 인간 세계와 교류하는 죽은 사람의 영(spirit)을 의미한다.

성경 저자들은 망령(ghosts), 즉 사후 세계에 살며 우리와 접촉이 가능한 죽은 자들의 존재를 믿었다. 그러나 그런 종류의 접촉은 금지되었다(신 18:9–14). 접촉이 불가능해서가 아니라, 접촉은 가능하지만 하나님은 자기 백성들이 영적 세계에 대한 모든 지식을 오직 그 근원이신 하나님에게서만 찾도록 제한하셨기 때문이다. 이 금지 명령은 백성들을 위한 것이었다. 즉 이는 그들이 해를 입거나 속임을 당하지 않도록 하는 조치였다. 한편 엔돌에서의 이 사건은 매우 예외적인 것으로, 사울에 대한 하나님의 심판을 거듭 확인시켜주는 목적에서 하나님의 신적인 뜻 가운데 허락된 것이었다.

> **THE BIBLE UNFILTERED**
>
> 성경 저자들은 망령—즉 사후 세계에 살며 우리와 접촉이 가능한 죽은자—에 대해 믿었지만 그런 종류의 접촉은 금지되었다.

25. 결혼의 정치적 역학관계

결혼에 관해 이야기할 때, 오늘날 서구 문화권에서는 두 사람 사이의 사랑을 가장 으뜸의 덕목으로 여긴다. 이런 관념이 너무도 깊이 자리잡은 나머지, 우리는 성경 시대에도 사람들이 결혼에 대해 우리와 같은 생각이었으리라 여길 때가 있다. 하지만 그렇지 않다. 우리는 성경 인물들의 결혼 관계를 낭만적인 것으로 미화하지 않도록 주의할 필요가 있다. 다윗 왕과 그의 아내들의 경우도 여기에 포함된다.

성경은 다윗이 일부다처제로 살았음을 분명히 보여준다(삼상 25:39-43; 삼하 5:13). 고대 시대의 왕들이나 왕이 되려는 자들에게 이는 결코 이상한 모습이 아니었다. 비록 하나님께서 직접 승인하신 것은 아니지만, 다윗 왕 역시 여러 아내를 두었다(신 17:14-17). 구약을 면밀히 들여다보면 아내를 여럿 둔 것이 정치적인 이유 때문임을 알 수 있다.

다윗의 첫 아내 미갈은 사울 왕의 막내딸이었다(삼상 14:49). 다윗이 골리앗을 물리친 후에 사울은 미갈을 다윗에게 선물로 주어 그를 아내로 삼게 했다(18:27-28). 우리는 미갈이 다윗을 사랑했음을 보게 되지만, 다윗이 미갈에게 어떤 감정이었는지는 알지 못한다. 그러나 감상적인 부분에 집중하다 보면 더 중요한 걸 놓칠 수 있다. 이 둘의 결혼 덕분에 다윗이 사울 왕의 아들 요나단 다음으로 왕위를 계승할 자격을 얻게 되었다는 점이다. 그래서일까, 다윗이 사울 왕과 적대적 관계가 되었을 때, 사울은 다윗에게서 미갈을 빼어 그녀를 다른 사람에게 주었다(25:44). 사울의 죽음 이후, 이스라엘의 왕으로 즉위할 시점에서 다윗은 모든 지파가 자신의 통치 아래 통합하려면 미갈을 자신에게로 데려와야 한다는 요구안을 제시할 정도였다(삼하 3:12-16).

다윗의 둘째와 셋째 아내인 아비가일과 아히노암은 다른 본문에서 함께 언급되고 있다(삼상 25:43-44; 삼하 2:2). 사무엘상 14:50은 아히노암의 신분을 아히마아스의 딸, 사울의 아내로 밝히고 있다. 사울과 결혼한 아히노암이 다윗이 아내로 맞은 아히노암과 동일인일 가능성이 있다. 다윗은 정치적으로 이스라엘 12지파에 대한 통솔권을 주장하기 위해 사울 왕의 아내를 자신의 아내로 삼았을 수 있다. 설령 다윗의 아히노암이 사울의 전처가 아니었다고 하더라도, 이후 다윗이 헷 사람 우리아의 아내 밧세바를 빼앗았을 때 선지자 나단이 다윗

> **THE BIBLE UNFILTERED**
>
> 다윗의 결혼 배경과 그 동기 이면에는 정치적 전략과 셈법이 작용했다.

을 책망하는 말 속에서, 다윗이 사울의 아내였던 여인들을 자신의 아내로 취했을 가능성을 엿볼 수 있다.

> 나단이 다윗에게 이르되 당신이 그 사람이라 이스라엘의 하나님 여호와께서 이와 같이 이르시기를 내가 너를 이스라엘 왕으로 기름 붓기 위하여 너를 사울의 손에서 구원하고 네 주인의 집을 네게 주고 **네 주인의 아내**들을 네 품에 두고 이스라엘과 유다 족속을 네게 맡겼느니라 만일 그것이 부족하였을 것 같으면 내가 네게 이것 저것을 더 주었으리라(삼하 12:7-8).

아비가일이 성경의 내러티브에 등장했을 때(삼상 25장), 그녀는 나발의 아내였다. 적절하게도 나발은 히브리어로 "어리석은 자"라는 의미였고, 큰 부자였는데(삼상 25:1-2), 토지를 소유한 지도자 계급에게서 기대할 만한 수준이었다. 또한 나발은 갈렙 족속으로, 갈렙의 후손이었다(25:3). 이같이 별 관심을 불러일으키지 못하는 나발의 이력은 그가 죽은 후 다윗이 아비가일을 아내로 맞아들이는 배경이 되고 있다.

모세와 여호수아 시대에, 갈렙은 헤브론 성읍과 그 인근 영토를 분할받았다(수 14:12; 15:13-14). 헤브론은 다윗의 삶에서 큰 의미가 있는 지역이기도 했다. 헤브론은 다윗이 사울에게서 달아나 피신했던 성읍 가운데 하나이며(삼상 30:31), 다윗이 유다의 왕으로 기름 부음을 받은 장소이기도 했다(삼하 2:11). 역대상 2:50-51은 다윗의 출신지와 같은 이름을 가진 베들레헴이라는 사람을 언급하며 그가 갈렙의 직계 후손이라고 기록한다. 다윗의 대관식은 베냐민과 유다 지파 영토 안에 위치한 성읍, 베들레헴에서 치러졌다(대하 11:5-12). 사울의 죽음 이후, 다윗은 헤브론을 중심으로 하여, 아직 완전히 손에 넣지 않은 자신의 왕권을 부분적으로나마 유다와 베냐민 지파에게 먼저 행사하기 시작했다. 이 같은 헤브론에서의 다윗의 통치는 7년 반 동안 지속되었다(삼하 5:5). 따라서 다윗의 기름부음, 통치 및 즉위는 모두 갈렙의 영토와 직접 관련이 있고 마찬가지로 다윗의 아내 아비가일 역시 유력한 갈렙 족속과 결혼한 여자였다. 아비가일과 결혼함으로써 다윗은 자신의 헤브론 통치 아래 갈렙 족속과 유다 지파를 하나로 뭉치게 했다. 이렇듯 다윗의 결혼 행보는 정치적 의미가 다분했다.

다윗의 결혼에 정치적 동기가 작용한 것은 분명하다. 물론 우리가 본받을 만한 부분은 아니다. 그러나 다윗이 한 여자만을 지고지순하게 사랑하는 데 실패했다 하더라도, 여호와 하나님을 사랑하는 데는 누구보다 신실했다. 다윗은 결코 다른 신들을 섬기지 않았다. 바로 그 사실 때문에 하나님이 다윗을 택하시고 그의 계보를 우리 모두의 구속을 위한 방편으로 삼으신 것이다.

26. 고대의 대적들을 물리치는 일

골리앗은 다윗 시대에 쓰러진 유일한 거인이 아니다. 사무엘하 21장에서 다윗의 장수들은 거인족의 아들들로 묘사되는 네 명의 블레셋 군사들을 물리쳤다(21:16–22). 이 거인들은 과연 누구인가? 이들을 물리친 사건이 왜 중요한가? 그에 대한 답을 주는 배경 이야기를 성경에서 찾을 수 있다.

비정상적으로 키가 컸던 이 가나안 족속은 "르바임"(Rephaim)이라 불렸고, 그들은 대홍수 이전에 존재하던 초자연적인 악한 세력과 관련된 고대 용사들을 연상시킨다(창 6:4; 신 2:10–11).[1] 가나안 정복 전쟁 동안 (거대한 체구 때문에 '르바임이라 불린'[신 2:11]) 이들 아낙 족속은 여호수아에게 패한 후 가드로 달아났다(수 11:22; 13:3). 가나안 정복이 시작되고 수백 년이 흐른 다윗 시대까지도 이 거인족은 그 땅에서 근절되지 않은 상황이었다. 대표적인 예로, 다윗이 쓰러트린 골리앗, 그리고 다윗의 장수들이 물리친 네 명의 거인들도 아낙 족속의 성읍 가드 출신이었다(삼상 17:4; 삼하 21:22). 사무엘하 21:22은 이 네 명의 거인들이 가드의 거인족(*ha-ra-phah*) 후손임을 더 구체적으로 명시하고 있다.[2]

> **THE BIBLE UNFILTERED**
>
> 골리앗을 비롯해 다른 네 거인들을 제거함으로써, 다윗과 그의 용사들은 미처 완성되지 못한 정복전쟁—고대의 대적들과의 싸움—에 다시 뛰어든 격이 되었다.

이것은 그 패전한 거인들과 '르바임'을 잇는 유일한 연결점이 아니다. 여호수아서는 당시 존재하는 거인족에서 이름을 딴 "르바임 골짜기"를 두 차례 언급한다(수 15:8; 18:16). 사무엘하에서도 같은 골짜기가 언급된다. 다윗 시대에 블레셋 사람들이 이 골짜기를 자신들의 군대 주둔지로 빈번히 사용했기에, 그런 이름이 따라붙었다(삼하 5:18, 22; 23:13). 이 골짜기는 이스라엘과 블레셋 사이에 여러 차례 접전이 벌어진 장소이기도 하다(삼하 5:18; 23:13; 대상 11:15). 블레셋 출신으로는 가드에서 온 거인들이 있는데, 이들이 골리앗과 네 거인들이다. 그중 한 명은 골리앗의 아우로 묘사되고 있다(대상 20:5).

골리앗을 비롯해 다른 네 거인들을 제거함으로써, 다윗과 그의 용사들은 미처 완성되지 못한 정복 전쟁 (고대의 대적들을 물리치는 일)에 다시 뛰어든 격이 되었다. 이처럼 성경의 내러티브는 다윗의 왕위 등극을 고대의 악한 세력과 맞서 싸워 물리친 사건과 연결시켜 보여주고 있다.

27. 여호와와 그의 아세라?

1970년대에 발견된 여러 비문들은 여호와가 “아세라타”(Asheratah, *ʼ-sh-r-t-h*)와 깊은 연관이 있음을 언급하고 있다.[1] 아세라타라는 이름은 대개 셈족의 고대 문서와 구약에서 언급되는 가나안 여신 아세라를 가리키는 것으로 간주된다. 관련된 문구가 새겨진 비석 명문에서 *lyhwh shmrn wlʼshrth*를 읽을 수 있다(문자적으로 해석하면, “사마리아의 야훼에게 그리고 아세라타에게”).[2] 구약성경에서 이 여신의 이름은 아세라(*ʼasherah*)로 표기되며, 아마도 “아세라타”(Asheratah)와 “아세라”(Asherah)는 동일한 여신을 지칭할 가능성이 크다. 하지만 이 비문의 문구가 여호와를 그런 여신과 한 짝을 이루어 언급하고자 한 것인지는 사실상 분명하지 않다.[3]

아세라는 누구인가?

아세라는 오늘날의 시리아 북쪽에 위치한 우가리트의 고대도시 신화에서 중요하게 여겨졌던 여신이다. 우가리트 신화가 기록된 점토판에서 그 이름은 "아티라투"(Athiratu, "Athirat"라고도 표기된다)로 표기되었다. 아세라는 히브리식 표기다. 우가리트 신화에 따르면 아세라와 그 남편 '엘'(El, 우가리트 판테온[만신전]에서 창조주이자 최고의 신)은 판테온의 신들의 부모다. 따라서 아티라투/아세라는 엘 신의 아내/배우자 여신이다.

아세라와 엘의 연관성은 의미 있는 것인데, '엘'(*'el*)은 이스라엘의 하나님을 가리키는 호칭 가운데 하나이기 때문이다. 그러나 '엘'은 셈족계 언어에서 신적 존재를 가리키는 일반적인, 심지어 표준이 되는 용어였다. 따라서 구약의 본문이 이 단어를 사용하는 것도 전혀 특별한 일이 아니다. 그럼에도 불구하고 구약 저자들은 논쟁적인 이유에서 가나안 엘의 모티프, 이미지 및 통칭을 가져와 이스라엘의 하나님을 가리키는 방식으로 전용한다. 성경의 저자들은 이런 고귀한 호칭과 영광은 여호와께만 돌려져야 마땅하다는 사실을 독자들이 알기 원했다. 이스라엘과 우가리트 종교 사이의 언어적 차용과 관련한 예로는, 엘이 거하는 처소(충분한 수원이 공급되는 동산[에덴], 거룩한 산[예를 들면 겔 28:13의 에덴; 시내 산, 시온 산]), 족장 시대에 "엘"에 부가적으로 신성한 이름을 덧붙인 관습(예를 들면 엘올람[El-Olam], 엘샤다이[El-Shaddai], 엘엘리온[El-Elyon]), 그리고 "하늘과 땅의 창조주" 같은 칭호들(창 14:19), "신적인 용사"로서의 엘(비교. 출 15:3) 등이 있다. 다른 면에서 성경 저자들은 여호와 하나님을 가나안의 신 엘로부터 신중하게 거리를 두고자 했다. 우가리트 비문에서 엘과 관련해 가장 잘 알려진 설화들 가운데 하나인 그의 성적 무용담의 경우, 이스라엘의 하나님과는 전혀 무관한 것으로, 구약에서는 그와 조금이라도 유사한 표현을 찾을 수 없다.

아티라투/아세라는 고대 셈족 종교의 또 다른 여신, 앗타르투(Athtartu) 또는 아스타르테(Astarte)로도 표기되는 아쉬타르트(Ashtart)와 혼동되어서는 안 된다.[5] 우가리트 문서에는 이 아쉬타르트 여신이 거의 50여 차례나 언급된다. 그러나 그 신화에서는 아티라투(아세라)를 더 선호하면서 아쉬타르트는 거의 언급되지 않는다. 앗타르투/아쉬타르트는 우가리트 신화에서 바알의 여러 배우자들 가운데 하나였다. 이 아쉬타르트라는 이름은 구약에서 10회 이내로 등장하는데(예를 들면 삿 2:13 복수형으로 아스다롯[Ashtaroth]; 왕상 11:5, 33, 아스다롯[Ashtoreth]), 이 복수형의 아스다롯은 복수형의 바알(Baals)과 종종 짝을 이루며, 우가리트의 아쉬타르트-바알 결합을 상기시킨다.

구약의 아세라 이름

구약성경에서 '아세라'('asherah)라는 명칭은 대략 사십 차례 정도 등장한다.[6] 이 가운데 대부분은 종교적 의식에서 사용하는 어떤 기물, 아마도 나무나 수직 기둥(주상)을 지칭하는 것으로 보인다. 아세라 여신 숭배의 주요 상징물 가운데 하나도 신성한 나무였다(예를 들면., 출 34:13; 삿 3:7; 6:25-26; 왕상 14:23; 왕하 18:4). 때때로 이 용어는 정확히 아세라 여신을 가리키기도 하지만(왕상 18:19; 왕하 23:4), 다른 본문들의 경우 다소 애매하기도 하고, 또는 두 용례가 함께 사용되기도 한다(예를 들면, 비교. 왕하 21:3, 7).

"여호와와 그의 아세라"

"여호와(야훼)와 그의 아세라타"를 언급하는 가장 유명한 비석 명문이 쿤틸렛 아즈루드(Kuntillet Ajrud)로 알려진 시나이 반도 북쪽 지역에서 발견되었다.[7] 이 사료의 연대는 약 주전 800년, 또는 성경 역사로 치면, 이스라엘 분열 왕국 시대인 것으로 추정된다. 그 비문에서 저자는 여러 번, "여호와 … 그리고 아세라타"로부터 축복을 기원하고 있다. 다른 것 중에서도 이 발견은 두 가지 질문을 불러일으킨다. 이 비문의 "아세라타"는 누구 또는 무엇인가? 고대 이스라엘의 종교를 이해함에 있어서 이 고고학적 발견이 갖는 의미는 무엇인가?

하나의 가능성은, 이 비문의 "아세라타"(Asheratah)라는 단어가 여호와와 관련된 하나의 상징으로 사용되었을 수 있다는 것이다. 그럴 경우 이 단어를 음역할 때는 소문자를 사용해야 할 것이다: "Yahweh and his *'asheratah*." 또 하나는, 그것을 아세라 여신의 이름으로 읽을 수도 있지만, 아마도 여신 아세라와 관련한 상징물을 가리키는 것일 수 있다. 이 경우에도, 또 한번 소문자 표기가 사용되어야 할 것이다.

만약 "아세라타"(*'asherata*h)가 여호와를 상징한다면, 그것은 여호와를 언급하는 문구이자, 여호와와 연관된 어떤 종류의 물건이나 신당을 가리키는 문구일 가능성이 있다. 어쩌면 당시 숭배자들은 별 생각없이 신성한 나무를 여호와 숭배와 연결시켰을 수도 있다. 구약에서 이스라엘의 하나님은 에덴(여호와의 거룩한 땅)의 생명나무와 관련되며, 여호와 하나님과의 신적인 조우는 종종 신성한 나무 부근에서 이뤄진 것으로 나타난다(예를 들면 창 12:6; 13:18; 18:1).[8] "아세라타"가 여호와를 상징할 경우, 그것은 잠언 8:22-31의 신적 존재인 지혜와 여호와 하나님과의 관계를 강조하는 것일 수 있다. 잠언 8장 본문은 신적인 지혜를 하나님과 공동 창조주(co-creator)로 묘사하고 있다.[9] 그런 경우 우가리트 신화에서 엘(El)과 아티라투(Athiratu)를 남편-아내 관계로 묘사하는 것과 같은 어떤 연결성이 나타날 수 있다. 그 관점에 따르면, 이스라엘의 유일신 사상이 그 발전 과정에서 점차적으로 신적 존재인 그 지혜의 여신적 속성을 여호와에게로 흡수시켰을 가능성이 있다. 그러나 그 관점이 갖는 문제는, 아세라를 신적인 지혜의 개념과 결부시키는 다른 고대 문서가 존재하지 않는다는 것이다. 여기서 덧붙이자면, 다른 신들을 자신의 우월함으로 흡수했던 고대 근동의 다른 주신들(예를 들면, 바빌로니아의 마르둑[Marduk])의 경우도 여신들을 흡수하지는 않았다.[10]

만약 그 비문의 표기가 (여호와의 상징이 아니고) 아세라의 개별적인 이름을 가리키는 것이라면, 그 비문을 기록한 저자는, 그가 누구였든지 상관없이, 여호와에게 배우자가 있다고 믿었던 것으로 보인다.[11] 이런 주장에 따르는 문제는, 그 이름의 마지막 문자 표기 *h*(셈어의 *heh*)를 여성 접미사가 아닌 남성 접미사로 읽어야 한다는 것에 있다. 그 결과는 "여호와와 '그의' 아세라"(Yahweh and his asherah)가 될 것이다. 그러나 히브리어 단어 형성 규칙에 따르면, 개별적인 이름을 그런 식으로 표기하지 않는다. 그런 식으로 접미사를 붙인 개별적인 이름 표기는 히브리어에서 발견되지 않으며, 서쪽의 다른 셈족어에서도 매우 드문 현상이다. 따라서 그 비문의 표기가 개별적인 이름일 가능성은 매우 희박하다.

> **THE BIBLE UNFILTERED**
>
> 만약 그 비문의 표기가 아세라의 개별적인 이름을 가리키는 것이라면, 그 비문을 기록한 저자는, 그 사람이 누구였든지, 야훼에게 배우자가 있다고 믿었던 것으로 보인다.

그 비문이 아세라 여신을 직접 가리키기보다는 그 여신에 대한 상징을 가리킬 것이라는 주장은, 그 비문을 쓴 이가 여호와가 역시 통치자인 아내를 가졌다고 믿었거나, 아니면 여호와와 아세라가 둘 다 신이라고 믿었기에 그 둘로부터 복을 빌었을 수도 있음을 시사한다. 그런 경우라면, 이 비문은 이스라엘의 다신교 숭배 관행에 대한 증거 사료가 될 수 있다. 실제로 구약성경은 이스라엘 백성이 다른 신들과 여신들을 숭배하는 모습을 빈번히 지적하며 정죄하는데, 특히 솔로몬의 죽음 이후 북이스라엘과 남유다로 갈라진 분열 왕국 시대(그 비문들이 기록된 시기)에 그런 장면이 자주 등장한다. 따라서 그 시기에 새겨진 비문에 "여호와와 아세라"라는 문구가 포함돼 있다는 것은 납득한 만한 일이다. 그러나 그렇다고 해서, 이런 비문이 "정통" 유대교가 한때 여신 숭배와 관련되었음을 증명한다고 주장할 수는 없다. 그것은 또 다른 사안으로서 별도로 다루어야 할 문제다. 이 비문의 존재 자체가 그런 주장을 뒷받침하지는 않는다.

28. 천사들은 완전한 존재가 아니다

그리스도인들은 보통은 천사들이 천상 세계에 사는 선한 존재들이라고 생각한다. 그리고 대홍수 당시 죄를 범하여 지하 세계에 던져진 천사들은 당연히 악한 존재로 여겨졌다.[1] 결과적으로 많은 사람들이 "타락한 천사"와 "착한 천사"를 따로 구분짓는다. 착한 천사들은 모두 하나님의 충성되고 신실한 수종자들이라고 생각한다. 하지만 그것은 부분적으로만 사실이다.

성경의 여러 본문에서는 하늘의 천사들을 가리켜 "거룩한 자들"(holy ones)로 표현하고 있다(욥 5:1; 시 89:5, 7; 슥 14:5; 단 4:13, 17; 8:13). 그러나 욥기의 여러 본문들은 하나님의 천사들이 본래부터 완전하고 거룩하지는 않을 가능성을 내비친다.

하나님은 그의 종이라도 그대로 믿지 아니하시며 그의 천사라도 미련하다 하시나니(욥 4:18).

하나님은 거룩한 자들을 믿지 아니하시나니 하늘이라도 그가 보시기에 부정하거든(욥 15:15).

그런즉 하나님 앞에서 사람이 어찌 의롭다 하며 여자에게서 난 자가 어찌 깨끗하다 하랴 보라 그의 눈에는 달이라도 빛을 발하지 못하고 별도 빛나지 못하거든(욥 25:4-5).

욥기 4:18에서, 욥의 친구 엘리바스는 하나님이 천사들의 잘못을 책망하시는 분으로 확신 있게 말하고 있다. 아주 오래 전 범죄로 인해 이미 하나님께 반역했거나 또는 하나님에게서 멀어진 천사들에 대한 언급인지의 여부는 알 길이 없다. 엘리바스의 어조는 욥기 15장에서 더욱 격해진다. 하늘들(heavens) (또는 그 표현이 비유하는 바를 더 정확히 포착하면) "천상의 존재들"(heavenly ones)은 쉽게 말해서 하나님이 보시기에 순전하지가 않다는 것이다. 하늘에서 자신을 가까이 보좌하는 수행자들조차 하나님이 신뢰하실 수 있는 완전한 존재가 아니라면, 어떻게 욥은 하나님이 자신을 순전하고 의로운 자로 용납하실 것이라고 감히 생각할 수 있을까(15:14-16)? 욥기 25장에서 빌닷의 대답은 엘리바스의 이런 판단을 정확히 되풀이하고 있다. 구약성경에서, 해, 달, 별들 또는 하늘의 천군(heavenly host)에 대한 언급은 때로 천상의 존재들(heavenly beings)을 암시하기도 한다(신 4:19; 왕상 22:19; 왕하 21:3; 사 14:13). 이후 욥기에서, 이런 천상의 존재들은 이 세상의 창조를 목격한 자들로 표현되며(욥 38:4-7), 천체 언어로도 묘사되고 있다("그때에 새벽 별들이 기뻐 노래하며 하나님의 아들들이 다 기뻐 소리를 질렀느니라").

THE BIBLE UNFILTERED

만약 천계에서의 그 측근 수행자들조차 하나님이 신뢰하실 수 있는 완전한 존재가 아니라면, 어떻게 욥은 하나님이 자신을 순전하고 의로운 자로 용납하실 것이란 생각을 감히 할 수 있단 말인가?

천사들에 대한 이런 다소 부정적이고 빈약한 평가는 성경의 다른 본문에서 기술하는 보다 긍정적인 장면과 모순되는 것은 아니다. 천사들은 자신들의 도덕적 완벽함 때문에 "거룩한 자들"로 불리는 것이 아니다. 실제로 이와 동일한 용어(*qadosh*; 복수형: *qedoshim*)가 본래적으로 도덕적 완전함이 결여된 존재인 인간을 가리킬 때도 쓰인다(시 16:3; 34:9; 단 8:24). 천사들은 다른 이유로 인해 "거룩한 자들"로 불린다. 즉 그들은 이스라엘의 거룩하신 분, 만군의 여호와 하나님을 가장 가까이에서 섬기고 있기 때문에 그렇게 불리는 것이다.

과거의 기록을 보아도, 하나님과 더불어 같은 공간에 함께 거하는 신적 존재들이 완전하지 않다는 사실을 알 수 있다. 그 중 하나인 사탄은 하나님에 맞선 태고의 반역을 주도했었고, 지존하신 자의 에덴 계획을 훼방했으며, 하나님의 피조물인 인간을 꾀어 범죄하게 만들었다(창 3장; 비교. 계 12:9; 20:2). 천사들의 이런 범죄 행위는 창세기 6:1-4의 사건들을 통해 이어지게 된다(비교. 벧후 2:4–5). "하나님의 아들들"(sons of God)로 불리는 천상의 또 다른 존재들, 즉 바벨탑 심판 이후 각 민족들을 배정받아 다스리도록 허락된 신들(신 32:8–9; 비교. 4:19–20)은 나중에 이스라엘 백성들을 우상 숭배와 타락의 길로 유혹했다(시 82편; 비교. 신 32:17).[2]

가장 쉽게 정리하면, 모든 것을 다 아시며 누구보다 잘 아시는 하나님은 자신의 거룩한 자들을 신뢰하지 않으신다. 하지만 그것이 욥기의 본문이 말하고자 하는 진실의 전부가 아니다. 천사들은 보다 더 근본적인 이유로 도덕적, 영적 실패를 피하지 못한다. 그들은 하나님의 전능자로서의 속성 또는 본질을 갖고 있지 않기 때문이며, 지성을 지닌 인간이나 신적 존재를 자신들의 능력으로 창조할 수도 없기 때문이다. 하나님의 피조물일 뿐인 하등한 존재들이 만물의 창조주와 함께 신성한 공간에 함께 있도록 허락된다는 것, 그것이 가능할 수 있다는 것 자체가 창조주 하나님이 베푸시는 놀라운 은혜에 대한 또 하나의 증거라 할 수 있다.

29.
중보자에서 대언자로

우리는 천사들을 중보자들(intercessors)로 거의 생각하지 않는 편이다. 그러나 그들이 하나님과 사람 사이에서 중재 역할을 하는 것(mediated)은 고대 때부터 있어온 개념이다. '거룩한 자들'은 하나님이 주재하시는 '신들의 모임'의 일원이었고(시 89:5–6; 비교. 82:1), 그 모임은 천상의 법정으로 여겨졌다(단 7:10). 천사들은 심지어 하나님 앞에 소환되어, 누군가를 위해 증언하거나, 고소하거나, 탄원하거나 또는 판결을 내리는 일을 하기도 했다(욥 1:6–11; 11:7–10; 33:23–24).

욥의 비극적 현실은 하나님의 천상회의—하나님의 아들들로 이루어진 하늘의 무리(욥 1:6–2:1)—에서 벌어진 논쟁에서, 그것도 욥이 순전하다는 하나님의 평가에 이의를 제기한 대적자 또는 참소하는 자(Adversary, *ha-satan*, 종종 "Satan"으로 번역된다)에 의해 비롯된다. 대적자의 의견은 틀렸고 자신의 전지적 판단이 옳다는 사실을 입증하시기 위해, 하나님은 욥이 고난을 받도록 허락하신다(욥 1:9-12).

우리는 그 이야기의 나머지 부분에 대해, 적어도 그 대강의 줄거리는 이미 알고 있다. 욥의 친구들은 욥을 위로하기에는 부적절한 자들임이 드러난다. 심지어 그 친구들은 욥의 고통을 더 부추긴다. 욥 자신을 비롯해 그의 친구들은 욥을 비극으로 이끈, 하늘의 무대 뒤에서 일어난 막후를 전혀 상상하지 못한다. 첫 번째 친구 엘리바스는 욥이 뭔가 반드시 악을 행했을 것이라는 확신을 심어주기 위해 노력한다.

> 사람이 어찌 하나님보다 의롭겠느냐 사람이 어찌 그 창조하신 이보다 깨끗하겠느냐 하나님은 그의 종이라도 그대로 믿지 아니하시며 그의 천사라도 미련하다 하시나니 … 너는 부르짖어 보라 네게 응답할 자가 있겠느냐 거룩한 자 중에 네가 누구에게로 향하겠느냐(욥 4:17-18; 5:1).

엘리바스의 요지는 분명하다. 욥아, 네가 도대체 뭐길래 스스로 의롭다고 생각하느냐? 네가 천사들보다 더 낫냐? 그들 중에 너를 위해 중재해줄 자가 있겠느냐? 어디 한 번 해봐라. 그 거룩한 자들, 하나님과 함께 그리고 하나님을 위해 인간사를 심판하는(단 7:9-10), 그 하나님의 아들들에게 네 사정을 호소해 보라. 그들 가운데 네 편을 들어줄 자가 과연 있겠느냐?

때로 성경은 천사들의 중재 역할을 극적인 방식으로 제시하기도 한다. 열왕기상 22:19-23에서, 우리는 하나님이 악한 왕 아합이 죽어야 할 것을 결정하시고, 뒤이어 하늘의 만군(천상회의 일원들)이 아합 왕이 어떻게 죽어야 할지를 놓고 논의하는 장면을 보게 된다. 그 중 한 영이 나아와 한 가지 좋은 방안을 제시하고 하나님은 그것을 승인하신다. 다른 본문에서는 "지극히 높으신 이"가 내리신 명을 한 순찰자(watchers), 곧 한 거룩한 자가 전하는 명으로 묘사하기도 한다(단 4:13, 17, 24).

그러나 이 모든 것의 궁극적인 의미는 결국 십자가에서 발견된다. 그리스도의 십자가는 하나님 앞에서 누군가를 변호한다는 개념을 완전히 바꿔놓았다. 욥기 5:1의 질문("거룩한 자 중에 네가 누구에게로 향하겠느냐?")은, 욥이 정의를 바란다면, 그 정의는 반드시 하나님에게서 얻어내야 하고, 그가 당면한 문제는 반드시 하나님의 '대행자들'에 의해 중재를 받아야 한다는 개념을 상정하고 있다. 이와 동일한 개념은 이후에 욥기에서 반복되고 있다. "만일 일천 천사 가운데 하나가 그 사람의 중보자로 함께 있어서 그의 정당함을 보일진대"(욥 33:23). 이런 개념은 예수님이 어린아이들과 그들의 "수호"(guardian) 천사들에 대해 언급하셨을 당시, 그 배경이 되기도 한다. "너희에게 말하노니 그들의 천사들이 하늘에서 하늘에 계신 내 아버지의 얼굴을 항상 뵈옵느니라"(마 18:10).

> **THE BIBLE UNFILTERED**
>
> 만약 욥이 정의를 구한다면, 욥은 반드시 하나님에게 그것을 얻어내야 하고, 자신의 상황이 반드시 하나님의 대리자들을 통해 중재되어야 했다.

하지만 이제는 모든 것이 완전히 달라졌다. 예수님이 십자가에서 이루신 사역의 결과로, 이제 우리는 우리의 새로운 대언자이신 예수 그리스도(요일 2:1)를 통해 하늘 아버지께 직접 나아갈 수 있게 되었다(히 4:16). 예수님은 하나님과 사람 사이에 유일한 중보자가 되신다(딤전 2:5).

30. 쥐라기 성경?

2015년 여름, 나는 마이클 크라이튼의 동명 원작 소설을 바탕으로 제작된 쥐라기 공원 시리즈의 최신편, 《쥐라기 월드》(*Jurassic World*)를 관람했다. 원작 소설과 영화 모두 멸종된 공룡을 유전자 기술을 통해 복원시킨다는 내용을 중심으로 진행된다. 특별히 일부 고생물학자들과 유전학자들이 그 위업을 달성하기 위해 현실 세계에 존재하는 방법들을 동원해 연구하는 장면들이 매우 흥미로웠다. 이 작품 이면의 실제 과학 연구와 관련해서는 고생물학자 잭 호너(Jack Horner)가 저술한 『공룡을 만드는 법』(*How to Build a Dinosaur*)을 참고할 수 있을 것이다. 잭 호너 박사는 《쥐라기 공원》의 앨런 그랜트 박사 역에 일부 영감을 준 실제 인물이기도 하다.[1]

호너 박사의 책에서 한 배경을 이루는 흥미로운 것은 노스캐롤라이나 주립대학의 메리 슈바이처(Mary Schweitzer) 박사 이야기다. 슈바이처 박사가 자신의 커리어가 될 그 세계로 들어가는 첫 여정을 시작할 당시, 그녀는 임시 교사이자 세 자녀의 엄마였다. 슈바이처는 몬타나 주립대학에서 호너 박사의 허락을 받고 그의 척추동물 고생물학 수업을 청강할 수 있었다. 그 뒷 이야기는 역사가 되었다. 슈바이처는 완전히 매료됐고 얼마 되지 않아 호너 박사의 제자가 되어 생물학으로 박사학위를 취득했다. 그런 후에 6천 8백만 년 전 공룡의 뼈에서 연부조직(soft tissue)을 발견해 세계적으로 유명세를 얻게 되었다. 젊은 지구 창조론자(Young earth creationist)들은 이 발견에 열광하며 그것을 지구의 나이가 실제로는 수백만 년이 아닌 단 수천 년에 불과하다는, 반박 불가능한 증거라고 홍보했다. (그들의 주장에 따르면) 연부조직 자체가 그렇게 오랜 세월이 지나도록 남아 있을 수가 없기 때문이다.

그러나 여기에는 한 가지 문제가 있다. 메리 슈바이처 박사는 복음주의 기독교인이며, 그녀는 젊은 지구 창조론자들이 자신의 연구를 인용하는 것에 동의하지 않는다는 점이다. 슈바이처 박사의 고백에 따르면, 그녀는 교회에서 자신의 연구 분야 및 과학자들에 대해 들어왔던 많은 부분들이 사실과 다르다는 것을 알았다. 그러나 그런 경험 자체가 그녀의 신앙을 손상시키지는 않았다. 오히려 그녀의 신앙심은 더 견고해졌다. 슈바이처 박사는 현재 오랜 지구 창조론자(old earth creationist)다. 이는 고생물학계에서도 더는 비밀이 아니다. 그녀의 신앙은 그녀의 과학적 발견만큼이나 잘 알려져 있다. 메리 슈바이처 박사는 진지한 그리스도인들이 진지한 과학자가 될 수 있다는 사실을 입증하는 산 증인이다.

> **THE BIBLE UNFILTERED**
>
> 성경은 근대 과학 이전의 우주론을 주창하며, 이는 하나님이 근대 과학 이전 시대에 살았던 사람들을 성경의 저자로 택하셨기 때문이다.

또한 메리 슈바이처 박사는 성경을 있는 그대로 말하게 하고 과학을 연구함에 있어서 정직과 신실함이 중요하다는 것을 보여주는 살아있는 증거다. 그녀는 자신이 연구하는 공룡 뼈의 추정 연대 이면에 있는 과학적 사실들에 대해 논쟁하지 않는다. 슈바이처 박사는 자신의 분야에 대해 다른 사람들만큼이나 잘 알고 있다. 그녀는 우리가 성경의 권위를 받아들이기 위해 젊은 지구론이 필요하다고 생각하지 않는다. 그녀는 성경이 하나님에 의해 영감된 고대의 산물이지, 과학 서적이 아님을 받아들이고 있다. 오히려 그녀는 성경이 우리가 현미경으로 들여다볼 수 없는 진리들 (예를 들면, 영적 세계, 우리의 영적인 필요, 그리고 하나님의 구원 계획에 대해 믿는다면, 우리의 영적 운명 등)에 대해 말하고 있음을 믿는다. 이런 진리들은 과학의 영역을 초월하는 것이며, 과학에 의존하지 않는다. 성경은 근대 과학 이전의 우주론을 주창하며, 이는 하나님이 근대 과학 이전 시대에 살았던 자들을 성경의 저자로 택하셨기 때문이다. 하나님은 이런 사실이 하나님 자신이 소통하기 원하시는 내용을 전달함에 있어서 아무런 장애가 되지 않을 것임을 아셨다.

메리 슈바이처의 이야기는 현대의 논쟁을 다루기 위해 성경을 문맥에 대한 고려 없이 해석하는 방식에 대한 또 다른 사례를 상기시킨다. 성경에도 공룡들이 등장한다는 주장이다. 예를 들면, 리워야단(*lwytn*; 시 104:26), 라합(*rhb*; 사 51:9), 그리고 "큰 바다 짐승" 또는 "용"을 의미하는 탄닌(*tnyn*; 창 1:21) 같은 용어들이다. 이런 어설픈 이해는, 16세기를 시초로 새롭게 발견된 인종들을 설명하기 위한 방편으로 출발해, "성경적" 인종차별주의를 만들어낸, 그런 말도 안 되는 "성경 가르침"만큼 심각한 문제까지는 아니라고 할 수 있다. 사람들이 공룡에 대한 주장들을 믿는다고 해서 노예로 팔려가거나 죽게 되는 일은 없으니 말이다. 그 해로움은 잘 인지되지 않을 뿐이다. 하지만 그런 가르침이 다른 거짓된 개념들과 뒤섞여 함께 누적되다가, 결국 그것이 사실이 아님을 알게 된 후에는, 성경의 영감에 대한 믿음에 큰 타격을 입게 되는 것이다. 그런 결과는 불필요한 것인데 말이다.

그것이 어째서 거짓된 개념인가? 그 문맥에 답이 있다. 『렉스햄 성경 사전』(*Lexham Bible Dictionary*)은 이 "리워야단"에 대해 다음과 같이 설명하고 있다.

> 리워야단이라는 이름은 히브리어 성경에서 여섯 차례 등장한다(욥 3:8; 41:1; 시 74:14; 104:26; 사 27:1). 이 본문들은 대부분 큰 바다 짐승(sea monster)을 다스리는 여호와의 권능과 능력을 드러내거나 암시하고 있다. 신이 큰 바다 짐승과 싸우고 그것을 무찌른다는 신화적 배경(즉 '카오스캄프'[the Chaoskampf, "chaos struggle", 태초의 혼돈에 맞서는 신적 싸움] 모

> 티프)은 시편 74:14과 이사야 27:1에서 가장 명백히 나타난다. … 리워야단에 대한 성경의 언급들에 신화적 배경이 있다는 사실은 "리탄"(*ltn*)이라고 부르는 큰 바다 짐승이 우가리트 문서에 발견됨으로써 명백히 드러났다.[2]

특히 우가리트 문서의 「바알 신화집」(Baal Cycle)에는 상당히 유사한 이야기가 기록되어 있는데, 그 내용은 앞서 인용한 성경 사전의 아티클에서 다음과 같이 이어진다.

> 바알 신화집은 폭풍우의 신 바알이 가나안의 만신전(판테온)에서 최고의 신으로서 어떻게 엘을 대신하게 되었는지를 설명한다. 이 신화에서 바알은 바다 신 얌을 물리친다 … 이 때 모트는 바알이 (얌을 물리쳤다고 말하는 대신) 리탄(또는 리워야단)을 물리쳤다고 말한다. 따라서 얌을 리탄과 동일한 존재로 여겼던 것이 분명하다(KTU 1.5, col. i, lines 1–8). …
>
> *네가 리탄, 그 도망하는 뱀을 죽였을 때,*
> *그 교활한 뱀을,*
> *머리 일곱 개 달린 그 권세를 진멸했을 때,*
> *하늘들이 뜨겁게 달아오르고, 그들은 시들었다.*
> *그러나 나로 하여금 너를 산산조각 나게 하라,*
> *나로 하여금 옆구리와 내장과 팔을 뜯어 먹게 하라.*

결단코 너는 신성한 모트의 목구멍 속으로 내려가리라,

엘의 사랑을 받는, 그 영웅의 식도 속으로.

이 바알 신화 토판의 첫 문단에 등장하는 리탄에 대한 묘사에는 이사야 27:1에 등장하는 리워야단에 대한 묘사와 거의 똑같은 용어들이 사용되고 있다.[3]

우가리트 문서뿐 아니라 다른 고대 문서들에도, 그런 성경적 용어들이 신화적인 배경을 담고 있음을 설명해 주는, 추가적인 유사 표현들이 발견되고 있다.[4] 여기서 내가 말하고자 하는 요지는, 리워야단 및 그밖의 "공룡들"은, 성경과 동시대에 쓰였으나 '영감을 받지는 않은' 성경 이외의 문서들에 등장하는, 유명한 신화적 존재라는 것이다. 이교도의 문서들은 자신들이 믿는 신들의 우월성을 강조하기 위해서든지, 또는 자신들의 신들이 세상을 창조할 때 혼돈을 잠재우고 질서를 가져왔다는 주장을 펴기 위해 이런 짐승들과 싸워 물리쳤다는 내용을 신화로 기록하고 있다. 그러나 물론 그런 바알 신화들은 문자적으로도 사실이 아니다. 바알이 실제로 어떤 공룡과 싸워서 최고의 신이 된 그런 일은 없다. 그런 짐승들은 카오스(혼돈) 세력을 대변하는 메타포(은유/상징)로 사용되었다. 시편 74:12-14 그리고 89:9-11은 이와 동일한 메타포를 사용하여, 여호와께서 창조세계에 질서를 가져오기 위해 리워야단/바다 용/라합을 제압하셨다고 주장한다.[5] 이런 본문의 요지는 하나님이 진짜로 공룡을 죽이셔서 창조 때 형태가 없고 공허한 세계를 변화시켰다는 것이 아니다. 오히려 이것은 변증적인 목적에서 바알이나 고대 세계의 다른 신들이 아닌, 오직 여호와만이 창조의 주인이시고 지극히 높으신 하나님이심을 주장하기 위한 전략적인 표현이다. 이런 용어들을 그 본래의 문맥 안에서 해석할 수만 있다면, 거기서 도출되는 결과는, 우리가 굳이 성경을 방어하기 위해 일부러 "성경적 의미"를 짜맞춰낼 필요는 없다는 것을 말해준다.

31. 잠언이 이집트의 지혜라고?

바른 권면을 찾게 되면 그것을 따르라. 이것이 잠언 22-23장에서 저자가 독자들에게 깊이 성찰하기를 바라는 메시지다. 그러나 저자는 단지 "지혜 있는 자의 말씀을 들으라"(22:17)고 말만 하지 않는다. 잠언의 저자는 문학적인 수단을 동원해 자신의 권면을 완성하고 있는데, 특히 고대 근동의 문헌에서 그 형식을 차용해 본문을 기술하고 있다. 그것은 「아멘엠오페의 교훈」(Instruction of Amenemope)으로 알려진 이집트의 지혜 문헌이다. 이 작품은 람세스의 신왕조 시대(대략 주전 1300–1000년)에 저술되었고, 솔로몬 시대보다 연대 상으로 앞선다.

「아멘엠오페의 교훈」은 고대 이집트 지혜 문학 중 "교훈" 장르에 속하며 아멘엠오페라는 이름의 한 서기관이 자신의 아들을 가르치려는 목적으로 기록한 것으로 보인다. 성경 저자들이 여러 방법으로 주변국들의 문학 작품을 차용한 것은 일반적이었다. 그러나 잠언의 저자는 이집트 현자의 격언과 지혜의 말을 그저 따라하는 것에서 그치지 않는다. 그는 잠언의 독자들에게 여호와를 경외할 것을 가르친다. 그것은 지혜로운 인생이 드러내는 주요한 특징이며, 이스라엘 백성을 다른 민족들과 구별되게 하는 중요한 요소이기도 하다(잠 1:7; 9:10).

여기서 잠언 22-23장이 이 고대 이집트 작품과 어떻게 비교될 수 있는지 살펴보자.

잠언	내용 /주제	아멘엠오페[1]
너는 귀를 기울여 지혜 있는 자의 말씀을 들으며 내 지식에 마음을 둘지어다. 이것을 네 속에 보존하며 네 입술 위에 함께 있게 함이 아름다우니라. (22:17–18)	귀 기울여 들을 것에 대한 호소	네 귀를 귀울여, 이 말을 들으라. 네 마음으로 그것들을 깨달으라. 그것들을 네 마음에 두면 유익이 될 것이다. (III, 9–11)
내가 모략과 지식의 '서른 개의 격언'(thirty sayings, 개역개정. '아름다운 것')을 너를 위해 기록하여. (22:20)	이들 서른 개의 격언을 따르라.	이들 서른 개의 장들에 주목하라. 그것들은 지식을 알려주고, 그것들은 교육을 한다. 그것들은 모든 책 중에서도 가장 중요하다. (XXVII, 7–8)

잠언	내용 /주제	아멘엠오페
약한 자를 그가 약하다고 탈취하지 말며 곤고한 자를 성문에서 압제하지 말라. (22:22)	가난하고 고난 당한 사람을 탈취하지 말라.	가엾은 사람의 것을 빼앗거나, 불구인 사람을 공격하지 않도록 주의하라. (IV, 4-5)
노를 품는 자와 사귀지 말며 울분한 자와 동행하지 말지니. (22:24)	성미 급하고 폭력적인 사람과 친구가 되지 말라.	격앙된 사람과 사귀지 말고, 대화하려고 그에게 접근하지도 말라. (XI, 13-14)
네 선조가 세운 옛 지계석을 옮기지 말지니라. (22:28) 옛 지계석을 옮기지 말며 고아들의 밭을 침범하지 말지어다. 대저 그들의 구속자는 강하시니 그가 너를 대적하여 그들의 원한을 풀어 주시리라. (23:10-11)	영토를 표시하는 지계석을 옮기지 말라.	밭의 경계에 둔 지계석을 옮기지 말고, 측량줄의 위치도 바꾸지 말라. 또한 과부의 영역도 침범하지 말지어다. (VII, 12-14)

잠언	내용 /주제	아멘엠오페
네가 관원과 함께 앉아 음식을 먹게 되거든 삼가 네 앞에 있는 자가 누구인지를 생각하며 네가 만일 음식을 탐하는 자이거든 네 목에 칼을 둘 것이니라. 그의 맛있는 음식을 탐하지 말라 그것은 속이는 음식이니라. (23:1–3)	정치적인 유력자와 식사할 때는 신중하라.	관원이 있는 곳에서 음식을 먹지 말라. 그리고 그 앞에서 네 입을 다물라. 만약 네가 음식에 물리다면 씹는 척하라. 네 침에 스스로 만족하라. 네 앞에 놓인 그릇을 보라, 그리고 그것이 네 필요를 채우게 하라. (XXIII, 13–18)
부자 되기에 애쓰지 말고 네 사사로운 지혜를 버릴지어다. 네가 어찌 허무한 것에 주목하겠느냐 정녕히 재물은 스스로 날개를 내어 하늘을 나는 독수리처럼 날아가리라. (23:4–5)	재물은 덧없이 지나간다.	재물을 늘리기 위해 무리하지 말라. 네가 가진 것으로 스스로를 만족하게 하라. 네가 도둑질로 부를 얻게 된다면, 그것들은 너와 함께 밤을 보낼 수 없을 것이다. 낮이 되면 그것들은 네 집에 없을 것이며, 그들의 흔적은 보이나 그들은 거기에 없을 것이다. 땅이 그 입을 벌려, 그것들을 쓰러뜨리고, 삼킬 것이니… 그들은 거위처럼 스스로 날개를 달고, 하늘로 날아가 버릴 것이다. (IX, 14–X, 5)

고대 근동 곳곳에서 발견되는 지혜 문헌은 사회에서 다른 사람들과 관계를 맺고 살아가는 법을 교훈하는 등 유사한 지향점을 갖고 있다. 때때로 그런 권면은 인간의 경험과 관찰을 통해 형성될 뿐 아니라, (시공간이 다를지라도) 모든 사회는 사람들 간의 상호관계에 있어서 유사한 경험과 환경을 공유하기 때문에, 그 본래의 문맥 밖에서도 여전히 적실성이 있다. 예를 들면, 권력자들과의 식사 자리에서 자제력과 신중함을 보일 것에 대한 권면은 이집트인들에게 만큼이나 이스라엘 사람들에게도 적용되는 지혜다(잠 23:1-3; 「아멘엠오페」 XXIII, 13-18). 우리는 오늘날에도 여전히 잠언의 교훈에서 가치를 발견한다. 이는 잠언의 교훈이 윤리적으로 바르고 건전한 충고이기 때문이다. 잠언 22-23장의 저자는 「아멘엠오페의 교훈」에서 발견되는 지혜의 격언들이 자신의 독자들에게도 적용될 수 있다는 사실을 인지했다. 물론 이스라엘에게 있어서 지혜의 교훈은 궁극적으로 여호와 하나님께 대한 경건한 두려움에서 비롯된 것이지만 말이다(잠 15:33).

32.
핀 숯을 그들의 머리 위에 쌓아놓기

(트위터처럼) 140자 이내의 정보를 선호하는 오늘 우리의 문화는 현대의 산물이 아니다. 고대 사람들도 우리처럼 간결한 것을 좋아했고, 이는 잠언 같은 격언에서도 입증된다. 그것은 삶에 대한 짧고 함축적인 문구다. 그러나 간결한 것에는 단점도 존재한다. 우리가 잠언의 진짜 메시지를 이해하기 위해서는 더 세부적인 설명이나 또는 앞뒤 문맥이 필요할 때가 있다.

잠언 25:22이 그 좋은 예에 해당한다. "그리 하는 것은 핀 숯을 그의 머리에 놓는 것과 일반이요 여호와께서 네게 갚아 주시리라." 이 잠언은 "눈에는 눈 이에는 이" 개념에 대한 솔로몬식 버전인가? 나는 그런 관점에서 이 본문을 해석한 설교를 한 차례 이상 들어본 적이 있다. 그러나 이 본문을 더 넓은 문맥에서 면밀히 살펴보면, 유감스럽게도, 그런 해석은 본문을 오해한 것임이 곧 드러나고 만다.

보복이라는 주장에 대한 반박

잠언 25:22를 더 잘 이해하기 위해, 우리는 앞 구절의 맥락을 고려해 이 구절을 읽어야 한다.

> 네 원수가 배고파하거든 음식을 먹이고 목말라하거든 물을 마시게 하라 그리 하는 것은 핀 숯을 그의 머리에 놓는 것과 일반이요 여호와께서 네게 갚아 주시리라(잠 25:21-22).

잠언 25:21에는 지혜로운 사람, 즉 여호와를 경외하는 사람에게 복수라는 행위가 하나의 선택 사항이 될 수 있다고 제안하는 식의 뉘앙스가 전혀 들어 있지 않다(잠 1:7; 9:10). 오히려 이 구절은 보복 행위를 반대하고 있다. 대적에게 앙갚음할 것을 우리에게 권하기보다는 도리어 대적에게 친절을 베풀 것을 권하고 있다. 즉 원수가 배고프면 먹을 것을 주고, 그가 목이 마르거든 마실 물을 주라는 것이다. 이것은 원수를 대하는 자세에 대한 더 폭넓은 성경의 가르침과도 일맥상통한다. 예를 들면, 잠언 24:17-18을 살펴보라.

> 네 원수가 넘어질 때에 즐거워하지 말며 그가 엎드러질 때에 마음에 기뻐하지 말라 여호와께서 이것을 보시고 기뻐하지 아니하사 그의 진노를 그에게서 옮기실까 두려우니라.

마찬가지로 구약의 율법은 원수에게 해를 입힐 기회를 잡으려는 우리의 마음 자체를 단념시키고 있다. "네가 만일 네 원수의 길 잃은 소나 나귀를 보거든 반드시 그 사람에게로 돌릴지며"(출 23:4). 이 구절들은 우리에게 원수에게 친절을 베풀 것을 독려한다. 원수에게 해를 입히고 싶어하는 마음 자체가 하나님을 기쁘시게 하지 못한다고 가르친다. "눈에는 눈 이에는 이" 개념과는 전혀 딴판인 것이다.

수치심에 불타다

잠언 25:22를 이해하는 데 어려움을 겪는 또 다른 요소는 핀(burning) 숯을 사람의 머리 위에 놓는다는 발상이다. 현대의 독자에게는 매우 이질적인 개념이다. 이럴 때 문화적 배경을 이해하는 것이 도움이 된다. 어떤 해석가들은 핀 숯을 고대 이집트의 관습을 가리키는 은유적 표현이라고 생각한다. 수치를 당한 사람이 자신의 수치와 후회를 외적으로 표출하기 위한 하나의 방편으로, 연기 나는 숯이 담긴 대야를 머리 위에 얹곤 했다는 것이다.[1] 다른 학자들은 수치를 당하는 사람의 내면을 표현하는 그 언어, 불타는(burning)*이라는 용어에 주목한다. 실제로 잠언의 다른 본문에서 저자는 수치로 인한 고통을 묘사하기 위해 타는 불(burning fire)이라는 표현을 은유적으로 사용하기도 한다. 잠언 6:27-28의 간통에 대한 경고가 그렇다.

> 사람이 불을 품에 품고서야 어찌 그의 옷이 타지 아니하겠으며
> 사람이 숯불을 밟고서야 어찌 그의 발이 데지 아니하겠느냐.

결론적으로, 본문에 어떤 심상 또는 은유가 적용되는 것인지 우리가 확신할 수는 없지만, 두 주장 모두 잠언 25:22의 의도를 잘 포착하고 있다. 즉 우리는 원수들에게 친절을 베풂으로써 그들 안에 수치심를 불어넣게 될 것이다. 원수를 사랑하는 것은 그로 인하여 원수들을 수치스럽게 만드는 것이며, 바라건대 그들을 회개로 나아가도록 인도하는 것이다(비교. 마 5:43-44). 이 같은 측면에서 긍휼과 자비는 최선의 복수라 할 수 있다.

---

* 개역개정에서는 "핀"으로 번역되었다.

33. 사후 세계에 대한 부정

전도서는 읽기 어려운 책이다. 누가 그 책을 제대로 해석할 수 있겠는가. 전도서는 저자가 과연 무슨 생각을 하고 있었을지에 대한 궁금증을 불러일으키는 진술들로 가득하다. 전도서 9:5을 예로 들어보자.

> 산 자들은 죽을 줄을 알되 죽은 자들은 아무것도 모르며 그들이 다시는 상을 받지 못하는 것은 그들의 이름이 잊어버린 바 됨이니라.

죽음의 불가피성을 인정하는 전도서의 여러 본문 중 하나다.[1] 그러나 이 구절은 특히 다루기가 쉽지 않다. 여기의 표현대로라면, 정말 우리가 인식할 수 있는 사후 세계란 없다고 가르치는가? 여기서 저자가 말하려는 바를 제대로 파악하기 위해 내세에 대해 언급하는 구약의 다른 본문들도 함께 살펴볼 필요가 있다.

스올밖에 없다?

구약의 사후 세계에 대한 관념을 연구할 때면, 본문에 주로 '스올'(*sheol*, 죽은 자들의 세계를 가리키는 히브리어)이라는 단어가 사용되는 경우로 한정되곤 한다.[2] 따라서 구약에는 신자들을 위한 사후 세계라는 '긍정적인' 내세관이 결여되어 있다는 잘못된 결론에 다다를 수 있다. 그러나 시야를 조금 넓혀보면, 긍정적인 사후세계에 관한 암시들이 다분하다는 점을 발견하게 된다.

예를 들어, 시편 기자는 죽음에 대해 묵상하면서 이같이 말한다. "내가 항상 주와 함께 하니 주께서 내 오른손을 붙드셨나이다 … 주의 교훈으로 나를 인도하시고 후에는 영광으로 나를 영접하시리니 … 하나님은 내 마음의 반석이시요 영원한 분깃이시라"(시 73:23-24, 26). "내 오른손을 붙드셨나이다"라는 문구에 들어 있는 "붙들다/들어올리다"(upholding)라는 개념은 다른 본문에서는 하나님의 임재와 관련이 있다. "주께서 나를 온전한 중에 붙드시고 영원히 주 앞에 세우시나이다"(시 41:12). 여기서 우리는 시편 기자가 자신은 이 땅에서 영원한 삶을 살 것을 주장하거나 또는 과장된 표현을 쓰고 있다고 결론내릴 수도 있다. 하지만 하나님의 임재 앞에서 (현세를 초월하는) 영원한 삶을 누릴 것에 대한 소망을 표현한 것으로 보는 것이 더 타당할 것이다.

또한 구약 율법에서 죽은 자와의 교류를 금하는 것(신 18:11) 자체가, 사람이 인식할 수 있는 사후 세계에 대한 구약의 관점을 반영한다. 고대 시대에는 죽은 망자들이 영적 세계의 일원으로서 그들이 아니면 결코 얻을 수 없는 영계의 지식을 제공할 수 있다고 여겨졌다. 성경은 죽은 자들과의 교류를 엄격하게 금하는데, 이는 그것이 불가능해서가 아니라 오히려 그런 일이 실제로 가능했기 때문이다(삼상 28:13). 하나님은 일어날 가능성 자체가 없는 것에 대해 그것들을 행하지 말고 피하라 명하시지는 않는다. 구약 시대에 하나님을 경외하는 자들은 죽은 자들에게서 어떤 통찰을 구하기보다는, 하나님께 직접 묻거나 또는 하나님이 제공해 주신 방편들, 가령 우림과 둠밈, 에봇, 그리고 선지자 등을 통해 신적인 지혜와 지식을 구해야 했다.

잠이 들다

죽는 것을 대개 "자기 백성에게로 돌아가는 것" 또는 자신의 "조상들과 함께 잠드는 것"으로 표현하는 대목에서, 사후 세계에 대한 구약의 관점을 추가적으로 통찰해볼 수 있다.[3] 야곱은 자신의 임종 자리에서 아들들에게 "내가 내 조상들에게로 돌아가리니 나를 헷 사람 에브론의 밭에 있는 굴에 우리 선조와 함께 장사하라"(창 49:29)고 말했다. 열왕기상 2:10에도 "다윗이 그의 조상들과 함께 누워[잠들어] 다윗 성에 장사되니"라는 구절이 눈에 띈다. 언뜻 보기에, 죽은 자를 "잠든 것"으로 묘사하는 것은 사후 세계에는 의식이 없음을 제시하는 것처럼 여겨질 수도 있다. 그러나 고고학적 발견을 통해서 이런 잠자는 것에 대한 언급이 실제로는 장사된 시신의 자세를 의미하는 것임이 드러났다. 그런 언급들은 의식이 있는 사후 세계에 대한 부정이 아니다. 또한 시신을 매장하는 풍습과 관련한 고고학 연구를 통해, 우리는 성경 시대의 사람들이 고인을 매장할 때 사후 세계에서 사용할 물건들도 함께 매장한 사실도 알게 되었다.[4] 구약의 인물들이 자신을 그 선조와 함께, 즉 죽은 가족들의 유골이 묻힌 곳에 장사할 것을 요구하는 것과 더불어, 이런 본문은 고대 이스라엘 사람들이 자신의 죽은 가족 구성원들과 사후 세계에서 함께 살게 될 것으로 믿었음을 강력하게 시사하고 있다.

무의식 상태가 아니라 분리돼 있을 뿐이다

결국 전도서 9:5이 사후 세계에서의 무의식 상태를 말하는 것이 아니라면, 그것은 무엇에 대해 말하고 있는 것인가? 유사 본문인 열왕기하 22:20이 도움이 될 수 있다. 이 본문에서 하나님은 여선지자 훌다를 통해 요시야에게 이같이 말씀하신다. "그러므로 보라 내가 너로 너의 조상들에게 돌아가서 평안히 묘실로 들어가게 하리니 내가 이 곳에 내리는 모든 재앙을 네 눈이 보지 못하리라." 전도서 9:5에서와 마찬가지로, 이 구절도 죽은 자에게 지식이 결여된 상태를 말하고 있다. 그러나 이 구절은 요시야가 죽음 이후로는 그 어떤 것도 알지 못하게 될 것이라고 말하지는 않는다. 단지 죽은 후에는 현세에서 일어나는 일들에 대해서는 알지 못할 것이라는 의미다. 이와 유사한 방식으로, 전도서 9:5 또한 죽은 자들이 의식이 있는 채로는 이 세상에 참여하지 못하게 될 것을 말하고 있을 뿐, 사후 세계의 무의식 상태를 말하고 있는 것은 아니다.

34.
솔로몬의 신부인가? 예수님의 신부인가?

솔로몬의 아가서는 성경에서 논란이 되는 책들 가운데 하나다. 많은 사람들이 처음으로 아가서를 읽고 나면, 어떻게 이런 책이 성경에 포함되었는지, 그 이유는 무엇인지 종종 의아해 하곤 한다. 아가서가 정경에 포함된 이유에 관한 몇 가지 의견이 예전부터 제기되어 왔다.[1] 성경을 공부하는 학생들은 오늘날의 기독교라는 맥락에서 대개 두 가지 의견 가운데 하나(또는 둘 다)를 지지하는 편이다.

현대의 많은 그리스도인들은 아가서의 주제를 결혼의 친밀한 관계를 축하하고 기념하는 것으로 생각한다. 하지만 이런 해석은 증명하기보다는 말하는 것이 쉬운 해석일 뿐이다. 아가서를 주의 깊게 읽은 독자라면 하나의 분명한 줄거리를 파악하기가 거의 불가능에 가깝다는 것을 알 수 있다. 그 한 가지 좋은 사례가 있는데, 이 책을 단지 연대기 순으로 읽는다면 이 연인들이 성적인 친밀한 관계를(아 1:4, 13, 17; 2:4–6; 3:4) 신혼 첫날밤보다 앞서서 가졌음을 보게 된다는 것이다(아 4:1–5:1). 오늘날 대부분의 학자들은 이런 양식을 갖춘 고대의 시 (특히 사랑을 노래한 이집트의 시 모음집)과 유사하다는 점에 주목하여 아가서를 일종의 사랑의 시 모음집으로 간주한다.[2] 따라서 아가서를 단순한 줄거리를 가진 하나의 이야기로 보진 않더라도, 여전히 이 책을 결혼관계에 대한 축시로 생각할 수는 있다.

고대 시대에는 아가서가 기본적으로 (혼인관계 안에서라 할지라도) 성적인 관계에 관한 책이라는 시각은 없었다. 1세기 유대교에서는 아가서가 이스라엘/예루살렘을 향한 하나님의 사랑을 알레고리(유비)로 표현한 책이라는 관점이 지배적이었다. 결국 이런 독법이 초대 기독교 해석가들에게 영향을 끼쳤고, 따라서 아가서는 그리스도의 신부, 즉 교회를 향한 그리스도의 사랑을 드러내는 알레고리로 간주되었다.[3] 하지만 나의 개인적인 판단은 다르다. 이런 해석은 옳다고 판명될 확률이 매우 적다. 나의 이런 회의적인 생각은 단순한 질문에서 시작된다. 즉, 신약의 저자들이 그런 의미를 전하기 위해 아가서를 인용한 적이 있는가? 전혀 없다. 실제로 아가서는 신약에서 단 한번도 인용되지 않는다.

아가서가 교회에 대한 그리스도의 사랑을 알레고리로 표현한 책이라면, 신약의 저자들은 그 본문을 인용할 만한 수많은 기회가 있었을 것이다. 신약성경에는 신랑 신부를 가리키는 표현이 20여 차례 등장하며, 교회와 관련된 경우도 여러 차례 있다(예를 들면 계 19:7; 21:9). 예수님은 "신랑"(요 3:29; 막 2:19), "혼인 잔치의 어린 양"(계 19:6-10) 등으로 언급되며, 이는 신자들이 마지막에 예수님의 임재 앞에 거하게 될 때를 암시하는 것임이 분명하다. 에베소서 5:22-25에서 바울은 결혼관계를 말하기 위해 그리스도와 교회의 관계를 구체적으로 언급하고 있다.

> 아내들이여 자기 남편에게 복종하기를 주께 하듯 하라. 이는 남편이 아내의 머리 됨이 그리스도께서 교회의 머리 됨과 같음이니 그가 바로 몸의 구주시니라 그러므로 교회가 그리스도에게 하듯 아내들도 범사에 자기 남편에게 복종할지니라 남편들아 아내 사랑하기를 그리스도께서 교회를 사랑하시고 그 교회를 위하여 자신을 주심 같이 하라.

하지만 이 본문 그 어느 구절에서도, 또는 신약 전체를 통틀어서도, 우리는 아가서에서 가져온 이미지를 발견할 수 없다. 아가서 본문을 사용하지 않겠다는 신약 저자들의 판단은 아가서가 교회를 향한 그리스도의 사랑에 관한 것이라고 추정할 만한 근거가 없다는 것을 방증하는 셈이다. 그런 (아가서가 교회를 향한 그리스도의 사랑을 알레고리로 표현한 것이라는 관점을 주장하는) 성경 해석가들을, 우리는 성령의 감동하심으로 신약성경을 기록

THE BIBLE UNFILTERED

만약 아가서가 교회에 대한 그리스도의 사랑을 알레고리로 표현한 책이라면, 왜 신약의 저자들은 교회를 향한 그리스도의 사랑을 언급할 때 아가서를 한 번도 인용하지 않았는가?

한 (그러나 자신들의 책에서 그리스도와 교회의 관계를 설명하면서 아가서의 이미지를 한번도 사용하지 않은) 저자들보다 더 신뢰할 수는 없는 노릇이다.

궁극적으로 우리는 성경의 여느 책들과 마찬가지로, 아가서 또한 직접적으로 우리에게 쓴 책이 아니지만 우리를 위하여 기록된 책이라는 점을 반드시 기억할 필요가 있다. 아가서의 의미는 그리스도가 이 땅에 오시고 교회가 탄생한 후에야 비로소 명백해지는 것은 아니다. 아가서의 맥락 역시 아주 먼 미래와 관련 있는 것도 아니다. 오히려 결혼의 친밀한 관계를 축하하고 기념하는 아가서의 축시는, 그 친밀함이 하나님이 자신의 형상을 닮은 자들에게 주시는 아름답고 선한 선물임을 강조한다.

35. 초자연적 북쪽 끝에서 출현한 곡

불가사의한 대적, 이스라엘의 무시무시한 침략자인 곡(겔 38:2–3, 6, 15; 39:1–2)은 성경에서 베일에 감춰진 신비로운 존재 가운데 하나다. 이 곡이라는 존재의 정체에 대해 합일된 의견은 없다. 심지어 고대의 자료들도 오늘날 우리만큼이나 그를 수수께끼 같은 존재로 보고 있다.

추측 게임이 벌어지다

예로부터 지금까지 곡(Gog)의 정체에 대한 여러 추측과 억측들이 난무해왔다. 그런 추측들의 선두에는, 앗수르 연대기에 언급되어 있으며 앗수르 북쪽의 산에서 사람들을 통치하던 잘 알려지지 않은 군주 가기

(Gagi)와 고대 리디아의 왕 기게스(Gyges)가 있다. 그러나 대부분의 학자들은 이 두 인물을 모두 거부한다. 그들에 대해 알려진 모습은 우리가 에스겔서에서 보는 곡에 대한 세부적인 묘사와는 다소 거리가 먼 것이 그 주된 이유다.[1]

곡에 대한 역사적으로 신빙성 있는 자료가 없기 때문에, 결국 근대 역사에서 상상력을 동원해 그 정체를 규명하려는 시도들로 이어졌다. 그중 가장 폭넓게 제시되는 주장은 곡이 러시아와 관련된다는 것이다. 이 관점은 몇 가지 근거들을 제시한다. 에스겔 38:2은 곡의 정체를 "메섹과 두발 왕"(*nesi rosh meshekh wethuval*)으로 규명하며, 그는 "북쪽 끝에서"(the uttermost parts of the north) 온 인물이다(겔 38:15). 메섹과 두발(Meshech and Tubal)은 모스크바와 토볼스크(Moscow and Tobolsk)와 발음이 비슷하다는 주장이 제기된다. 그리고 러시아는 분명 지리적으로 이스라엘 땅에서 가장 북쪽에 위치해 있다. 여기서 "왕"(chief prince)으로 번역된 히브리어 '네시 로쉬'(*nesi rosh*)는 구약의 헬라어 역본, 칠십인역에서 '아르콘타 로스'(*archonda Rōs*, "로스의 사령관")라고 번역되었다. 이 번역은 히브리어 '로쉬'를 곡이 통치하던 지역의 이름으로 이해했고, "로스"는 또 다른 지명, 러시아와 발음이 유사하다.

그러나 곡을 러시아로 규정하려는 시도는 주해적으로 방어하기 어렵다. 서로 다른 두 개의 언어에서 두 개의 단어가 발음상 비슷하다고 해서, 그 단어들이 같은 의미를 갖는 것은 아니기 때문이다. 음역으로만 보면, 히브리어 '얌'(*yam*)도 영어의 "얌"(yam)과 모양과 소리가 모

THE BIBLE UNFILTERED

곡을 러시아로 규명하는 것은 주해적으로 변론이 불가하다.

두 같다. 그러나 전자는 수역(水域, a body of water)을 의미하고, 후자는 마과(科)에 속하는 식용 식물을 의미한다. 히브리어 '로쉬'(*rosh*), 그리스어 '로스'(*Rōs*), 그리고 영어 '러시아'(Russia)는 서로 아무런 관련이 없다. 더욱이 창세기 10:2은 메섹과 두발을 러시아가 아니라 아나톨리아(오늘날의 터키)에 위치시키고 있다(비교. 겔 27:12–15).

그러나 러시아 가설의 더 중요한 문제는, '네시 로쉬'가 "로스의 사령관"(commander of Ros)으로 해석되어서는 안 된다는 사실에 있다. 그것은 "대군주"(chief prince) 또는 "군주, 우두머리"(the prince, the chief)로 해석되어야 한다. 따라서 곡의 정체를 규명하는 전체 문구(*nesi rosh meshekh wethuval*)는 "메섹과 두발의 대군주" 또는 "메섹과 두발의 군주(즉 그 우두머리)"로 해석되어야 한다.

더 나은 전략

곡은 북쪽(*tsaphon*)에서 온 침략자로 묘사되고 있다. 이것은 한 가지 중요한 세부적인 정보다. 사실, 앗수르와 바벨론이 이스라엘과 유다 왕국을 파괴했을 때, 그들은 모두 북쪽에서 침공했다. 결과적으로 이스라엘 사람들은 북쪽의 침략자들을 두려워하게 되었다. 거기에 더해 이스라엘 사람들은 북쪽 자체를 두려워했는데, 그곳이 바알이 지배하는 영토라고 생각했기 때문이다. 실제로 바알의 본거지로 알려진 곳이 자폰 산(Mount Zaphon, 가나안어 *tsaphanu*, 히브리어 *tsaphon* 또는 "북쪽"에 상응하는 단어)이었다.

그렇다면 다니엘서에서 "북쪽 왕"이 적그리스도를 암시하는 인물("작은 뿔"; 단 7-8장)로 나타나는 장면 또한 그렇게 이상한 것이 아니다. 대부분의 학자들은 이 대목에서 그 왕의 정체에 대해 동의하고 있다. 다니엘서 11장의 북쪽 왕의 위업은 무자비한 폭군이자, 스스로를 신적인 존재로 여겼던 시리아의 왕 안티오코스 4세의 업적과 매우 유사해 보인다. 주전 2세기, 안티오코스는 유대인 제사장들에게 부정한 짐승들을 성전 제단에 바치도록 강요했다. 다니엘 11:36-37은 그에 대해 잘 묘사하고 있다. "그 왕은 자기 마음대로 행하며 스스로 높여 모든 신보다 크다 하며 비상한 말로 신들의 신을 대적하며 형통하기를 분노하심이 그칠 때까지 하리니 이는 그 작정된 일을 반드시 이룰 것임이라 그가 모든 것보다 스스로 크다 하고."

이 북쪽 왕의 존재 때문에, 많은 학자들은 '곡'이라는 인물이 안티오코스 또는 안티오코스가 미리 보여준 미래의 적그리스도를 묘사하는 또 다른 방식일 수 있다고 생각한다. 이것은 바알이 연상시키는 그림과도 잘 들어맞는다. "바알 왕"(prince Baal, 가나안어로 '바알 세불'[*baal zebul*])이라는 명칭은 사탄을 가리키는 칭호로도 사용되었기 때문이다(마 10:25). 이런 연결점 때문에 일부 학자들은 '곡'이라는 단어가 고대 수메르어 '국'(*gûg*, "어둠")에서 기인한 것으로 생각하기도 한다. 에스겔이 곡에 대해 예언할 당시 그는 역사적인 실제 인물을 염두에 둔 것은 아닐 수 있다. 에스겔 선지자는 아마도 깊은 어둠, 즉 초자연적 북쪽에서 그 모습을 드러내는 사탄적인 존재를 보았을 가능성이 농후하다.

36. 하나님을 간접적으로 보는 것

구약성경은 어떤 사람도 하나님의 얼굴을 보고 살아남을 수 없다고 말한다(출 33:20). 신약성경 또한 이 같은 사실을 상기시키고 있다(요 1:18). 그러나 호세아 선지자는 이에 동의하지 않는 것처럼 보인다. 호세아 12:3-4에서, 선지자는 창세기의 야곱 이야기를 언급하고 있다.

> 야곱은 모태에서 그의 형의 발뒤꿈치를 잡았고 또 힘으로는 하나님과 겨루되 천사와 겨루어 이기고 울며 그에게 간구하였으며 하나님은 벧엘에서 그를 만나셨고 거기에서 우리에게 말씀하셨나니.

창세기 본문에는 야곱이 "어떤 사람"(한 사람)과 육체적으로 겨루어, "씨름했다"(struggled, *sarah*)라는 표현이 나온다(창 32:24 LEB). 이와 동일한 히브리어 단어가 호세아 12:3에도 야곱이 하나님과 겨루었다는 표현에서 사용되는데, 이로써 호세아는 두 본문을 연결시키고 있다. 야곱은 한 낯선 이와 씨름하면서, 자신이 인간의 형체를 취한 하나님(*elohim*)과 겨루고 있음을 깨달았다(창 32:28). 이에 야곱은 그 장소를 "브니엘"(히브리어로 "하나님의 얼굴"이라는 뜻)이라고 부르며, 자신의 생명이 보전된 것에 대해 놀라움을 금치 못한다(창 32:30). 이 사건은 야곱이 처음 하나님을 꿈에서 보았던 장소(28:10–22)인 벧엘에서 자기 자신을 하나님께 다시 헌신하게 되는 중요한 계기를 제공한다(35:1–7).

호세아 12:3–4는 야곱 생애에서 벌어진 이런 일련의 사건들을 요약하는 가운데, 야곱이 "하나님과 겨뤘다"는 표현으로 야곱의 상대가 신적인 존재였음을 확인하고 있다. 그런데 호세아는 여기에 그치지 않고 한 걸음 더 나아간다. 야곱이 "하나님과 겨뤘고" 그 씨름을 하는 동안 천사(*mal'ak*)와도 겨뤘다고 말한다. 그러나 "겨뤘다"는 뜻의 이 단어는 똑같은 히브리어(*sor*)의 또 다른 형태다.[1] 여기서 호세아는 구약의 어느 특정한 천사가 인간의 형체를 취한 이스라엘의 하나님이었다고 단언하고 있다.

THE BIBLE UNFILTERED

구약의 특정한 천사, 여호와의 사자는 인간의 형체를 취한 이스라엘의 하나님이다.

이후 창세기에서 마지막 임종을 앞둔 야곱이 요셉의 아들들을 축복하게 된다. 이때 야곱은 하나님을 가리키는 용어와 천사(여호와의 사자)를 가리키는 용어를 마치 그들이 동일한 존재인 것처럼 병행 사용하고 있다. "그가 복 주시기를"(may he bless)이라는 의미로 번역된 히브리어 동사는 문법적으로 '단수형'이다. 즉, 저자가 두 개의 다른 용어가 모두 '동일한 존재'를 가리키는 것으로 보고 있음을 확인하고 있다.

> 그가 요셉을 위하여 축복하여 이르되 내 조부 아브라함과 아버지 이삭이 섬기던 하나님('엘로힘'), 나의 출생으로부터 지금까지 나를 기르신 하나님('엘로힘'), 나를 모든 환난에서 건지신 여호와의 사자('말라크')께서 이 아이들에게 복을 주시오며 이들로 내 이름과 내 조상 아브라함과 이삭의 이름으로 칭하게 하시오며 이들이 세상에서 번식되게 하시기를 원하나이다(창 48:15-16, 괄호는 저자).

그렇다면 사람이 하나님의 얼굴을 직접 대면하여 볼 수 없다는 출애굽기와 요한복음의 진술은 이런 창세기 및 호세아서 본문과 서로 모순되는 것인가? 열쇠는 본문에서 "얼굴"의 의미로 사용된 히브리어의 번역에 있다. 출애굽기 33:20에서 "얼굴"로 번역된 히브리어는 '파님'(*panim*)인데, 이는 구어체에서 흔히 하나님의 '임재'(presence)를 의미한다. 사람이 하나님의 얼굴을 볼 수 없다고 선언하는 구약의 본문들은 사실상 아무도 하나님의 '임재'를 온전히 볼 수 없다고 말하는 것이다. 그것은 성육신 이전의 예수님처럼, 오직 천상에 거하는 존재들에게만 한정된 특권이었다(요 1:18).

하나님의 임재는 인류의 생존을 위해 가려져야만 했다. 구약 시대에 하나님은 때때로 자기 백성에게 말씀하실 수 있기 위해, 인간의 형체(천사)로 스스로를 가리시곤 했다. 따라서 사람들은 천사의 얼굴을 보았지만, 그렇게 함으로써 하나님의 임재와 직접 조우하지 못하도록 보호받을 수 있었다. 그러나 이제 때가 찼고, 성육신하신 하나님의 아들, 예수 그리스도—임마누엘, "하나님이 우리와 함께 하시다"(마 1:23)—를 통해 하나님의 임재가 온전히 성취되었다.

37.
불과
폭풍우 속의
하나님

하나님은 성경의 많은 본문 속에서 주인공으로 나타나신다. 이는 전혀 놀라운 사실이 아니다. 그러나 하나님의 임재가 묘사되는 방식에 대해 말하자면, 그것은 우리가 예상하지 못한 경우가 많다. 우리는 하나님을 (예수님이 요 4:24에서 설명하신 것처럼) 대개 눈에 보이지 않는 영으로 생각하거나, 또는 (심지어 예수님의 성육신 이전임에도) 어떤 사람(의 형체를 취한 존재)로 생각하기도 한다(예를 들면 창 18장; 28:10–22; 출 23:20–23). 그러나 하박국 선지자는 하나님을 또 다른 방식으로 묘사하고 있다.

> 하나님이 데만에서부터 오시며 거룩한 자가 바란 산에서부터 오시는도다 (셀라) 그의 영광이 하늘을 덮었고 그의 찬송이 세계에 가득하도다 그의 광명이 햇빛 같고 광선이 그의 손에서 나오니 그의 권능이 그 속에 감

추어졌도다 … 주께서 활을 꺼내시고 화살을 바로 쏘셨나이다 (셀라) 주께서 강들로 땅을 쪼개셨나이다 산들이 주를 보고 흔들리며 창수가 넘치고 바다가 소리를 지르며 손을 높이 들었나이다 날아가는 주의 화살의 빛과 번쩍이는 주의 창의 광채로 말미암아 해와 달이 그 처소에 멈추었나이다(합 3:3-4, 9-11).

하나님을 신적 존재인 용사로 묘사한 하박국서 3장은 신현(theophany, 하나님의 외형적 나타나심)을 보여준다. 이런 구약의 신현은 매우 두려운 현상일 수 있다. 이 특정한 현상은 이스라엘 백성들이 하나님의 두려운 권능과 압도적인 영광을 목격했던 시내 산의 경험을 상기시킨다. 하나님은 "우레와 번개와 빽빽한 구름" 가운데 임하여 모세와 백성들에게 말씀하셨고(출 19:16), 그때 산이 진동하면서 "연기가 자욱했고" 하나님이 "불" 가운데서 강림하셨다(19:18).

이처럼 "불이 번쩍이는 산"의 모습을 묘사함으로써 하박국 같은 선지자들은 독자들이 (약속의 땅 정복을 앞둔 시점에) 시내 산에서 하나님과 마주한 사건으로부터 비롯되는 두려움과 경외의 감정을 체험하길 원했다. 그러나 이런 군사적 은유가 하박국이 염두에 둔 전부는 아니었다. 무기를 상징하는 언어들을 주의 깊게 살펴보면 그 초점이 전환되는 것을 알 수 있다.

구약의 신현을 묘사하기 위해 사용된 가장 일반적인 형태는 자연 현상이다. 번개, 천둥, 먹구름, 홍수, 우박, 그리고 돌풍 등을 그 예로 들 수 있다. 고대 성경 시대의 사람들에게 이런 자연계의 힘은 두려움으로 떨게 만드는 신비로운 현상이었다. 그럼에도, 그런 자연 현상들은, 다른 한편으로는, 삶을 유지하고 생존하는 데 필수적 요소이기도 했다. 폭풍우는 생명을 틔우게 하는 비를 가져다주었고 이후 좋은 열매들을 거둘 수 있게 했다. 하박국 3장은 구약 전반에서 두루 소개되는 "폭풍이 동반된 신현"의 현상들을 여러 차례 보여준다. 하나님은 하늘에서 빽빽한 구름, 흑암 사이로 병거를 타고 지나신다(시 18:11; 104:3). 바람에게 명하시고 천둥을 보내시며, 무기처럼 휘두르시는 번개의 "화살"을 쏘신다(욥 36:29-30; 시 77:17-18; 슥 9:14). 사무엘하 22장은 이 모든 요소들을 포괄하여 하나의 유사한 표현을 선보이고 있다.

> 그가 흑암 곧 모인 물과 공중의 빽빽한 구름으로 둘린 장막을 삼으심이여 그 앞에 있는 광채로 말미암아 숯불이 피었도다 여호와께서 하늘에서 우렛소리를 내시며 지존하신 자가 음성을 내심이여 화살을 날려 그들을 흩으시며 번개로 무찌르셨도다 이럴 때에 여호와의 꾸지람과 콧김으로 말미암아 물 밑이 드러나고 세상의 기초가 나타났도다(삼상 22:12-16).

하박국 같은 선지자들은 독자들을 하나님과의 대면이 있었던 시내산 현장에 데려가주고 싶기도 했지만, 더 나아가 하나님이 만물의 창조주 되시고, 그들을 두렵게도 하며 생존시켜주기도 하는 자연계 전체를 다스리는 주인 되심을 주지시키길 원했다. 여호와 하나님은 (비, 우박

> **THE BIBLE UNFILTERED**
>
> 하나님은 단지 자연계 이면에 있는 그것을 운행시키는 어떤 동력, 어떤 경이로운 힘이 아니다. 하나님은 그런 불가해한 자연계의 어떤 힘보다도 훨씬 더 크고 위대하신 분이시다.

또는 불 같은) 자연계의 요소들에게 명하시고, 땅을 진동하게도, 갈라지게도 하실 수 있다. 메시지는 단순하면서도 매우 심오하다. 하나님은 단지 자연계 이면에서 그것을 운행시키는 어떤 동력, 어떤 경이로운 힘이 아니시다. 하나님은 그런 불가해한 자연계의 어떤 힘보다도 훨씬 더 크고 위대하신 분이시다. 하나님은 그 힘을 다스리고 제어하실 수 있으며, 우리를 벌하거나 우리에게 공급해 주시기 위해 그런 힘을 사용하실 수도 있다. 그분은 하나님 백성의 원수들을 회오리바람으로 완전히 지면에서 사라지게 하실 수도 있고, 그 격노한 힘을 조절하셔서 우리의 생명을 보전해 주실 수도 있다. 따라서 하나님이 우리에게 말씀하실 때는 반드시 그 말씀에 청종해야 한다.

38.
스가랴서의 신적인 메시아

예루살렘이 적에게 에워싸인다. 도성은 "천하 만국"을 상대로 격렬한 싸움에 휘말린다(슥 12:3). 스가랴서에 기록된 신탁의 일부로서, 이 싸움은 요한계시록을 떠올리게 하는 요소들이 있다(슥 12장; 비교. 계 16:14; 20:9). 그러나 이 신탁은 불길한 장면으로 받아들여지기보다, 하나님의 백성들에게 소망이 된다. 그 소망은 여호와께서 친히 선포하신 말씀에 근거하기 때문이다. "예루살렘을 치러 오는 이방 나라들을 그 날에 내가 멸하기를 힘쓰리라"(슥 12:9). 이 아마겟돈 같은 파괴의 한복판에 미래에 대한 암시, 즉 창에 찔린 메시아에 대한 언급이 나타난다(슥 12:10; 비교. 요 19:37). 이 메시아는 평범한 구원자가 아니다.

여호와가 먼저 유다 장막을 구원하리니 이는 다윗의 집의 영광과 예루살렘 주민의 영광이 유다보다 더하지 못하게 하려 함이니라 그 날에 여호와가 예루살렘 주민을 보호하리니 그중에 약한 자가 그 날에는 다윗 같겠고 **다윗의 족속은 하나님 같고 무리 앞에 있는 여호와의 사자 같을 것이라** 예루살렘을 치러 오는 이방 나라들을 그 날에 내가 멸하기를 힘쓰리라(슥 12:7-9).

스가랴 12:8은 "다윗의 족속"(house of David, 다윗 왕의 계보에서 태어날 미래의 왕)이 "하나님 같고, 여호와의 천사 같을 것이라"고 선포한다. 이 구절의 의미를 제대로 파악하기 위해 우리는 하나님과 여호와의 천사 사이에 존재하는 유사성을 인지할 필요가 있다.[1] 유대인 독자라면 하나님과 여호와의 천사가 구약의 여러 본문 속에서 서로 동일시되고 있다는 사실을 알았을 것이다. 앞서, 나는 호세아 선지자가 창세기 본문에 근거해 여호와의 천사를 하나님(*elohim*)으로 규정했던 방식에 대해 언급한 바 있다.[2] 이와 유사하게, 스가랴 12:8은 다윗의 후손을 하나님(*elohim*) 같은 이로, 그리고 여호와의 천사 같은 이로 묘사하고 있다.

다윗의 후손을 하나님으로 그리고 인간의 형체를 취했지만 실상은 하나님이신 천사와 동일시하겠다는 의도로, 스가랴는 이 미래의 후손을 전쟁을 위해 하나님의 백성 "앞에 가는"*(going before) 자로, 예루살렘을 위협하는 "모든 이방 나라들을 멸하는" 자로 묘사하고 있다(슥 12:9-10). 이것은 정확히 여호와의 천사 (즉 여호와의 임재가 그 안에 거하는

* 개역개정. 앞에 있는.

천사)가 맡은 역할이다(출 23:20-23을 참고하라).[3] 사사기 2:1-2에서 여호수아가 죽고 난 후 백성들 앞에 나타나, 약속의 땅에 거주하던 대적들을 쫓아냈다고 주장하는 이도 여호와의 천사였다(삿 2:1-2). 다른 본문에서는 하나님이 직접 임재하셔서 그 일을 행했다며 모든 공적을 자신에게 돌리신다(신 4:37). 하나님 및 여호와의 천사는 하나님 백성을 위해 싸우는 신적인 용사로서, 이 둘은 하나다.

> **THE BIBLE UNFILTERED**
>
> 이 구약 선지자는 십자가에 못 박힌 다윗 계보의 한 왕을 미리 보았을 뿐 아니라, 사람의 형상으로 나타난 하나님이신 다윗의 자손 또한 미리 보았던 것이다.

이 천사는 인간의 형체를 취한 하나님이시고, 스가랴서에서 언급되는 다윗의 후손도 이와 똑같은 방식으로 동일시 될 수 있다. 이 구약 선지자는 십자가에 못 박힌 다윗 계보의 한 왕을 미리 보았을 뿐 아니라, 사람의 형체를 입은 하나님이신 다윗의 자손 또한 미리 보았던 것이다. 놀랍게도, 이런 규명이 신약 본문에도 나타나는데, 정확히 똑같은 역사적 맥락에서 그것을 언급하고 있다. 유다서 1:5은 "주[예수]께서 백성을 애굽에서 구원하여 내시고 후에 믿지 아니하는 자들을 멸하셨으며"라고 말한다. 예수 그리스도, 창에 찔린 메시아, 그는 여호와의 천사와 연결되는 분이다. 예수님은 평범한 구원자가 아니시다.[4]

제3부
안경 없이 신약 읽기

39. 마가의 이사야서 사용

마가는 자신의 복음서 첫 부분에서 예수 그리스도의 오심과 그 사역의 시작을 탁월한 방식으로 소개한다. 유한한 인간의 몸을 입고 자신을 다시금 나타내신 하나님으로서, 예수님은 이스라엘을 속박에서 자유케 하고, 선지자들의 예언대로, 땅의 모든 나라와 민족을 아우르는 새로운 왕국을 세우실 것이다. 그러나 마가의 이런 표현이 전혀 새로운 것은 아니다. 복음서 도입부의 첫 인용문부터 시작해, 마가는 구약의 이사야서 본문을 가져와 그와 동일한 진술들로 예수님을 소개하는 방식을 취하고 있다.

마가복음: 예수님을 소개하는 도입부	
왕과 왕국의 도래에 대한 마가의 선포	포로 된 이스라엘에게 선포되는 이사야의 메시지
마가복음 1:3-4 **(세례 요한에 대한 소개)** 3 **광야에 외치는 자의 소리가 있어 이르되 너희는 주의 길을 준비하라 그의 오실 길을 곧게 하라** 기록된 것과 같이 4 세례 요한이 광야에 이르러 죄 사함을 받게 하는 회개의 세례를 전파하니	**이사야 40:3** **(여호와의 돌아오심을 알리는** **사자에 대한 소개)** 3 외치는 자의 소리여 이르되 **너희는 광야에서 여호와의 길을 예비하라 사막에서 우리 하나님의 대로를 평탄하게 하라**
마가복음 1:9-11 **(세례 받으시는 예수님)** 9 그 때에 예수께서 **갈릴리** 나사렛으로부터 와서 **요단 강**에서 요한에게 세례를 받으시고 10 곧 **물에서 올라오실새 하늘이 갈라짐**과 **성령이** 비둘기 같이 자기에게 **내려오심**을 보시더니 …	**이사야 9:1; 64:1; 42:1** **(영으로 기름부음 받은** **여호와의 종의 출현)** 9:1 전에 고통 받던 자들에게는 흑암이 없으리로다 옛적에는 여호와께서 스불론 땅과 납달리 땅이 멸시를 당하게 하셨더니 후에는 해변 길과 **요단** 저쪽 이방의 **갈릴리**를 영화롭게 하셨느니라 64:1 원하건대 **주**는 **하늘을 가르고 강림**하시고 주 앞에서 산들이 진동하기를 42:1 내가 붙드는 나의 종, 내 마음에 기뻐하는 자 곧 내가 택한 사람을 보라 내가 **나의 영**을 그에게 주었은즉 그가 이방에 정의를 베풀리라

마가복음 1:12-13 **(광야에서 고난 당하시는 예수님)**	**이사야 32:14-16** **(새로운 소생을 기다리는 황폐화된 이스라엘)**
12 성령이 곧 예수를 **광야**로 몰아내신지라 13 **광야**에서 사십 일을 계시면서 사탄에게 시험을 받으시며 들짐승과 함께 계시니 천사들이 수종들더라	14 대저 궁전이 폐한 바 되며 인구 많던 성읍이 적막하며 오벨과 망대가 영원히 굴혈이 되며 들나귀가 즐기는 곳과 양 떼의 초장이 되려니와 15 마침내 위에서부터 영을 우리에게 부어 주시리니 **광야**가 아름다운 밭이 되며 … 16 그 때에 정의가 **광야**에 거하며 …
마가복음 1:14-15 **(하나님 나라의 복음[좋은 소식]을 전파하시는 예수님)**	**이사야 52:7; 61:1** **(하나님의 통치에 대한 좋은 소식)**
14 … **예수께서** 갈릴리에 오셔서 **하나님의 복음을 전파하여** 15 이르시되 때가 찼고 **하나님의 나라**가 가까이 왔으니 **회개하고 복음을 믿으라** 하시더라	52:7 **좋은 소식을 전하며** 평화를 공포하며 복된 **좋은 소식을 가져오며 구원을 공포하며** 시온을 향하여 이르기를 **네 하나님이 통치하신다** 하는 자의 산을 넘는 발이 어찌 그리 아름다운가 61:1 … 이는 여호와께서 내게 기름을 부으사 가난한 자에게 **아름다운 소식을 전하게 하려 하심이라**

이 본문을 제대로 읽고 있다면, 예수님을 자기 백성에게 돌아오신 여호와로 소개하기 위해 마가가 이사야서를 사용하고 있는 것을 분명히 깨닫게 될 것이다. 마가는 이후의 기사에서도 계속해서 이사야서의 본문을 따라가듯 하는 방식을 사용하고 있다.

마가복음: 예수님의 고난과 죽음, 그 목적	
마가복음 10:45 **(예수님의 오신 목적)** 45 인자가 온 것은 섬김을 받으려 함이 아니라 도리어 **섬기려 하고 자기 목숨을** 많은 사람의 **대속물로 주려 함이니라**	**이사야 53:11** **(여호와의 종이 고난 당하는 목적)** 11… **나의 의로운 종이** 자기 지식으로 **많은 사람을 의롭게 하며 또 그들의 죄악을 친히 담당하리로다**
마가복음 10:33-34 **(예수님의 고난과 죽음)** 34 그들은 **능욕하며 침 뱉으며 채찍질하고 죽일 것이나** 그는 삼 일 만에 살아나리라 하시니라	**이사야 50:6; 53:12** **(종의 고난과 죽음)** 50:6 **나를 때리는 자들에게 내 등을 맡기며** … **모욕**과 **침 뱉음**을 당하여도 내 얼굴을 가리지 아니하였느니라 53:12 … **이는 그가 자기 영혼을 버려 사망에 이르게 하며** …
마가복음 11:17; 13:10 **(복음의 확장 범위)** 11:17 이에 가르쳐 이르시되 기록된 바 **내 집은 만민이 기도하는 집이라 칭함을 받으리라고 하지 아니하였느냐** 너희는 강도의 소굴을 만들었도다 하시매 13:10 또 **복음이 먼저 만국에 전파되어야 할 것이니라**	**이사야 56:6-7** **(미래의 왕국에 대한 비전)** 6 또 여호와와 연합하여 그를 섬기며 여호와의 이름을 사랑하며 … 이방인마다 7 내가 곧 그들을 나의 성산으로 인도하여 기도하는 **내 집**에서 그들을 기쁘게 할 것이며 그들의 번제와 희생을 나의 제단에서 기꺼이 받게 되리니 이는 **내 집은 만민이 기도하는 집이라 일컬음이 될 것임이라**

마가의 이사야서 사용은 파격적으로 보일 수 있지만 그렇다고 독창적인 것은 아니다. 각 복음서 저자들마다 예수님을 구약에 나타난 하나님의 약속에 대한 성취로 제시하기 위해 각각의 고유한 목표에 따라 의도적이고 전략적인 방식으로 복음서를 기록하고 있다. 마가에게 이사야서의 예언은 예수 그리스도의 복음을 제시하기에 가장 적합한 매개체였다.

40.
귀신들,
돼지 떼,
우주적 지형

> 그 사람은 무덤 사이에 거처하는데 이제는 아무도 그를 쇠사슬로도 맬 수 없게 되었으니 이는 여러 번 고랑과 쇠사슬에 매였어도 쇠사슬을 끊고 고랑을 깨뜨렸음이러라 그리하여 아무도 그를 제어할 힘이 없는지라 밤낮 무덤 사이에서나 산에서나 늘 소리 지르며 돌로 자기의 몸을 해치고 있었더라(막 5:3–5).

복음서에서 가장 드라마틱한 이야기들 가운데 하나가 바로 이 본문의 생생한 묘사를 통해 소개되고 있다. 예수님이 군대 귀신들린 사람에게서 귀신들을 내쫓으신 사건이다. 이 이야기와 여기서 소개되는 이미지는 매우 독특한 것이어서, 마가가 자신의 복음서에 이 이야기를 포함시킨 의도나 동기에 대한 학자들의 의견이 분분하다. 어떤 이들은, 마가가 정신적 질병으로 고통 받는 사람들에게 소망을 주길 바랐다는 주장을 편다. 예수님의 축귀 사역 후, 이 사람의 "정신이 온전하여"졌다고 이야기가 진술되는 것은 사실이나(5:15), 이런 현대의 독법은 흡족하다고 말하기가 어렵다. 본문 자체가 명확하게 표현하고 있는 내용 때문이다. 무엇보다, 이 사람을 사로잡고 있던 귀신들이 예수님과 대화를 나누었다는 점이다(5:6–10). 또한 본문은 돼지 떼가 바다로 뛰어들어 몰살 당한 원인이 귀신들에게 있음을 분명히 밝히고 있다(5:11–13). 이처럼 귀신들에게 관심을 집중시키는 본문이기에 다른 해석의 여지가 별로 없어 보인다.

한편 어떤 학자들은 본문의 이야기가 정치적 해방과 관련한 은밀한 목소리를 내는 것이라 주장하기도 한다. 이런 해석을 뒷받침하는 근거는 마가가 사용하는 단어의 용례로 정리된다. 군대(*legiōn*)라는 이름은 로마 군단을 직접적으로 칭하는 용어이고, 돼지 [떼](*agelē*, "herd")라고 사용된 용어 역시 로마군을 지칭하는 데 사용되었다는 것이다. 그러나 당시 유대인들이 굳이 '이방인' 지역에서 로마 군대가 철수하길 간절히 열망했을리는 거의 없어 보인다. 따라서 그런 주장을 마가가 본래 의도한 것으로 받아들이기란 쉽지 않다.

궁극적으로 이런 방식의 해석들은 이 사건이 지니고 있는 우주적이고 상징적인(cosmic-symbolic) 메시지를 놓치고 있다. 이 축귀 사역 직전에, 예수님은 갈릴리 바다를 건너시면서 바람과 파도를 꾸짖으셨다(막 4:35-40). 이는 주님을 구약의 하나님으로 간주하게 하는 행위다. 예수님은 우주의 불길한 기운을 강한 능력으로 제어하고 다스리시는 여호와 만군의 하나님이시다(시 89:8-9).[1] 마가복음 5장 이전 시점까지, 예수님은 가르침을 베풀고 기적과 이적을 베푸실 때 그 대상을 유대인으로 한정하셨다. 어쨌든 예수님은 이스라엘 백성의 메시아셨기 때문이다. 그런데 예수님의 초점이 이방인들이 사는 거라사인의 지방으로 '일부러' 들어가시는 마가복음 5:1을 기점으로 바뀌고 있다. 돼지에 대한 언급은 이곳이 이방인 지역임을 다시 한번 상기시킨다(레 11:7).

마가가 진술하는 군대 귀신들린 자의 질문, "나와 당신이 무슨 상관이 있나이까?"(막 5:7)는 예수님이 이방인 지역으로 들어가신 사건과 초기의 유대인 사역 사이에 연결점을 형성하고 있다. 군대 귀신의 이 질문은 예수님이 갈릴리 유대인 지역에 계실 때 내쫓으신 더러운 귀신의 외침소리를 상기시킨다(막 1:24). 그러나 이 두 부류 귀신들의 외침소리에는 미묘한 차이가 있는데, 군대 귀신 기사에는 마가의 신학적 진술이 담겨 있다는 점이다. 마가복음 1:24에서, (갈릴리 유대인 지역에 있던) 더러운 귀신들은 자신들이 맞닥뜨린 예수님을 향해 "나사렛 예수여"라고 부른다. 반면 5:7에서 (이방인 거라사인의 지역에 있던) 군대 귀신은 예수님을 "지극히 높으신 하나님의 아들"로 밝히고 있다. "지극히 높으신"(Most High)이라는 칭호는 우주적 지형(cosmic geography)이라는 구약의 신학을 반영한다. 신명기 32:8-9을 떠올려보자. "지극히 높으신 자"가 세상 민족들에게서 상속권을 빼앗아 내버리신 후, 그 민족들을 초자연적인 하나님의 아들들의 지배 아래 배정하셨고, 그런 후에 이스라엘을 하나

THE BIBLE UNFILTERED

메시아, 하나님의 아들은 단지 이스라엘 민족만 구속하기 위해 이 땅에 오신 것이 아니다. 그는 이방의 모든 나라와 족속들을 다시금 자신의 소유로 삼고 이를 선포하시기 위해 오셨다.

님 자신의 기업으로 세우셨다.[2] (민족들을 배정받은) 이 하나님의 아들들은 결국 하나님을 반역하고 부패했으며(시 82:1-4), 하나님의 질서를 혼돈케 했다(시 82:5).

마가복음 5장에서 우리가 보는 것은 단지 축귀 현상과 돼지 떼 몰살 사건이 아니라, 그 이상의 것이다. 오래 전 하나님께 반역한 영적 무리들에 대한 하나님의 정복 활동을 볼 수 있어야 한다. 여기서 우리는 강력한 신학적 메시지를 접할 수 있다. 메시아, 하나님의 아들은 단지 이스라엘 민족만 구속하기 위해 이 땅에 오신 것이 아니라는 것이다. 그 분은 (바벨에서 상속권을 박탈 당하고 내쫓겨 하나님의 아들들의 지배 아래 살던) 이방의 모든 나라와 민족들(즉 열방)을 다시금 자신의 소유로 삼으시려고 오셨다. 민족들을 되찾으시려면 어둠의 권세들을 물리쳐야만 했다. 군대 귀신을 쫓아내신 예수님의 축귀 사역은 바로 이런 일의 시작을 알리는 것이다. 이는 그분이 다시 오실 때 완성될 일이기도 하다(시 82:6-8; 사 34:1-4).

41.
기이한 권능의 표적들

복음서는 예수님의 죽음 및 부활과 관련하여 일어난 심상치 않은 사건들을 여럿 기록하고 있다. 성소 휘장이 위로부터 아래로 찢어진 사건, 땅이 진동한 사건, 무덤들이 열리며 그곳에 안치된 성도들이 부활한 사건, 땅에 어둠이 임한 사건(마 27:51-56; 막 15:38-41; 눅 23:44-49) 등이다. 복음서 기자들은 무엇 때문에 당시 상황을 이렇게 상세한 기록으로 남겼을까? 여러 해석자들이 각각의 사건들마다 설명을 내놓고 있지만, 이런 사건들은 하나로 묶어 총체적으로 이해하는 것이 바람직해 보인다. 즉 이 모든 사건들이 하나로 묶여, 에덴으로의 회복에 대한 약속을 확인해 주는 것은 물론, 죄와 타락으로 혼돈에 빠진 세상에 대한 하나님의 심판 이미지를 보여준다고 할 수 있다.

대부분의 주석가들은 성소 휘장이 찢어진 사건 그리고 이와 동반된 지진과 흑암 현상은, 메시아의 십자가 죽음과 부활에 맞물려 구약의 율법 및 희생제사 제도의 폐지를 상징하는 것이라 생각한다. 이런 이해가 초기 교회 이후의 역사 속에서 자명한 것으로 받아들여진 것은 사실이지만, 당시 1세기 사람들이 과연 이런 방식으로 그 기이한 사건들을 해석했을지에 대해서는 확신하기 어렵다. 복음서 기자들이 묘사하는 사건들을 직접 목격하고 경험했던 사람들은 오히려 초자연적인 혼돈의 세력(cosmic forces of chaos)을 떠올렸을 가능성이 더 크다. 그것은 곧 창세기 1장에 기록된 하나님의 창조 사역 이전부터 존재해온 것으로 함의되는, 그리고 에덴에서의 불순종과 반역을 통해 이 세상을 사로잡은 바로 그 무질서의 세력이다.

혼돈과 공허함이 가득한 땅은(창 1:2), 마치 죽은 자들의 영역과 마찬가지로, 흑암을 특징으로 한다(욥 10:21; 17:11–16; 38:17; 전 11:8). 땅의 기초가 흔들리는 것은 창조의 본래 의도에서 벗어난 세상을 묘사하는 듯하다(시 104:5). 또한 진동은 그런 무질서에 대한 하나님의 심판을 가리키기도 한다(시 18:7, 15; 82:5). 1세기 유대인 역사가 요세푸스는, 많은 유대인들이 성막(그리고 성전)의 구조와 구획을 마치 질서정연한 우주의 패턴을 따른 모양처럼 여겼다고 언급했다.[1] 따라서 결론적으로, 예수님의 죽음과 함께 동반된 흑암과 지진, 그리고 성소 휘장이 찢어진 현상을 경험한 당대 유대인들은 세상의 종말, 즉 혼돈의 승리가 임한 것으로 여기며 두려워했을지도 모른다. 그러나 사흘 후 나타난 표적들은 이제 새로운 시대가 눈앞에 다가왔다는 경각심을 갖게 했을 것이다.

무덤이 열리고 죽은 "성도"(문자적으로, "거룩한 자들")들의 몸이 일어났다는 마태의 기이한 진술은 독자들에게 (하나님이 모든 것을 바로잡으실) 주의 날에 있을 부활 사건을 예고한 구약 본문들을 상기시켰을 것이다(단 12:2-3; 사 26:19; 겔 37:1-10).[2] "하나님 곧 전능하신 이의 큰 날"(계 16:14)에 임할 심판의 결과로 온 세상은 완전히 재설정될(reset) 것이다. 즉 죄로 손상되지 않은 상태의 완전한 에덴으로 돌아가는 것이며, 이 일은 전 지구적인 차원에서 일어날 것이다(계 21-22장). 새 땅에는 흑암이나 어두운 것이 전혀 없으며(계 21:25; 22:5), 사망도 완전히 멸하여질 것이다(계 21:4). 이는 예수님 당시 유대인들의 사고에도 낯설지 않은 개념들이다(호 13:14; 사 60:19-20).

> **THE BIBLE UNFILTERED**
>
> 예수님의 죽음과 함께 동반된 흑암과 지진, 그리고 성소 휘장이 찢어진 현상을 경험한 당대 유대인들은 세상에 종말이 임한 것으로 여기며 두려워했을지도 모른다.

물론 예수님의 부활은 세상이 구속받을 것에 대한 궁극적인 표적이자 기독교 신앙의 핵심이다. 그리스도가 부활하셨기 때문에 장차 있을 우리의 부활 또한 확신할 수 있다(고전 15:20-22). 그러나 예수님의 부활이 갖는 중요한 의미는, 인간의 필멸성이라는 문제의 해결로 국한되지 않는다. 둘째 또는 "마지막" 아담으로서, 예수 그리스도는 첫 아담이 저지른 에덴에서의 실패를 역전시키신다(고전 15:45-48). 예수 그리스도의 부활은, 바벨탑 사건을 계기로 (하나님이 상속권을 박탈하고 배정하신) 민족들을 다스리던 정사와 권세들의 패망과 연결된다(신 32:8-9; 골 2:13-

15; 고전 14:20–28; 엡 1:15–23). 그 지배 아래 있던 이방인들(모든 민족, 열방)이 복음으로 말미암아 하나님 가족으로 편입 되는 것이다. 예수님의 십자가 죽음에 동반된 (흑암, 지진, 휘장의 찢김, 무덤의 열림 같은) 사건들은 예수 그리스도의 부활이라는 회복의 권세 발현을 위한 무대가 되고, 전 지구적 차원에서 에덴 역시 회복될 것임을 알리고 있다.

42.
축귀 은사는 누구를 위한 것인가?

최근 미국 내 천 명의 성인을 대상으로 한 설문 조사에서 절반 이상이 사람에게 귀신이 들릴 수 있다고 믿는 것으로 나타났다.[1] 물론 신약성경은 귀신들림(demon-possession)에 대해, 그리고 귀신을 내쫓으시는 예수님의 능력에 대해 분명히 증언하고 있다. 이와 관련하여 마가복음은 가장 극적인 사건 하나를 기록한다. 예수님이 군대 귀신들린 사람을 대면하시는 장면이다(막 5:1-20).[2] 이는 예수님의 사역에서 우리에게 잘 알려진 사건이다. 예수님은 이뿐만이 아니라 귀신에 관해 우리에게 매우 놀라운 말씀을 하시는데, 그럼에도 우리는 그 말씀에 충분히 주목하지 못하고 있다.

믿는 자들에게는 이런 표적이 따르리니 곧 그들이 내 이름으로 귀신을 쫓

> 아내며 새 방언을 말하며 뱀을 집어올리며 무슨 독을 마실지라도 해를 받지 아니하며 병든 사람에게 손을 얹은즉 나으리라 하시더라(막 16:17-18).

나는 예수님을 믿는다. 예수님이 나의 영원한 삶을 위해 나를 대신해 십자가에서 구속 사역을 이루셨음을 믿는다. 그러나 나는 단 한번도 귀신을 내쫓아본 적이 없다. 그리고 내가 독사를 집어 올리거나 독을 마셔도 멀쩡한지 시험해 보고 싶은 생각은 추호도 없다. 이 본문은 정말로 모든 그리스도인이 귀신을 내쫓을 수 있어야 한다고 말하는 것인가? 손으로 독사를 집어 들고, 독극물을 마실 수 있어야 한다는 것인가? 그렇다고 믿는 그리스도인들도 실제로 있다. 그러나 이 본문을 그렇게 읽어서는 안 된다고 성경 자체가 말하고 있다.

많은 학자들은 마가복음 16장을 예수님의 부활 이후 사도들이 행하게 될 (사도들이 전하는 그리스도에 관한 메시지의 진위를 확증하는) 이적들을 미리 암시하는 것으로 해석한다. 사도행전 28:3-6에서, 실제로 바울은 독사에게 물렸지만 뱀의 치명적인 독이 바울에게 아무런 해를 끼치지 못했다. 사도행전은 사도들이 귀신을 내쫓는 사역을 포함하여(5:12-16), 여러 표적과 이적을(14:3; 19:11, 12, 17; 28:8) 행하는 모습을 개괄적으로 보도한다. 독에 대한 저항력 또한 사도들의 이 같은 모습 가운데 하나일 것이라 (구

> **The Bible Unfiltered**
>
> 이 본문은 정말로 모든 그리스도인들이 귀신을 내쫓고, 독사를 집어 들고, 독극물을 마실 수 있어야 한다고 말하는 것인가?

체적으로 언급된 건 아니기에) 추정하는 것은 그렇게 비이성적인 판단이 아닐 것이다. 실제로 고대의 유대 문헌에는 하나님을 경배하는 자들은 독이 든 음식을 먹어도 보호될 것을 언급하고 있다.[3]

사도행전의 사건들은 마가복음 16:17-18을 이해하는 데 중요한 역할을 한다. 이런 권능의 은사들이 언급될 때마다 사도들과 연관되어 있기 때문이다. (영적 은사의 원천인) 성령을 받는 것도 사도들이 신자들에게 손을 얹고 안수함을 통해 이루어지는 것을 볼 수 있다(행 8:17-19; 롬 1:11). 방언의 은사도 그런 사례 가운데 하나다(행 19:6).

영적 은사 및 마가복음 16:17-18에 묘사된 이적을 행하는 능력 사이의 관계는 예수님이 하신 말씀의 의미 (그리고 각 신자에게 기대되는 것이 무엇인지)를 이해하는 중요한 열쇠가 된다. 바울은 고린도교회 성도들에게 쓴 편지에서 이렇게 말한다.

> 너희는 그리스도의 몸이요 지체의 각 부분이라 하나님이 교회 중에 몇을 세우셨으니 첫째는 사도요 둘째는 선지자요 셋째는 교사요 그 다음은 능력을 행하는 자요 그 다음은 병 고치는 은사와 서로 돕는 것과 다스리는 것과 각종 방언을 말하는 것이라 다 사도이겠느냐 다 선지자이겠느냐 다 교사이겠느냐 다 능력을 행하는 자이겠느냐 다 병 고치는 은사를 가진 자이겠느냐 다 방언을 말하는 자이겠느냐 다 통역하는 자이겠느냐(고전 12:27-30).

여기서 바울이 던지는 질문은 정말 몰라서가 아니라 단지 강조를 위한 수사법이다. 하나님의 뜻에 따라, 신자들은 각각 다른 영적 은사를 받는다는 것이다. 이처럼 (비록 예수님은 마가복음 16:17-18에서 축귀 사역과 더불어 그것을 언급하셨지만) 모든 신자가 방언의 은사를 받는 것이 아니라면 우리는 귀신을 쫓아내는 임무 또는 은사가 모든 신자에게 있는 것으로 기대할 수 없을 것이다. 예수님의 말씀은 그런 일을 위해 선택된 자들에게는 성령이 권능을 부여하실 것임을 암시한다. 신자들에 대한 (영적이든 물리적이든) 어떤 위협도 하나님 나라의 확장을 결코 막아서지 못한다.

43. 하나님이신 말씀

"태초에 말씀이 계시니라. 이 말씀이 하나님과 함께 계셨으니 이 말씀은 곧 하나님이시니라"(요 1:1). 성경에서 가장 친숙한 구절 가운데 하나다. 우리는 이 "(그) 말씀"이 예수님을 가리킨다는 것을 알고 있다(요 1:14). 그렇다면 요한은 "그 말씀"(the Word)이 하나님을 가리킨다는 개념을 어디서 얻은 것일까?

우리는 요한이 사용한 번역본에서 그 대답의 일부를 유추해 볼 수 있다. 요한은 "말씀"을 가리킬 때 헬라어 단어인 '로고스'(*logos*)를 사용하지만, 실제로는 구약성경의 아람어 번역본에서 영향을 받은 것으로 보인다.[1] 예수님 시대에 아람어는 유대인들의 공용어였다. 히브리어 구약성경이 이방 세계에서 폭넓게 사용되던 헬라어로 번역된 가운데, 또한 아람어로도 번역이 되었다. 이 아람어 번역본은 타르굼(Targum)이라고 불린다. 타르굼 가운데 특히 모세오경에 해당하는 타르굼 옹켈로스(Targum Onqelos)는 유대 종교 지도자들의 승인을 받아 회당에서 사용되기도 했다.[2]

타르굼은 여러 본문에서 분명하고 때론 놀라운 방식으로 '말씀'이신 하나님이라는 개념을 드러내고 있다. 사도 요한의 시대에 많은 유대인들은 이런 개념에 익숙했을 것이다. 아람어로 '말씀'을 의미하는 '멤라'(*memra*)는 하나님을 가리킬 때 주로 사용되던 또 다른 용어였다. 민수기 14:11*을 영역본 ESV와 아람역 타르굼 네오피티(Targum Neofiti)로 각각 비교해 보자. 특히 진한 글씨체에 주목하라.[3]

ESV 영역본	타르굼 네오피티
And the Lord said to Moses,	And the Lord said to Moses,
"How long will this people despise me?	
And how long **will they not believe**	"How long **will they not believe**
in me,	
	in the name of **my Word**
in spite of all **the signs**	in spite of all **the signs**
	of my miracles
that **I** have **done** among **them**?"	that **I** have **done** among **them**?"

* 개역개정. 여호와께서 모세에게 이르시되 이 백성이 어느 때까지 나를 멸시하겠느냐 내가 그들 중에 많은 이적을 행하였으나 어느 때까지 나를 믿지 않겠느냐.

타르굼은 아람어 '멤라'를 사용하여 여호와가 자신을 "나의 말씀"(my Word)이라고 언급하는 것으로 번역하고 있다. 요한은 예수님을 가리켜 "말씀이 육신이 되어"(요 1:14)라고 말한다. 아마도 민수기 14:11을 상기시키는 표현일 가능성이 있다. 요한이 이런 표현을 사용한 것은 그가 회당에서 많이 접했던 번역본의 영향이 큰데, 회당에서 사용된 타르굼을 통해 하나님이 말씀(the Word, 멤라)이심을 줄곧 들었을 뿐 아니라 예수님이 곧 하나님이심을 믿었기 때문이다. 그래서인지 요한복음에서는 민수기 14:11의 타르굼 번역본의 색채가 짙게 드러나고 있다.

> 예수께서 이 말씀을 하시고 그들을 떠나가서 숨으시니라 이렇게 많은 표적을 그들 앞에서 행하셨으나 그를 믿지 아니하니(요 12:36-37).

타르굼에는 하나님을 묘사하기 위해 '멤라'라는 표현이 수백 번 사용되었는데, 주로 하나님이 물리적인 인간의 형체로 임재하신 것을 암시하는 표현이 담긴 본문에서 그렇다. "그들이 그 날 바람이 불 때 동산에 거니시는 여호와 하나님의 '멤라'의 소리를 듣고"(타르굼 네오피티. 창 3:8).[4]

어쩌면 타르굼 덕분에, 예수님 시대의 유대인들과 요한은 하나님이 그들 가운데 인간의 형체를 입고 오실 수 있다는 개념을 이해했을 것이다. 요한은 바로 그것이, 자신을 포함한 다른 제자들이 예수님에 대해 확신했던 내용이라고 믿었다. 따라서 예수님을 말씀으로 표현하는 것은 요한에게 매우 자연스러운 일이었다. 요한은 자신의 복음서를 헬라어로 기록했지만, 그의 신학은 아람어를 통하여 전달된 유대적인 것이었다. 그러므로 유대인과 비유대인 모두에게 명백한 방식으로 전해진 핵심은 이것이다. "구약의 그 말씀이 육신이 되셨고(요 1:14) 우리 가운데 거니셨다."

44. 민족의 목록과 사도행전 2장

수많은 그리스도인들이 매년 교회력에서 오순절을 기념하고 있다. 사도행전 2장의 오순절 사건은 사복음서 본문을 제외하면 신약에서 가장 친숙한 본문 가운데 하나지만, 그럼에도 불구하고 사도행전 2장의 구약적 배경은 대체로 잘 알려져 있지 않은 것 같다.

개관

사도행전 2장의 구약적 배경이 되는 두 본문은 '민족(열국)의 목록'을 기록한 창세기 10장 그리고 그 내용이 함의된 신명기 32:8-9이다.[1] 신명기 본문은 여호와께서 바벨탑에서 민족들을 흩으신 것을 암시하면서,

그 민족들의 상속권을 박탈하고 내버리신 내용을 기록하고 있다. 신명기 32:8-9(그리고 이와 병행하는 본문, 신 4:19-20)에 따르면, 여호와 즉, 이스라엘의 하나님은 민족들(열국, 열방)과의 직접적인 관계를 끊어버리시고, 그들을 하등한 다른 신들(엘로힘)에게 배정하여 다스리게 하셨다. 그리고 그날 이후로는 자신의 분깃으로 이스라엘하고만 배타적이고 직접적인 관계를 맺으신다.

> 지극히 높으신 자가 민족들을 기업으로 배정하실 때에(개역개정, 민족들에게 기업을 주실 때에), 인류를(개역개정, 인종을) 나누실 때에, 하나님의 아들들의(개역개정, 이스라엘 자손의) 수효대로 백성들의 경계를 정하셨도다 여호와의 분깃은 자기 백성이라 야곱은 그가 택하신 기업이로다(신 32:8-9).[2]

전통적인 히브리어 구약성경을 기반으로 하는 많은 영어 번역 성경에서 이 부분을 "하나님의 아들들"(sons of God)이라는 표현 대신 "이스라엘의 자손들"(sons of Israel)이나 "이스라엘의 자녀들"(children of Israel)로 읽는다. "하나님의 아들들"이라는 번역은 사해 두루마리 사본의 신명기 32장에서 발견되는 표현이다. 사해 사본은 전통적으로 "받아들여지는" 본문보다 훨씬 오래된 것이다.[3]

신명기 32:8-9은 구약 이스라엘의 세계관을 이해하는 데 핵심이 되는 구절이다. 이 두 구절은 이방 민족들을 관할하는 신적 존재들이 있음을 드러낼 뿐 아니라 그 존재들이 여호와 하나님보다 하등하다는 점을 밝히고 있다. 다른 말로 하면, 이스라엘 민족은 자신들의 전능하고 유일한 신, 여호와 하나님께서 바벨탑 사건을 계기로 민족들(열국, 열방)을 심판하여 그들 각각의 (여호와 하나님보다 하등한, 하나님의 아들들이라 불리는) 신들의 다스림 아래 두신 것으로 믿었다. 바벨에서 하나님은, 자기 자녀들을 내치고 상속권을 박탈하는 진노한 아버지처럼, 모든 민족의 불순종에 대해 심판하신다(창 11:1-9). 그리고 곧이어 다음 장에서 하나님은 아브라함을 부르시는데, 이는 바벨에서 심판하신 인류를 대신하는 새로운 인간 가족을 이땅에 세우심으로 사실상 새로운 출발을 시작하시기 위함이다(창 12:1-3). 이후로 구약성경의 나머지 부분은 여호와 하나님과 (아브라함으로부터 시작되는) 이스라엘 백성과의 특별한 관계를 그려내고 있다. 그러나 결국 이스라엘의 불충으로 인해, 하나님은 자기 백성 이스라엘을 다른 민족들(열방) 가운데로 흩으신다. 마치 바벨의 심판에서 민족들의 흩어짐을 연상시키는 방식으로 그들을 흩으신 것이다. 그러나 하나님은 단순히 자신의 계획을 아예 없던 것으로 취소하신 것이 아니다. 하나님은 이스라엘(과 그 백성)을 통로 삼아 모든 이방 민족을 점진적으로 되찾으실 것이다. 우리가 교회라고 부르는 것을 통해 그 일이 실현될 것이며, 하나님은 이 교회를 통해 또한 유대인(이스라엘 민족)도 다시 돌이키실 것이다.

이런 관점을 배경으로 사도행전 2장을 다시 읽어보라.

> 1오순절 날이 이미 이르매 그들이 다같이 한 곳에 모였더니 2홀연히 하늘
> 로부터 급하고 강한 바람 같은 소리가 있어 그들이 앉은 온 집에 가득하
> 며 3마치 불의 혀처럼 **갈라지는**(divided, *diamerizo*) 것들이 그들에게 보
> 여 각 사람 위에 하나씩 임하여 있더니 4그들이 다 성령의 충만함을 받
> 고 성령이 말하게 하심을 따라 다른 언어들로 말하기를 시작하니라 5그때
> 에 경건한 유대인들이 천하 각국으로부터 와서 예루살렘에 머물러 있더
> 니 6이 소리가 나매 큰 무리가 모여 각각 자기의 방언으로 제자들이 말하
> 는 것을 듣고 **소동하여**(bewildered, *syncheō*) 7다 놀라 신기하게 여겨 이
> 르되 보라 이 말하는 사람들이 다 갈릴리 사람이 아니냐 8우리가 우리 각
> 사람이 난 곳 방언으로 듣게 되는 것이 어찌 됨이냐 9우리는 바대인과 메
> 대인과 엘람인과 또 메소보다미아, 유대와 갑바도기아, 본도와 아시아, 10
> 브루기아와 밤빌리아, 애굽과 및 구레네에 가까운 리비야 여러 지방에 사
> 는 사람들과 로마로부터 온 나그네 곧 유대인과 유대교에 들어온 사람들
> 과 11그레데인과 아라비아인들이라 우리가 다 우리의 각 언어로 하나님의
> 큰 일을 말함을 듣는도다 하고(행 2:1-11).

진한 글씨체로 된 두 단어는 오순절 사건 및 사도행전 2장 이면에

깔린 구약적 배경을 이해하는 데 매우 중요한 역할을 한다. '소동하다'(bewildered)로 번역된 헬라어 단어 '쉰케오'(*syncheō*)는 칠십인역에서 창세기의 바벨탑 이야기를 언급할 때 사용되었다. "자, 우리가 내려가서 거기서 그들의 언어를 혼잡하게[*syncheō*]하여 그들이 서로 알아듣지 못하게 하자 하시고"(창 11:7). 사도행전 2:6과 칠십인역 창세기 11:7에서 사용된 헬라어 '쉰케오'의 두 용례는 모두 인간의 언어가 혼잡하게 된 사건과 관계가 있다. 물론 창세기 11장은 바벨에서 여러 민족들이 (그리고 그들의 언어가) 흩어지고 분산되는 것을 그 문맥으로 하고 있다. 사도행전 2장 본문에서 사용되는 또 다른 중요한 헬라어는 '갈라지다'(divided)로 번역된 '디아메리조'(*diamerizō*)다. 이 단어 역시 바벨탑 사건을 상기시키는 또 다른 본문, 신명기 32:8의 칠십인역에서 사용되고 있다.

> 지극히 높으신 자가 민족들을 기업으로 배정하실 때에(개역개정, 민족들에게 기업을 주실 때에)[*diamerizō*], 인류를(개역개정, 인종을) 나누실 때에, 하나님의 아들들의(개역개정, 이스라엘 자손의) 수효대로 백성들의 경계를 정하셨도다.

아마도 이 두 헬라어의 사용은 바벨탑 사건을 암시하려는 의도일 가능성이 높다. 그래서 누가는 사도행전 2장의 오순절 기사를 바벨탑 사건 및 민족의 기원과 연결짓기 위해 창세기 11장과 신명기 32장의 칠십인역을 사용하는 것일 수 있다. 사도행전 2장에 보면, 오순절에 당시 알려진 세상 모든 곳에서 온 유대인들이 예루살렘에 모였고, 그 가운데 많은 이들이 자신들의 모국어로 복음을 들었다. 이것은 이 사람들을 통해 (예루살렘을 기점으로) 복음이 곳곳으로 퍼져나가게 될 것을 알리는 표적이었다(행 1:8 비교). 그리하여 바벨에서의 비극, 즉 인류가 여러 민족으로 나뉘고 언어가 혼잡케 되는 사건이 그리스도의 복음으로 극복될 시점에 이르른 것이다.

그러나 이 본문에서 가장 놀라운 부분은 어쩌면 누가가 기록한 민족들의 목록이다. 창세기 11장이 사도행전 2장에 나오는 언어 혼잡의 대반전에 필요한 배경이 되었듯이, 창세기 10장은 사도행전 2장에 언급되는 민족 목록을 이해하기 위한 배경이 되고 있다. 창세기 10장에 열거된 민족들은 (창세기 11장에서 하나님이 인류를 흩으신 결과이기도 한) 당시에 알려진 세계 전체를 대변한다. 창세기 10장이 기록되었을 당시 알려진 세계로는 메소포타미아, 메소포타미아 너머 동쪽 지역의 소아시아, 레반트(동부 지중해 연안, 시리아 및 가나안), 아라비아, 이집트 및 북아프리카, 홍해 인근 동아프리카, 그리고 지중해 부근의 몇몇 지역들이 있었다. 그리고 다시스는 당시 알려진 세계의 서쪽 끝에 위치해 있었다.

사도행전 2장에서 이름이 불리는 지역과 창세기의 열국 목록이 다르긴 하지만, 이 두 목록은 각각의 시대에 알려진 세계의 범위를 개략적으로 설명하기 위한 것이라는 동일한 목적을 지닌다. 사도행전 1:8에서 제자들은 온 세상에 복음을 전파하라는 위임 명령을 받는다. "너희가 예루살렘과 온 유대와 사마리아와 땅 끝까지 이르러 내 증인이 되리라." 1세기에 제자들은 문명의 끝자락, 즉 로마제국의 통치에서 가장 멀리 떨어진 곳을 "땅 끝"으로 생각했을 것이다.

오순절 사건을 통해 삼천 명의 유대인들이 예수님을 믿게 되었고(행 2:41), 그 회심자들은 복음의 메시지를 듣고 자신들의 고국으로 돌아갔다. 그리고 그렇게 함으로써, 바벨탑에서 흩어졌던 민족들을 되찾으시려는 하나님의 구원 계획도 큰 진전을 이루었다.

45. 바울의 선교 목표

사도행전은 바울이 구금되고 가이사 황제 앞에 변론할 때를 기다리는 동안 로마에서 끝을 맺는다. 그러나 로마는 (상속권을 박탈당하고 내버려진 민족들을 되찾으시겠다는) 하나님의 계획의 종착지가 아니다.[1] 창세기 10장은 로마보다 서쪽으로 더 멀리 떨어진 한 지역을 언급하고 있다. 열국 목록에서 가장 서쪽에 위치한 다시스다. 다시스는 장차 스페인으로 불릴, 남부 연안에 있는 페니키아(뵈니게) 식민지였다.[2] 바울이 로마에 보낸 서신을 통해, 우리는 그가 로마의 구금 생활이 끝나면 스페인으로 가려고 한 사실을 알 수 있다:[3]

> 이는 지나가는 길에 너희를 보고 먼저 너희와 사귐으로 얼마간 기쁨을 가진 후에 너희가 그리로 보내주기를 바람이라 … 그러므로 내가 이 일을

마치고 이 열매를 그들에게 확증한 후에 너희에게 들렀다가 서바나로 가리라(롬 15:24, 28).

초기 교회 교부 클레멘트는 바울이 그의 전도 여정의 종착지로서 "서쪽 경계의 끝"에 다다랐다고 말한다.

바울은 인내의 상급을 받는 길을 보여주었다. 일곱 차례나 사슬에 매이고, 추방당하고, 돌로 맞고, 동쪽과 서쪽에서 복음을 전함으로, 그는 고귀한 믿음의 명성을 얻었다. 온 세상을 향해 의에 이르는 길을 가르치고, **서쪽 경계의 끝까지 다다르고, 통치자들 앞에서 복음을 증거함으로, 바울은 이 세상으로부터 참 자유를 얻고** 하늘의 성소로 옮겨졌으며, 가장 위대한 인내의 모범이 되었다.[4]

바울이 스페인에서 복음을 전하게 될 때, 즉 당대에 알려진 세계의 서쪽 경계의 끝인 다시스에 다다를 때 바울의 선교 사명은 비로소 완수될 수 있었다. 바울이 이방인을 위한 사도의 사명을 받았다는 것은 그가 상속권을 잃고 내버려진 민족들을 위한 사도였음을 의미한다. 또한 그가 스페인으로 가려 애썼다는 점은, 예수님을 위한 선교 노력이 (바벨에서 상속권

THE BIBLE UNFILTERED

바울이 스페인에서 복음을 전하게 될 때, 즉 당대에 알려진 세계의 가장 서쪽 지역인 다시스에 당도하게 될 때 바울의 전 생애의 선교 사명이 완수될 수 있었다.

을 잃고 내버려진 민족들을 되찾으시려는) 하나님 계획의 일부라는 점을 그가 실제로 인식하고 있었음을 암시한다. 바울은 로마서 11:25에서 "이방인의 충만한 수"가 하나님의 백성으로 편입되는 것을 언급함으로써, 이 부분에 대한 인식을 드러낸다. 이 구절은 민족들이 어느 날 여호와께 돌아와 예배하게 될 것을 묘사하는 구약의 본문들을 떠올리게 한다(예를 들면, 사 2:2-5; 11:10; 66:18-20; 미 4:1-4).

바울은 오랫동안 약속된 구원의 날이 지금, 그의 생애 동안에 실현되고 있음을 보여주기 위해 서신 곳곳에서 구약성경을 인용하거나 암시한다. 바울은 유대인이 예수님을 메시아로 믿게 되는 신적인 계획 성취에 앞서, "이방인들의 충만한 수"(롬 11:25)가 먼저 달성되어야 할 것을 언급한다. 로마서 9-11장에서 바울은 이방인들이 하나님의 백성으로 편입되는 것은, 하나님이 유대인들의 마음을 한시적으로 강퍅하게 하심을 통해 가능케 된 것임을 분명히 한다(롬 11:25-26). 이 유대인들을 완고함에서 다시금 돌이키게 하는 열쇠는 이방인을 위한 선교 사역을 완수하는 것이었다. 그래야 자신의 동포인 유대 민족이 예수님을 믿기 바라는 바울의 절실한 바람 또한 비로소 성취될 수 있었다(롬 9:3). 그런 후에야 비로소 구원자(예수님)가 시온에서 다시 오실 것이다(롬 11:26). "이방인의 충만한 수"가 들어오면, "온 이스라엘이 구원을 받게 될 것"이다(롬 11:25-26). 그러나 "이방인의 충만한 수"가 어떻게 다시스 또는 스페인과 연관이 있을까? 이사야 66:18-20은 여호와께서 모든 나라와 민족을 모아 자신의 영광을 보게 하실 것을 예언하고 있다.

이 나라와 민족들에게 하나님은 자신이 약속하신 구원의 "표적"(개역개정, 징조)을 보여주실 것이다. 이 표적은 포로 생활에서 살아남은 유대인들에 의해 전달될 것이며, 하나님이 그들을 먼 곳까지 보내실 것이다. 다시스, 뿔, 룻, 두발, 그리고 야완의 땅이 구체적으로 언급되어 있다. 그 보냄 받은 유대인들은 여호와의 영광을 열방 가운데 선포할 것이고, 이를 통한 (충만한 수의) 이방인들의 회심으로 말미암아 열방 가운데 있는 유대인들도 다시 돌아와 여호와를 경배하게 될 것이다. 바울은 그 "표적"이 예수님이라고 믿었던 것 같다(비교. 사 7:14). 바울은 포로 생활에서 살아남은 유대인들의 회심이 오순절에 시작되었음을 알았다. 오순절에 (지중해 전역에 흩어진) 열방에서 온 유대인들이 (예수님의) 제자들에게 행해진 성령의 일하심을 목격하고, 복음을 듣고, 믿게 되었기 때문이다. 그들은 이방인들에게 복음을 전하기 위해 자신들의 나라로 돌아갔다(행 2장을 보라).

바울의 최종 선교 목표는 당시 통념상 "세상의 끝"이라 여겨지던 스페인이었다(롬 15:24). 스페인은 이사야 66장의 목록에 포함되어 있는 다시스에 해당한다(사 66:19). 로마서를 쓰던 바울은, 복음이 이사야 66장에 언급된 이 다시스를 제외한 모든 지역에 전해졌다는 것을 알았다. 바울은 자신의 선교 사명, 이방인의 충만한 수, 그리고 유대인 형제들의 구원 계획 모두가 자신이 스페인에 당도하면 마침내 성취될 것이라고 믿었다.

46. 깨닫지 못하게 하신 신적인 섭리

십자가는 성경에서 가장 중심이 되는 사건이다. 십자가 없이는 구속도, 인간이 처한 상황에 대한 반전도, 새 땅에서의 에덴의 회복도, 그리고 사탄의 패배도 없다. 그러나 지적 존재인 악한 권세들, 심지어 사탄조차 하나님이 예수님을 이 땅에 보내셨을 때 그 의중을 알아채지 못했다. 그 이유가 무엇일까? 사탄이 하나님의 계획을 눈치챘다면, 악한 권세들이 예수님을 십자가에 못박는 것을 오히려 막았을지도 모른다. 어둠의 권세들은 굳이 하나님보다 강해질 필요도 없고, 그저 아무것도 하지 않으면 되는 일이었다.

우리는 이미 전후 사정을 다 아는 상태에서 복음서를 읽는다.

The Bible Unfiltered

어둠의 세력들이 그 사실을 알았다면 하나님보다 강해지려고, 하나님을 이기려고 애쓸 필요가 없었을 것이다. 그들은 단지 아무것도 할 필요가 없었을 것이다.

어떻게 제자들은 십자가에 대해 우리가 알고 있는 것들을 미처 깨닫지 못했는지 우리로서는 상상하기 어렵다. 그러나 성경은 정말로 제자들이 깨닫지 못했다고 전한다. 하나님의 구원 계획을 위해 메시아가 고난당하고, 죽고, 다시 살아나야 하는 것을 제자들이 깨달으려면, 예수님의 부활 후 그들의 마음이 열려야 했다(눅 24:44-47). 그러나 그렇게 눈을 뜨지 못했던 자들은 제자들만이 아니었다.

복음서는 사탄이나 악한 영들이 하나님의 세밀한 계획이 무엇인지 알고 있었다는 내용이 없다. 악한 영들은 확실하게 예수님이 하나님의 아들임을 알았지만, 하나님의 나라가 정확하게 어떤 방법으로 회복될 것인지에 대한 지식은 "하나님 안에" 감추어진 비밀이었다(마 4:3-6; 8:29; 엡 1:7-9; 3:3-11). 제자들이 정말 그 계획을 알지 못했다면, 사탄이나 악한 영들은 알고 있었을 것이라고 추측할 필요도 없을 것이다. 어둠의 권세들은 영악하나 모든 것을 다 알지는 못한다. 오직 하나님만이 전지하신 분으로 모든 것을 다 알고 계신다. 사도 바울은 이 주제에 대해 다음과 같이 설명한다.

> 그러나 우리가 온전한 자들 중에서는 지혜를 말하노니 이는 이 세상의 지혜가 아니요 또 이 세상에서 없어질 통치자들의 지혜도 아니요 오직 은밀한 가운데 있는 하나님의 지혜를 말하는 것으로서 곧 감추어졌던 것인데 하나님이 우리의 영광을 위하여 만세 전에 미리 정하신 것이라 이 지혜는 이 세대의 통치자들이 한 사람도 알지 못하였나니 만일 알았더라면 영광

의 주를 십자가에 못 박지 아니하였으리라"(고전 2:6-8).

여기서 중요한 용어는 "통치자"(ruler)로 번역된 '아르콘톤'(*archontōn*)이다. 이 단어는 헬라 문헌에서 인간 통치자들을 가리킬 때 폭넓게 사용되었다. 바울도 그런 의미로 사용한 적이 있다(예를 들면, 롬 13:3). 그러나 여기서 바울은 영적인 권세들을 염두에 두고 이 단어를 쓰고 있다. 우리가 그렇게 생각하는 이유는 앞 구절에서 바울이 하나님에 대해 논하고 있기 때문이다.

여기서 바울은 자신의 구약 지식을 동원하고 있다. 신명기 32:8-9[1]과 다니엘 10장은 이스라엘이 하나님의 백성, 하나님과 함께 했던 유일한 민족임을 말해준다. 바벨탑 사건과 그 반역에 대한 하나님의 심판의 결과로 인류는 다른 많은 민족으로 갈라지고 영적 권세자들의 지배 아래 놓이게 되었다(창 11:1-9). 신명기 32:17은 이 신적 존재들을 가리켜 "귀신들"(*shedim*)이라고 부른다. 다니엘 10:13에서는 "군주"(*sar*)라는 용어가 사용되었다. 이스라엘의 경우 천사장 미가엘이 그들을 호위하고 있기 때문에, 미가엘이 이스라엘의 "군주"(prince)라고 불린다(단 10:21; 12:1). 바울이 자주 사용하는 구약성경의 헬라어 번역본, 칠십인역에서는 '사르'(*sar*)를 헬라어 '아르콘'(*archōn*)으로 번역했다.[2] 다른 본문에서 바울은 같은 어원의 단어, '아르케'(*archē*)를 영적 권세들을 언급하기 위해 사용한다(엡 6:12). 그리고 복음서에서는 사탄을 언급할 때 이 단어가 사용된다(막 3:22; 요 12:31; 14:30; 16:11).

이런 본문들에서 드러나는 이미지를 모아보면, 세상 민족들이 하나님의 계획에 적대적인 어둠의 권세들의 지배 아래 놓여 있다. 하나님은 자신의 계획을 감추셨고, 이는 그분의 선한 의도 때문이다. 만일 어둠의 권세들이 (사람들을 조종해) 예수님을 십자가에 죽게 할 경우 오히려 자신들의 통치가 종식될 것임을 알았다면, 그들은 결코 그렇게 하지 않았을 것이다.

하나님의 계획은 종종 신비로 가득하다. 그러나 (하나님 안에 감추어진 비밀인) 십자가는 악한 대적자들의 판을 뒤집었고 역사의 흐름을 완전히 바꿔놓았다. 어둠의 권세들은 상상할 수도 없었던 희생적인 사랑이 낳은 결과물이다.

47.
이 세상의 신은 누구인가?

우리 인간은 습관의 동물이다. 우리가 어떤 일을 충분히 자주 하면, 그 일을 하는 "바른 방식"이 무엇인지 스스로 확신을 갖게 된다. 어떤 개념에 대해 자주 듣거나 읽을수록, 그 개념 또한 더욱 "분명"해진다. 그러나 모든 사람이 똑같은 방식으로 생각하지는 않으며, 똑같은 관점을 갖지도 않는다. 이런 문제는 성경 해석과 관련해서도 마찬가지다. 고린도후서 4:3-4이 이런 문제를 잘 보여주는 한 가지 사례다.

> 만일 우리의 복음이 가리었으면 망하는 자들에게 가리어진 것이라 그중에 이 세상의 신이 믿지 아니하는 자들의 마음을 혼미하게 하여 그리스도의 영광의 복음의 광채가 비치지 못하게 함이니 그리스도는 하나님의 형상이니라.

많은 이들이 이 본문에 언급되는 "이 세상의 신"(god of this world)을 사탄을 가리키는 것으로 해석할 것이다. 어쨌든 바울은 이 편지의 다른 곳에서도 여러 차례 사탄을 언급했기 때문이다(고후 2:11; 11:14; 12:7). 그러나 모든 해석가들이 이에 동의하는 것은 아니다.

왜 하나님인가?

"이 세상의 신"이 누구인가라는 질문은 오래 전부터 제기되어왔다. 초기 교회 교부 예루살렘의 시릴과 암브로시우스의 경우, 바울이 하나님을 가리켜 말하는 것으로 생각했다. 이들의 주장은 매우 간단했다. 오직 하나님만이 이 세상 또는 이 세대(헬라어 '아이온'[*aiōn*]은 세대 또는 시대를 의미한다)의 진정한 하나님이시기 때문이다. 하나님은 모든 세대의 참 하나님이시다. 그러나 예루살렘의 시릴과 암브로시우스는 사실 신학적인 이유에서 이 같은 해석을 지지했다. "신"(god)을 뜻하는 헬라어 단어는 '데오스'(*theos*)다. 고린도후서 4:4에서 사용된 '데오스'라는 단어가 사탄을 칭한 것이라면 다음의 논리도 성립될 것이다. 즉 예수님을 '데오스'로 언급한 신약의 다른 본문들(딛 1:3-4; 요 1:1-3, 17-18)마저도 예수님을 참 하나님으로 말하지 않는 것이 된다. 그러므로 고린도후서 4:4의 "이 세상의 신"을 사탄으로 해석해서는 안 되며, 유일하신 참 하나님을 언급하는 것으로 이해해야 한다고 교부들이 주장했던 것이다. 언뜻 보기에, 고린도후서 4:3-4에서 언급하고 있는, 예수님을 알지 못하도록 믿지 않는 자들의 눈을 가리는 이가 참 하나님이라고 생각하기란 쉽지 않다. 그러나 또 다른 본문에서 바울은 그런 사실을 구체적으로 언급하고 있다.

> 그런즉 어떠하냐 이스라엘이 구하는 그것을 얻지 못하고 오직 택하심을 입은 자가 얻었고 그 남은 자들은 우둔하여졌느니라 기록된 바 하나님이 오늘까지 그들에게 혼미한 심령과 보지 못할 눈과 듣지 못할 귀를 주셨다 함과 같으니라 … 형제들아 너희가 스스로 지혜 있다 하면서 이 신비를 너희가 모르기를 내가 원하지 아니하노니 이 신비는 이방인의 충만한 수가 들어오기까지 이스라엘의 더러는 우둔하게 된 것이라(롬 11:7-8, 25; 비교, 사 6:9-10).

그러나 바울이 고린도후서 4:3-4에서 이스라엘을 향한 심판을 말하고 있는 것인가? 그렇지는 않아 보인다. 왜냐하면 그 발언은 일반적으로 현 시대의 믿지 아니하는 자들을 향하고 있기 때문이다. 바로 그런 문맥적 차이가 사탄을 '이 세상의 신'으로 다시 고려해봐야 하는 타당한 이유가 된다.

바울이 사용한 단어 "신"(*theos*)을 찾아보면, 우리는 바울이 참 하나님 외에 다른 어떤 것을 언급하기 위해 그 단어를 사용한 전례가 없지 않다는 사실을 알 수 있다. 빌립보서 3:19에서 바울은 예수님의 대적들에 대해 언급할 때, "그들의 신(*theos*)은 배요"라고 말한다. 바울은 이 '데오스'라는 단어를 사람을 통제하는 어떤 힘에 대해 말하기 위해 사용하고 있다. 또한 고린도전서 8:5에서, 바울은 다른 신들(*theoi*), 즉 이후에 바울이 귀신(demons)이라고 부르는 존재들에게 이방인들이 제사하는 것을 언급하기도 한다(고전 10:19-20).

바울이 이런 언어를 쓰는 이유는 이 같은 표현이 사실은 구약에서 온 것이기 때문이다(신 32:17). 더불어 바울은 사탄을 가리켜 이 "세상(*kosmos*)의 임금"이라고 하는 신약의 표현을 상기시키고 있다(요 12:31; 14:30; 16:11).

> 그는 허물과 죄로 죽었던 너희를 살리셨도다 그때에 너희는 그 가운데서 행하여 이 세상 풍조를 따르고 공중의 권세 잡은 자를 따랐으니 곧 지금 불순종의 아들들 가운데서 역사하는 영이라(엡 2:1-2).

에베소서 2:1-2과 고린도전서 3-4장의 맥락은 서로 유사하다. 두 본문은 사람들이 왜 복음을 믿지 않는지, 그리고 심지어 왜 복음에 반대하는지에 대한 이유를 설명하고 있다. 빌립보서 3:19에서 바울의 '데오스'라는 단어의 용례는 이 단어가 어떤 통제하는 힘을 가리킬 때 사용될 수 있음을 보여주기 때문에, 불신자들을 주관하고 있는 사탄 또한 어렵지 않게 이 단어로 묘사될 수 있다는 것이다.

어둠 그리고 눈이 가리어짐

다른 문맥상의 단서들도 있다. (영적으로 눈이 먼 결과인) "어둠 속"에 거한다는 주제는 특히 사탄 및 귀신의 세력들과 관련이 있다(행 26:18; 엡 6:12). 영적으로 눈이 먼 것에 대해서는 신약성경에서도 여러 번 언급되고 있다(엡 5:8, 11; 골 1:13; 요일 2:11). 이는 궁극적으로 "이 세상의 신"은 결국 사탄을 가리킬 확률이 더 높다는 주장을 뒷받침한다.

바울은 "세상의 신"이라는 표현을 쓴 후에, 고린도후서 4:6에서 다음과 같이 말하고 있다.

> 어두운 데에 빛이 비치라 말씀하셨던 그 하나님께서 예수 그리스도의 얼굴에 있는 하나님의 영광을 아는 빛을 우리 마음에 비추셨느니라.

바울은 어둠의 상태 (따라서 눈이 먼 상태)를 하나님의 영광 및 예수 그리스도에 대비시키고 있다. 이 본문에서 사람들을 어두운 데 두시고 영적으로 눈을 멀게 한 장본인이 하나님이라고 한다면, 이런 대조는 성립될 수 없을 것이다. 성경 해석에 있어서 의견의 불일치는 피할 수 없는 것이다. 구약적인 배경에서 볼 때 "이 세상의 신"이 사탄을 가리킬 것이라는 결론을 막는 것은 아무것도 없다. 그럼에도 초기 교회 일부 사상가들은 다르게 해석하기도 했다.

48.
신약에서 영적으로 양자되고 자녀된 것에 대한 의미

신약 저자들은 예수님을 믿는 신자들을 묘사할 때 하나님의 자녀(divine sonship, 하나님의 아들)가 되었다는 표현을 종종 사용했다. 이와 비슷하게, 하나님의 회복된 왕국 통치를 구현해 가는 이땅의 공동체, 즉 교회는 구약 시대 하나님의 왕국 공동체인 이스라엘과 연결되고 있다. 많은 신자들이 이방인이고 본래 하나님 나라의 가족 공동체(이스라엘)에 속한 자들이 아니었기 때문에, 신약의 저자들은 하나님의 가족의 자녀로 신분을 얻게 된 것을 "양자된 것"(adoption)이라 묘사했다. 신약 시대 하나님의 자녀들(children of God), 예수님을 믿는 신자들은 영적으로 아브라함의 자손들이다(갈 3:7-9, 25-29).

구약의 저자들은 하나님의 자녀라는 표현을 두 가지 맥락에서 사용한다. 천상에 있는 신적 존재로서 "하나님의 아들들"을 지칭할 때(욥 1:6; 2:1; 38:7; 창 6:2, 4; 신 32:8; 시 89:6), 그리고 특별히 이스라엘 민족의 일원으로서 인간 존재를 지칭할 때(출 4:22-23; 신 14:1; 사 1:2; 렘 31:9; 호 1:10)가 그 예다. 이스라엘 민족을 대표하는 왕 또한 하나님의 아들로 묘사되고 있다(시 2:7; 89:27).

구약에서 하나님이 거하시는 하늘의 거주지, 곧 천상의 처소는 그분이 주재하시는 천상회의가 열리는 사령부이기도 했다. 그곳에는 하나님의 피조세계를 운영하는 일과 관련해 하늘에서 하나님을 섬기는 무리들이 있다. 창세기 1:26이 복수형*을 쓰게 된 배경이기도 하다. 하나님은 자신의 형상을 따라 (하나님을 대표하도록) 사람들을 창조하셨다. 이는 하늘의 무리, 곧 천군도 하나님의 형상을 따라 창조된 것과 마찬가지다. 따라서 하늘과 마찬가지로, 이 땅은 오직 하나님의 형상을 지닌 자들에 의해 관할되는 천국이 될 수 있었다.

인간의 타락은 이런 관계를 망쳐놓았다. 하나님은 인간이 저지른 죄의 결과를 돌이키고 하나님과 그 자녀 사이의 관계를 회복시킬 약속을 하와에게 주시지만(창 3:15), 구약 초반부에는 하나님의 통치에 반역하는 인간의 모습들만 나온다. 하나님은 결국 바벨탑 사건을 계기로 열국을 흩어버리시는데(창 11:1-9), 그 결과로 열국의 상속권을 박탈하실 뿐

* 창 1:26의 "우리"라는 표현을 의미한다.

아니라 그들을 다른 하등한 '하나님의 아들들' 또는 '신들의 모임'에 배정하시고 그들의 통치 아래 놓이게 하셨다(신 32:8-9; 비교, 신 4:19-20).[1] 하나님이 이같이 행하신 것은 인간의 반역에 대한 징벌조치였으나, 그렇다고 그들을 영구히 거부하신 것은 아니다. 하나님은 이 땅에 하나님의 통치를 회복시키고, 하나님과 관계가 단절된 민족들에게 축복의 통로가 될 새로운 하나님의 자녀를 일으키시기 위해 아브람과 그 후손을 통해 일하기로 정하셨다(창 12:1-3). 이것이 곧 "아브라함에게 전해진 복음"이었고(갈 3:8), 하나님의 말씀으로 선재하신 예수 그리스도에 의해 전해진 것이기도 했다(창 15:1; 요 1:1-3, 14; 8:56).

구약의 나머지 부분은 이후 이스라엘로 불리게 될, 하나님의 택함 받은 백성, 아브라함의 후손들에게 (그리고 이스라엘 및 다른 민족들과의 관계에) 초점이 모아진다. 이스라엘 백성들은 다른 민족과의 통혼을 피하고, 다른 민족의 신을 숭배하지 말 것을 명령받았다(신 7:3-5). 그러나 구약의 이스라엘 이야기는 그들이 이 같은 명령을 지키는 일에 실패했다는 내용으로 가득하다. 그들은 걸핏하면 이방 신들을 섬겼고, 결과적으로 약속의 땅에서 추방 당해 포로가 되는 징계의 고통을 겪었다(왕하 24-25장). 하나님의 백성들을 이와 같은 징벌에서 속량해낼 하나님의 구원 계획의 중심에는 그 모든 것을 원상태로 회복시킬 이스라엘에서 나올 한 사람, 여자의 후손, 다윗 가문의 자손, 하나님의 택함 받은 왕의 도래가 있었다. 그분이 바로 예수 그리스도시다.

신약에서 신자들을 하나님의 자녀로 표현한 목적

구약의 맥락에서 볼 때, 신약 저자들이 예수님을 믿는 신자들을 하나님 자녀(아들) 됨의 언어로 표현한 것은 놀라운 일이 아니다.[2] 마찬가지로 하나님 나라의 지상 통치를 실현하는 공동체인 교회는 하나님의 옛 왕국 공동체인 이스라엘과 연결되어 표현되었다. 그러나 많은 신자들이 태생적으로 이스라엘 백성이 아닌, 이방인이었기 때문에 신약 저자들은 이방인 신자들도 하나님 가족의 자녀 된 구성원임을 묘사하고자 "양자로 삼으심" 같은 표현들을 사용했다. 따라서 예수님을 믿는 신자들은 아브라함의 영적 후손들이며, 바울은 이것을 갈라디아서 3:7-9에서 명확하게 설명한다(참조, 갈 3:25-29).

하나님의 상속자 또는 하나님의 유업(기업)(divine inheritance) 같은 표현도 인간들이 하나님의 가족의 일원이 되었다는 구약의 개념을 발전시킨 것이다. 신약 저자들은 하나님의 회복된 인간 가족 공동체로서의 교회가 진정으로 무엇을 의미하는지를 설명하기 위해 "양자", "상속자", 그리고 "유업" 등의 용어를 생각해 냈다. 또한 그들은 마침내 완성된 하나님의 나라에서 모든 신자들이 영화롭게 되었을 때, 교회의 그 최종적인 모습이 어떠할지를 묘사하기 위해 이 용어들을 사용했다. 신자들의 운명은 타락 이전 에덴에서, 하나님의 임재 안에서 아담과 하와가 본래 누렸어야 할 모습, 즉 영화로운 하나님의 형상으로 영원히 살아가는 것이다(벧후 1:2-4를 참조하라).

49.
성령이 되시는 주님

베드로는 사도 바울이 쓴 편지에 대해 "또 그 모든 편지에도 이런 일에 관하여 말하였으되 그중에 알기 어려운 것이 더러 있으니"(벧후 3:16)라고 언급한 적이 있다. 베드로가 이해하기 어렵다고 생각한 바울의 표현 가운데 하나는 아마도 에베소서 4:8일 것이다. 이 구절은 오랜 세월 동안 성경을 배우는 수많은 학생들이 해석에 어려움을 겪은 본문이다. 바울의 논지를 이해하기 위해, 우리는 바울이 자신의 본문에 인용하고 있는 시편 68:18을 먼저 살펴볼 필요가 있다.

시편 68:18	에베소서 4:8
주께서 높은 곳으로 오르시며 사로잡은 자들을 취하시고 선물들을 사람들에게서 받으시며 반역자들로부터도 받으시니 여호와 하나님이 그들과 함께 계시기 때문이로다.	그러므로 이르기를 그가 위로 올라가실 때에 사로잡혔던 자들을 사로잡으시고 사람들에게 선물을 주셨다 하였도다.

시편 68편의 "높은 곳으로 오르시며"는 바산의 산(Mount Bashan)을 의미한다(시 68:15). 구약에서 바산은 영적으로 악하고, 신에 버금가는 존재, 르바임(Rephaim) 거인족과 연관된 지역이었다(신 1:4; 3:10-11; 수 9:10; 12:4-5).[1] 하나님 자신이 친히 거하시는 처소로 원하신 곳이기도 하다(시 68:16). 하나님은 그 산의 악한 세력들이 멸망하기를 바라셨다. 바울에게 예수 그리스도는 시편 68편의 성취였다. 예수님은 십자가의 죽음과 부활로 어둠의 권세를 모두 물리치셨다(벧전 3:22; 엡 1:20-21; 골 2:15).

두 본문 모두 어떤 구출이 아닌 일종의 정복을 묘사하고 있음을 인식하는 것이 중요하다. 시편 68편에서는 승리를 쟁취한 군대의 장군이 대적 포로들을 이끌고 개선 행진을 하고 있다. 많은 주석가들은 에베소서 4:8이 포로들이 자유하게 되는 것을 묘사한다고 생각한다. 그러나 이는 그런 뜻이 아니다. 이 본문에선 자유가 아니라 정복이 있을 뿐이다. 이 두 본문은 그 부분에서 일치하고 있다. 우리는 예수님의 십자가 죽음과 부활이 죄와 악, 그리고 죽음 자체를 정복했다는 것으로 이해할 수 있지만, 이 두 본문 사이의 한 가지 중요한 차이가 두 본문의 비교를 복잡하게 만들고 있다. 시편 68편에서, 하나님은 승리 이후 선물을 "받으신다". 그런데 에베소서 4장은 반대로 예수님이 선물을 "주시는" 것으로 기술한다. 과연 이것을 어떻게 이해해야 하는가?

바울의 표현 방식은 예수님이 거두신 정복의 결과에 초점을 맞추고 있다. 고대 세계에서는 정복자가 포로들을 앞세워 행진을 벌이고 정복자인 자신을 위해 선물을 요구할 수 있었다. 그러나 정복 전쟁에서 획득한 전리품 또한 이후에 분배가 되었다. 바울은 이런 문화를 잘 알고 있었다. 바울은 예수님이 자신의 부활을 통해 악한 대적들을 정복하신 후에, 믿는 신자들(사도, 선지자, 복음 전하는 자, 목사 그리고 교사들)에게 전리품을 분배하신 것을 설명하기 위해 시편 68:18을 인용한 것이다(엡 4:11). 바울은 어떻게 이런 발상을 얻은 것일까? 바울은 에베소서 4:9-12에서 다음과 같이 설명한다.

> 올라가셨다 하였은즉 땅 아래 낮은 곳으로 내리셨던 것이 아니면 무엇이냐 내리셨던 그가 곧 모든 하늘 위에 오르신 자니 이는 만물을 충만하게 하려 하심이라 그가 어떤 사람은 사도로, 어떤 사람은 선지자로, 어떤 사람은 복음 전하는 자로, 어떤 사람은 목사와 교사로 삼으셨으니 이는 성도를 온전하게 하여 봉사의 일을 하게 하며 그리스도의 몸을 세우려 하심이라.

바울은 예수님이 승리의 부활로 올라가신 후 교회에 은사를 주기 위해 내려오셨다고 주장한다. 이 내려오심(descent)에 대해서는 두 가지 설명이 가능하다. 가장 보편적인 시각은 "땅 아래 낮은 곳"(the lower regions of the earth), 즉 예수님이 무덤이라 일컫는 곳, 죽은 자의 영역으로 내려가셨다는 것이다. 이것은 가능한 해석으로, 베드로전서 3:18-22에서도 이와 비슷한 개념을 읽을 수 있다.

하지만 다른 해석이 더 유력해 보인다. ESV는 에베소서 4:9에서 '땅의 더 낮은 영역'(the lower regions of the earth)이라고 기술하는 대신에, 가운데에 콤마를 삽입하고 있다. 그 결과 예수님이 "더 낮은 영역, 즉 땅"(the lower regions, the earth)으로 내려오셨다는 해석을 낳고 있다. 이 해석이 맥락상 더 잘 들어맞는 것으로 보인다. 왜냐하면 그 선물은 땅 위에 있는 사람들, 즉 살아 있는 신자들에게 주시는 것이기 때문이다. 이 해석이 옳다면, 내려오심(descent)은 예수님이 무덤 안에 머무른 때를 말하는 것이 아니라, 오히려 오순절에 성령이 이 땅에 강림하신 사건을 가리킨다.

성경의 많은 본문에서 예수님과 성령은 서로 구별되는 위격임을 명확히 밝히고 있다(예를 들면, 예수님의 세례: 마 3:16; 예수님의 시험: 마 4:1; 대위임령: 마 28:18-20). 그러나 또 한편으로 신약은 여러 본문에서 예수님과 성령을 구분 없이 함께 지칭하기도 한다. 가령 사도행전 16:6-7이 그렇다. "[바울, 실라 그리고 디모데에게] 성령이 아시아에서 말씀을 전하지 못하게 하시거늘 … 예수의 영이 허락하지 아니하시는지라".[2]

바울이 전달하고자 하는 요지는 매우 심오하다. 예수님의 부활과 성령의 강림은 동전의 양면과 같다. 신자들은 이 두 가지 사건에서 모두 유익을 얻게 된다. 따라서 바울은 다른 편지에서 이렇게 단언한다. "주는 영이시니 주의 영이 계신 곳에는 자유가 있느니라"(고후 3:17).

50.
바울,
개들,
몸을 상하게 하는 자들

우리가 빌립보서를 사랑하는 이유는 위안을 주고 믿음의 확신을 더하기 때문이다. 비록 바울은 감옥에서 고난 중에 썼지만, 그의 편지에는 말로 표현할 수 없는 큰 기쁨이 묻어 있다. 바울이 처한 상황이 아무리 고통스러웠어도 그의 심령을 힘들게 만들지 못했다. 오히려 다른 것이 그를 괴롭게 했다. 이에 대해 바울은 다음과 같이 쓰고 있다.

> 끝으로 나의 형제들아 주 안에서 기뻐하라 너희에게 같은 말을 쓰는 것이 내게는 수고로움이 없고 너희에게는 안전하니라 개들을 삼가고 행악하는 자들을 삼가고 몸을 상해하는 일을 삼가라 하나님의 성령으로 봉사하며 그리스도 예수로 자랑하고 육체를 신뢰하지 아니하는 우리가 곧 할례파라(빌 3:1-3).

바울이 "행악하는 자들을 삼가라"라고 말할 때 그 의미를 이해하기란 그리 어렵지 않다. 그런데 개라고? 몸을 상해하는 일(with tattoos)을 삼가라고? 바울은 정말로 강아지들과 문신한 사람들을 싫어했을까? 그런 뜻이 아니다. 성경의 모든 말씀이 그렇듯, 이 본문 또한 우리가 저자의 생각 속으로 들어가서 그 의미를 이해하도록 도와줄 전후 맥락을 따져봐야 한다.

고대 세계 속의 개들

고대 세계에서 (이집트와 페니키아 문화권을 제외하고) 일반적으로 개들은 멸시의 대상이었다. 개의 본성에 따른 행동, 말하자면 짐승의 사체나 썩은 것, 자신이 토한 것을 다시 먹는 습성 때문에 혐오의 대상이 되곤 했다(출 22:31; 왕상 14:11; 잠 26:11). 인간으로서 가치가 없다고 여겨지는 사람들에게 내뱉는 적절한 모욕이 "죽은 개"라는 표현이었다(삼하 16:9; 신 23:17-18을 참고하라).

구약의 지식에 통달했던 바울은 성경과 당대 문화 속에서 그 단어가 쓰이는 용례를 이미 익숙하게 잘 알고 있었을 것이다. 바울의 덧붙인 경고, "행악하는 자들을 삼가라"는 말이 그런 표현을 납득할 수 있게 한다. 바울은 개들을 싫어한 것이 아니라 악을 미워했다.

하지만 "몸을 상하게 하는 자들"은 어떤가? 우리는 그것을 무슨 의미로 이해할 수 있을까? 이 사람들에 대한 기괴한 묘사만큼이나 이상하게 들릴 수 있지만, 이 표현은 바울이 빌립보서 3장에서 언급하는 자들이 누구인지를 이해하게 돕는 하나의 중요한 단서를 제공한다.

이 표현을 문자적으로 읽으면, "신체를 훼손하는 자들을 주의하라"다. 여기서 "신체 상해"(mutilation)를 의미하는 헬라어 명사는 '카타토메'(*katatomē*)다. 바울은 의도적으로 이 단어를 선택한 것 같다. 왜냐하면 이 단어는 "할례"를 뜻하는 헬라어 '페리토메'(*peritomē*)와 발음상 비슷하게 들리기 때문이다. 바울은 "몸을 상하게 하는 자들을 조심하라"* 고 빌립보 성도들에게 경고한 후 곧바로 부연 설명한다. "하나님의 성령으로 봉사하며 그리스도 예수로 자랑하고 육체를 신뢰하지 아니하는 우리가 곧 할례파라"(빌 3:3). 바울은 자신의 논지를 위해 일부러 비꼬는 표현을 사용한 것이다.

바울은 할례 자체를 반대하지 않았다. 그는 절대로 할례를 혐오해야 할 것으로 간주하지 않았다(롬 3:1-2; 고전 7:18). 바울은 할례가 구원을 위한 (그리고 신자들의 공동체 안으로 유입되기 위해 획득해야 하는) 절대적인 요소라고 가르치는 자들을 반대했다.

어떤 종교적 예전이나 전통적 의식을 통해 구원 또는 하나님의 은총을 얻을 수 있다는 식의 사고는 오직 은혜로 말미암아 믿음으로 구

* 개역개정. 몸을 상해하는 일을 삼가라.

원을 받는다는 성경적 개념과 공존할 수 없다. 아브라함의 '믿음'을 따라 믿는 이방인들은 "아브라함과 함께 복을 받는" 자들이다(갈 3:9). 왜냐하면 "너희가 다 믿음으로 말미암아 그리스도 예수 안에서 하나님의 아들"이 되었기 때문이다(갈 3:26). 유대인이나 이방인 가리지 않고, 예수 그리스도를 믿는 모든 사람이 아브라함의 영적 후손이고, 아브라함에게 하나님이 약속하신 유업을 받는 상속자다(갈 3:29). 바울은 자신을 반대하는 사람들이 다른 이유가 아닌 복음을 왜곡하는 것 때문에 매우 화가 났다. 바울이 그들이 주장하는 할례를 "상하게 하는 일"이라고 비꼬아 표현한 것은 복음과 상반되는 그들의 거짓 가르침을 향한 바울의 분노와 혐오를 반증하는 것이었다.

바울은 반대자들을 향한 그의 경멸의 표현을 가볍게 내뱉지 않았다. 그런 표현은 우리 스스로 구원을 위한 공로를 쌓을 수 없고, 우리의 어떤 수고로 값을 지불한들 구원을 살 수 없다는 십자가 복음의 메시지에 대한 깊은 성찰에서 나온 것이다. 우리의 구원은 오직 십자가에서 이루어진 예수 그리스도의 사역을 통해 하나님이 우리에게 나타내신 은혜 안에서, 오직 그 은혜에 대한 믿음으로 이루어진다.

51.
언어 표현에 주의하라?

"모든 번역은 반역이다." 이것은 성경 번역을 포함한 모든 번역과 관련해 자주 반복되는 격언 가운데 하나다. 이런 격언이 전하고자 하는 요지는 번역이 신뢰할 수 없다는 것이 아니라 완벽하지 않다는 것이다. 모든 번역은 그 본래의 의미를 일정 부분을 잃을 수밖에 없다. 대부분의 경우 그것은 부주의 때문일 수 있지만, 때로는 빌립보서 3:8처럼 의도적인 것이기도 하다.

> 또한 모든 것을 해로 여김은 내 주 그리스도 예수를 아는 지식이 가장 고상하기 때문이라 내가 그를 위하여 모든 것을 잃어버리고 배설물(ESV. rubbish)로 여김은 그리스도를 얻고.

혹자에게는 이 구절이 직설적인 화법으로 읽힐지도 모르나, 사실 ESV 영어 번역자는 본래 더 강한 어조로 된 표현을 부드럽게 다듬어 놓았다. 여기서 영문 "쓰레기"(rubbish)*로 번역된 헬라어 단어는 '스퀴발론'(*skybalon*)이다. 배설물(똥)을 의미하는 이 단어가 신약에서는 이 본문 단 한 곳에만 등장하지만, 고대 그리스 문헌에서는 사람의 대변이나 거름을 표현하는 단어로 사용되고 있다.[1]

왜 그렇게 거칠까?

한편 다른 본문에서 바울은 심지어 이보다 더 거칠고 정제되지 않은 언어를 사용하기도 한다. 예를 들면, 갈라디아서에서 바울의 유대인(또는 유대 그리스도인) 적대자들은 이방인 회심자들이 하나님의 백성 공동체 안으로 들어오려면 자신들처럼 모세 율법의 특정 조항들을 준행해야 한다고 주장했다. 그중 하나가 할례였다. 바울은 화가 너무 나서, 할례를 고집하는 사람들이 자신들의 성기를 아예 잘라내버리는 게 낫겠다고 말했다(갈 5:11-12). 하지만 바울이 성경에서 이처럼 격한 말투를 사용한 첫 번째 또는 유일한 저자는 아니다.

> **THE BIBLE UNFILTERED**
>
> 다른 본문에서 바울은 심지어 이보다 더 거칠고 정제되지 않은 언어를 사용하기도 한다.

* 개역개정. 배설물.

완곡한 표현의 선례

빌립보서 3:8의 헬라어 단어 "배설물"(excrement)을 영어의 "쓰레기"(rubbish)로 순화한 번역자의 선택을 충실하지 않은 번역으로 생각한다면 그것은 오해다. 본문의 원어에 그런 용어가 있는 것은 사실이지만, 번역자는 무엇이 적절한 번역일지 세심하게 따지면서, "예의 바른" 표현에 대한 사회적 기대를 고려한 것이다. 다소 불편하게 들릴 수 있는 용어를 부드럽게 순화시키려고 할 때, 번역자는 성경 저자들의 선례를 따른다.

구약 저자들은 특별히 지저분한 (가령, 특정 신체 부위 및 그 기능과 관련된 음담패설 같은) 용어를 완곡한 표현으로 바꾸는 데 능숙했다. 예를 들면, 스가랴 3:3-4은 대제사장 여호수아가 입고 있던 '더러운'(filthy) 옷에 대해 이야기한다. 여기서 사용된 히브리어는 문자적으로 '배출된 것'(what goes out)이라는 의미며, 이것은 곧 배설물에 대한 완곡한 표현이다. 따라서 스가랴서의 이 본문에서 대제사장 여호수아는 자신을 스스로 더럽힌 채 하나님 앞에 서 있는 사람처럼 묘사되고 있는 것이다. 그 이미지는 혐오스럽고 역겨울 수 있지만, 요지는 바로 이것이다. 죄 자체는 정말 역겹고 혐오스럽다. 마찬가지로 현대의 번역가들도 성경에서처럼 완곡한 표현을 사용하거나, 대안이 될 만한 또 다른 표현을 선택할지 결정해야 한다.

바울의 요지

바울이 빌립보서 3:8에서 왜 그토록 상스러운 언어를 사용했는지 이해하기 위해, 우리는 그가 "배설물"(ESV에서 '쓰레기'란 표현으로 순화된 단어)로 칭한 것이 무엇인지를 자세히 들여다 볼 필요가 있다. 빌립보서 3:4-7에서 바울은 하나님 앞에 나름대로 자신이 인정받을 수 있다고 여기던 모든 것을 열거한다. 즉 할례 받은 것, 모세 율법을 향한 열심, 바리새인으로서의 신분, 그리고 교회를 박해한 열심 등이다. 그러나 바울은 이제 그 모든 것을 배설물처럼 여긴다. 즉 그 모든 것은 본능적으로 더럽고 불결한 것일 뿐 아니라, 옛 성막과 성전 안의 거룩한 곳 가까이 둘 수 없는, 의식적으로도(ceremonially) 부정한 것이었다(신 23:12-14; 겔 4:12-13). 바울은 '그리스도가 십자가에서 이루신 일을 붙드는 것' 외에 우리에게는 그 어떤 것도 하나님께 가치 있지 않다는 자신의 주장을 이보다 더 생생하게 전달할 더 효과적인 표현을 찾을 수 없었던 것이다.

목적이 있는 충격 요법

성경은 요조숙녀처럼 얌전한 책이 아니다. 바울은 때때로 독자들의 생각을 흔들어 깨우고 자신이 주장하는 바를 강조하기 위해 매우 현실적인 언어를 사용하기도 한다. 이사야와 에스겔 선지자도 같은 방법을 사용했다. 그러나 성경은 또 한편으로는, 어리석은 말이나 단정하지 않고 경솔한 언어는 덕이 되지 않음을 지적하고 있다(엡 5:4; 빌 4:8). 성경은 무례하지 않으면서도 솔직담백한 모범 사례들을 보여주며, 이는 우리가 충분히 따라야 할 부분이기도 하다.

52. 더는 종노릇하지 않는다

윤리적, 교리적 문제들을 모두 안고 있던 골로새 교회는 사도 바울이 목양하고 돌본 여러 신생 교회 중 하나였다. 성경학자들 사이에서 상당한 주목을 받은 골로새 교회의 교리적 문제의 한 사례가 소위 말하는 "골로새 이단"(Colossian heresy)이었다. 다음 두 단락은 골로새 이단과 바울의 대처를 이해하는 데 중요한 본문이다.

> 누가 철학과 헛된 속임수로 너희를 사로잡을까 주의하라 이것은 사람의 전통과 세상의 초등학문(*stoicheia*)을 따름이요 그리스도를 따름이 아니니라(골 2:8).

> 아무도 꾸며낸 겸손과 천사 숭배를 이유로 너희를 정죄하지 못하게 하라

… 너희가 세상의 초등학문(*stoicheia*)에서 그리스도와 함께 죽었거든 어찌하여 세상에 사는 것과 같이 규례에 순종하느냐 곧 붙잡지도 말고 맛보지도 말고 만지지도 말라 하는 것이니(골 2:18, 20–21).

두 본문에서 바울은 '스토이케이아'(stoicheia)라는 헬라어를 쓰고 있는데, 이것은 학자들이 이해하기 어렵지 않지만, 그와 동시에 바울이 무슨 의도로 가져와 사용하는지 어리둥절하게 만드는 단어이기도 하다. '스토이케이아'라는 단어는 고대 헬라 문헌에서 여러 의미로 폭넓게 사용되고 있다. (1) 종교적 가르침에서의 기본 원리(예를 들면, 규례, 예전), (2) 물질세계를 구성하는 기본 요소(흙, 바람, 불, 물), (3) 신성을 지닌 별들(astral deities, 천체를 신적 존재로 여기는 개념), 그리고 (4) 일반적 의미에서의 영적 존재들.[1]

이 '스토이케이아'라는 표현이 신약성경에서는 모두 일곱 차례 언급되고 있다. 그러나 그 의미와 관련해서 명확하게 이해된다고 여겨지는 본문은 '스토이케이아'가 "율법"(하나님의 말씀의 초보)을 가리키는 히브리서 5:12이 유일하다. 하지만 이 단어에 대한 바울의 용례(골 2:8, 20; 갈 4:3, 9)로 볼 것 같으면, 그 의미가 무엇인지에 대해 학자들 간에 합의된 바는 아직 없다. 갈라디아서 4장과 골로새서 2장에서 바울이 말하는 바의 일반적 문맥에서는 (천사, 정사와 권세, 거짓 신들 같은) 영적 세력들이 포함되며, 이는 '스토이케이아'가 그런 존재들을 가리키는 것으로 생각될 수 있는 여지를 남긴다. 바울은 어느 경우에는 '스토이케이아'를 명확히 그리스도 안에 있는 구원과 대비시키고 있다. 바울이 유대인과 헬라인 모두를 대상 독자로 하고 있어서, 아마도 청중이 누구냐에 따라 그것을 고려하여 매번 다른 방식으로 이 단어를 사용하는 것일 수도 있다. 유대인 청중을 대상으로 말하고 있는 갈라디아서 4:1-7에서, 바울의 '스토이케이아'(갈 4:3) 용례는 (히 5:12와 유사한 방식으로) 율법과 종교적 가르침을 의미할 가능성이 크다. 그러나 바울의 청중이 이방인으로 전환되는 갈라디아서 4:8-11에서는 '스토이케이아'(갈 4:9)가 영적 존재들, 아마도 신성을 지닌 천체들을 가리켜 말하는 것으로 보는 것이 더 타당해 보인다. 따라서 "날과 달과 절기와 해"(갈 4:10)에 대한 바울의 언급은 유대력을 말하는 것이 아니라 점성술과 관련된 미신을 가리키는 것으로 볼 수 있다. 그러므로 바울은 하늘에 떠 있는 천체(태양, 달, 별들)가 신적 존재라는 그들의 사상을 부정하고 있는 것이다. 바울의 이방인 독자들은 그런 광명체들이 자신들의 운명을 주관한다는 사고에 사로잡히지 말고 거기서 해방되어야 했다.

"골로새 이단"이라는 표현에는 유대인과 이방인을 모두 아우르고 있는 것으로 보인다. 따라서 '스토이케이아'라는 용어는 이 두 그룹의 청중 모두에게 의미를 갖는다. 바울은 '스토이케이아'에 관한 자신의 언급을 "천사 숭배"(worship of angels, 골 2:18)와도 연결 짓고 있다. 바울을 비롯한 신약의 저자들이 천사들을 통해 받은 유대 율법을 가졌던 것을 감안하여(갈 3:19; 행 7:53; 히 2:2), 일부 학자들은 주장하길, 유대인 독자들에게 골로새의 '스토이케이아'는 유대인들을 율법에 예속시키는 (이스라엘에게 율법을 전달한 천사들에 대한 잘못된 숭배를 포함한) 어떤 이단적 사상을 의미할 것이라고 말한다. 반면 이방인에게 있어서,

> **THE BIBLE UNFILTERED**
>
> 그리스도 안에 있는 하나님의 자녀들은 더 이상 어떤 종류의 영적 세력에게도 종노릇하지 않는다.

이런 "천사들"과 금욕적인 "규례들"(골 2:20-21)은 이교도들의 종교 의식 및 그런 의식들을 소홀히할 경우 진노한다고 여겨지는 신적인 천체들을 숭배하는 것과 궤를 같이하는 이단적인 관습들을 강조하는 것일 수 있다.

그 궁극적인 해답, 그 정확한 의미가 무엇이든 간에 예수 그리스도의 은혜의 복음과는 정반대되는 것이라는 사실은 분명하다. 그리스도 안에 있는 하나님의 자녀들은 더 이상 어떤 종류의 영적 세력에게도 종노릇하지 않는다. 우리를 거스르고 불리하게 하는 율법의 조문과 예식 절차들은 모두 십자가에 못 박혔고(골 2:14), 그 결과, 하늘로부터 임하는 죄 용서와 자유가 우리에게 주어졌다.

53. 세례와 할례의 관계

세례는 논란의 여지가 많은 교리 가운데 하나다. 기독교 내의 여러 교파들이 세례와 관련하여 각자 자신들만의 고유한 주장들을 펴고 있다. 그리고 그 견해들은 대부분의 크고 작은 사안에서 서로 충돌을 일으킨다. 어떤 이들은 세례를 원죄가 제거되었다는 개념과 연결짓기도 하고, 다른 이들은 세례가 죄의 문제와는 전혀 관련이 없다고 주장하기도 한다. 일부는 세례가 그것을 받는 유아들에게 평생 하나님을 찾는 인생의 첫 시작을 알리는 종교적 의식이 된다고 생각하지만, 어떤 이들은 유아세례 자체를 부정하기도 한다. 또한 일부는 세례가 택자임을 확증해 주는 하나의 언약적 표징이라고 가르치고, 다른 이들은 세례가 이미 피세례자에게 일어난 회심을 확인해 주는 것이라 주장하기도 한다. 우리는 골로새서 2:11-12을 통해 세례에 대한 보다 명확한 성경신학적 이

해를 모색해볼 수 있다.

> 또 그 [그리스도] 안에서 너희가 손으로 하지 아니한 할례를 받았으니 곧 육의 몸을 벗는 것이요 그리스도의 할례니라 너희가 세례로 그리스도와 함께 장사되고 또 죽은 자들 가운데서 그를 일으키신 하나님의 역사를 믿음으로 말미암아 그 안에서 함께 일으키심을 받았느니라.

이 본문은 세례와 할례 사이의 연관성을 보여주고 있다. 비록 그 연결고리가 무엇인지 바울이 정확하게 밝히고 있지는 않지만, 그의 표현은 유비(analogy)의 차원에서 우리를 할례로 안내한다. 따라서 세례의 의미에 대한 논의는 할례의 의미와 일맥상통하는 것이 되어야 한다.

할례가 의미하지 않는 것 또는 이루지 못하는 것

구약의 신학과 성경 속 이스라엘의 역사적 배경에서 보면, 할례와 관련한 몇 가지 분명한 의미가 드러난다. 구약성경에 따르면 할례 자체가 구원을 제공해 주거나 보장해 주지 않음을 볼 수 있다. 또한 할례를 받는다고 해서 죄의 충동이 더 줄어드는 것도 아니다. 구약성경에서 우리는 할례를 받은 대다수 이스라엘 백성들이 여전히 하나님을 외면하고 우상 숭배의 길로 들어서는 장면을 쉽게 볼 수 있다. 이스라엘의 이런 죄

THE BIBLE UNFILTERED

비록 그 연결고리가 무엇인지 바울이 정확하게 밝히고 있지는 않지만, 그의 표현은 유비의 차원에서 우리를 할례로 안내한다.

악된 행위는 여호와의 진노를 불러일으켰고 그들이 포로로 사로잡혀가는 결과로 이어졌다. 이스라엘 남자들이 모두 할례를 받았다는 사실이 그들의 영적 성향이나 영적 운명에는 아무런 변화나 영향을 미치지 못했다.

더욱이 구약 본문은 여자들에게는 할례를 시행하지 않았다고 명백히 말한다. 이 세상의 어떤 문화권 또는 일부 종교에서는 여자들에게 할례를 시행하기도 하지만, 구약 이스라엘에서는 오직 남자들만 할례를 받았다.[1] 이 사실은 성기를 감싸는 포피의 일부를 잘라내는 의식 자체가 한 개인의 궁극적인 영적 운명에 어떤 식으로든 영향을 미치지 않는다는 것을 보여준다. 만약 할례가 어떤 식으로든 영향을 미친다면 이스라엘 여자들도 모두 예외 없이 할례를 받아야 했을 것이다. 추가적으로, 역사 자료에 근거하여 우리는 이스라엘 외에도 이집트 같은 다른 고대 문화권에서도 남자들에게 할례가 행해졌음을 알 수 있다.[2] 이런 사실은 할례라는 의식 자체가 구원에 어떠한 효력도 미치지 않는다는 걸 다시 한번 확인해 준다. 오히려 할례의 중요성이라고 한다면 하나님이 아브라함과 그 후손들에게 주신 약속들과 관련한 상징성에 있다. 그러므로 할례 의식 자체는 하나님 백성들의 구원 또는 하나님에 대한 이스라엘 백성들의 믿음의 표현과는 직접적인 관련이 없는 것이라 볼 수 있다.

할례의 의미

이스라엘 백성에게 할례는 자신들이 여호와의 언약 백성이라는 정체성을 상기시켜주는 물리적이고 가시적인 표징이었다(창 17:1-14). 이스라엘 민족은, 개인으로든 공동체로든, 아브라함과 사라에게 주신 약속, 그 언약에 따른 약속의 성취를 위한 하나님의 초자연적인 역사 때문에 존재할 수 있었던 자들이다(창 17:15-21). 할례는 그런 하나님의 초자연적인 은혜를 지속적으로 상기시켜주는 상징물인 것이다.

할례를 받는 남자들에게는 이스라엘 공동체, 즉 참되신 하나님의 진리를 독점적으로 소유한 유일한 공동체 안으로 들어갈 수 있는 자격이 주어졌다. 그 진리 안에는 여호와 하나님과 이스라엘의 언약적 관계뿐 아니라, 그들이 "마음의 할례"(즉 여호와의 약속을 믿고 오직 그분만 섬기는 마음의 할례; 신 10:16; 30:6)를 받아야 할 필요성까지 포함되었다. 고대 이스라엘 사회에서 여자들은 할례를 받은 남자와 결혼을 하거나 유대인 부모 사이에 태어나는 것을 통해 이 공동체 안으로 들어갈 수 있었다. 이방인 남자와의 통혼(즉 할례 받지 않아 여호와의 언약 공동체 구성원이 되지 못한 남자와의 혼인)은 허락되지 않았고, 언약 공동체 신앙의 순결을 지키기 위한 금지사항이었다(신 7:3-4). 공동체의 순결은 할례가 갖는 영적인 중요한 의미와 직접적으로 연결된다.

이스라엘 공동체의 일원이 된다는 것은 특별한 이유로 중요한 의미가 있었다. 바울이 유대인들에게 주신 하나님의 계시에 대해 언급한 것처럼 오직 이 공동체만이 진리, 즉 "하나님의 말씀"(the oracles of God)을 맡고 있었다(롬 3:2). 많은 신들 가운데 참 되신 유일한 하나님의 본질, 그리고 하나님과 바른 관계를 맺을 수 있는 방법(즉 구원의 길)과 관련한 진리를 오직 이스라엘만이 소유할 수 있었던 것이다. 여호와는 이 세상에 구원의 길을 제공해 주실 목적으로 이스라엘이라는 민족 공동체를 창조하셨다. 이 같은 독점적인 배타성은 구약의 신학에서 "택하심"(elect) 또는 "선택"(chosen)을 의미한다(신 7:7). 그러나 그 택하심 자체가 구원과 동등한 것은 아니었다. 하나님의 택함을 받은 수많은 이스라엘 백성조차 자신들의 불신앙과 불충으로 인해 구원에 이르지 못했기 때문이다. 이처럼 유일무이한 이스라엘 민족 공동체의 구성원들은 한 사람 한 사람 개인적으로도 반드시 언약의 약속을 믿고 여호와를 섬겨야 했다. 할례는 곧 이 진리로 다가가게 만드는 입구였을 뿐이다.

세례에 대한 유비로서의 할례

한편, 할례의 의미와 그 중요성은 (유아세례를 옹호하든 그렇지 않든 그런 것과는 상관없이) 여러 면에서 세례와 연결된다. 유아세례는 해당 유아로 하여금 믿는 공동체 및 지역 교회의 한 구성원이 되게 한다. 그리고 교회는 아이의 성장에 맞춰 하나님의 말씀과 구원의 도를 가르침으로, 아이가 복음을 듣고 믿을 수 있게 해야 한다. 이런 소망은 성인이 되어 세례를 받는 사람에게도 마찬가지일 것이다. 아브라함과 그에게 속한 남자 식솔들은 (심지어 하인들조차) 모두 다 할례를 받았을 때, 그 내용을 전하는 본문은 이들 가운데 누가 진정으로 아브라함의 하나님을 믿었고 누가 그렇지 않았는지를 일일이 확인하지 않는다. 단지 그동안 하나님의 복 주심과 아브라함의 신실함을 곁에서 지켜본 자들로서, 아브라함의 집안 식솔들 또한 아브라함과 함께 여호와를 믿었을 것으로 추정할 뿐이다. 오늘날 세례를 받는 많은 사람들은 이미 믿음의 결단을 내린 사람들이다. 신약에 언급되는 세례 본문에서 자주 접하는 장면이기도 하다. 신약의 신자들이 세례를 받았을 때, 그들은 믿는 공동체의 구성원이 되었다. 신앙 공동체의 일원이 된다는 것의 의미는 다른 신자들과 더불어 정기적으로 공동체의 삶을 경험하는 것에 있다. 그렇게 함으로써 그들은 자신의 믿음을 유지할 뿐 아니라 하나님의 약속을 확신하도록 서로를 도울 수 있었다. 오늘날에도 똑같은 원리가 적용된다. 하나님 나라 가족의 일원이 됨으로써 우리는 (각자 그리고 서로) 믿음을 지켜내고 북돋울 수 있어야 한다. 하나님은 구약의 이스라엘 민족에게도 이와 동일한 뜻을 품고 계셨다.

54.
어둠의 권세를 무력화시키다

그리스도인들은 이웃과의 불화 문제에서 귀신들림 같은 문제에 이르기까지 매우 다양한 상황에서, 어둠의 영적 세력들이 적대적으로 활동 중이라는 말을 종종 한다. 그러나 안타깝게도, 신약성경이 말하고 있는 영적 충돌에 대해서는 너무나도 자주 간과하고 있다.

바울을 비롯한 신약의 저자들은 사악한 어둠의 권세에 맞서는 우리의 영적 전쟁이 계속되고 있다는 사실을 명확히 지적하고 있다. 그러나 동시에 그 악한 권세는 십자가로 말미암아 이미 패배했다는 것 또한 자주 언급되고 있다. 우리가 이런 악의 실체와 그 싸움에 대해 어떤 방식으로 생각해야 할지를 알려주는 중요한 요소가 골로새서 2:15에 분명하게 제시되어 있다.

통치자들과 권세들을 무력화하여 드러내어 구경거리로 삼으시고 십자가로 그들을 이기셨느니라(LEB. triumphing over them by it).[1]

이 본문은 비교적 쉽고 단순한 의미를 담은 것으로 읽히지만, 실은 몇 가지 이유로 해석가들을 혼란스럽게 했다. 표현 자체는 성경의 유사한 다른 본문들과 크게 다르지 않으나, 실제로는 매우 특이하고 유의미하게 다른 부분이 존재한다. 예를 들면, 에베소서 4:8-10에서, 예수님은 사로잡힌 무리들을 이끌고* 개선 행진을 하시며 "위로 올라가셨다"(ascended on high). 그러나 골로새서 2:15에서, 예수님은 사로잡힌 자들을 이끌지 않으신다. 오히려 그들은 이미 무장해제(무력화)되었고, 공개적으로 굴욕을 당하며 패배했다. 그런데 분명한 것은, 그들이 지금도 여전히 예수님과 우리를 맞서 활동 중이라는 것이다. 바울은 다른 본문에서는 그리스도가 "개선 행렬"(triumphal procession, 고후 2:14)**에서 신자들을 이끌고 계신다고 말한다. 한 본문은 과거형이고 한 본문은 현재형이다. 그렇다면 이 본문들은 서로 충돌하는가? "통치자들과 권세들"은 누구를 가리키는가? 그들이 이미 패퇴한 것이 아니라면, 십자가로 말미암아 그들에게 일어난 일에 대한 바울의 진술은 어떤 의미가 있는가?

에베소서 4장에서, 바울은 어둠의 권세들에 대해 말하고 있다. 그들은 "바산의 힘센 소들"(시 22:12)로 불리며, (엡 4:8-10에 인용된 본문) 시편

---

* 개역개정. 사로잡으시고.

** 개역개정. 이기게 하시고.

68편에서 하나님이 정복하기 원하시는 부정한 산이기도 하다.[2] 그 산은 구약의 "귀신의 왕 바알"(*baal-zebul*)과 관련이 있는데, 이 바알은 (가나안의) 죽은 자들의 신이자, 신약에서는 사탄의 원형이다. 여기서 바울은 십자가에서 죽음을 이기신 그리스도의 승리와 그 결과로 사탄을 결박하신 사건("사로잡힌 자"와 관련된 표현에 주목하라)에 대해, 인류에 대한 "법적 소유권" 획득이라는 차원에서 진술하고 있다. 그러나 골로새서 2:15에서는 바울의 관점이 조금 다르다. 예수 그리스도의 십자가는 여기서 바울이 염두에 두고 있는 "통치자들과 권세들"과 관련해 조금 다른 성취를 이루었다.

골로새서 2:15에서 바울은 '아페크두오마이'(*apekduomai*, "무력화하다"), '데이그마티조'(*deigmatizō*, "망신을 주다" 또는 "공개적으로 드러내다"), 그리고 '드리암뷰오'(thriambeuō, "승리하다")라는 세 종류의 동사를 사용하고 있다. 이 헬라어들은 자주 쓰이는 용어가 아니다. 이 단어들은 함께 사용되어, 공개적인 굴욕, 권력의 찬탈, 또는 신분과 지위의 상실을 의미하지만 투옥이나 죽음을 의미하지는 않는다. 학자들은 앞의 세 단어들이 사용된다면 자연스레 예상되는 어떤 명백한 전쟁에 관해서는 언급이 없다는 사실에 주목했다. 왜 그런 것일까?

바울의 의도를 파악하기 위한 열쇠는 그의 "통치자들과 권세들"에 대한 언급에 있다. 이런 용어들은 바울이 영적 세계(하늘, 엡 3:10; 6:12)에 거하는 어둠의 권세들을 표현할 때 종종 사용하는 어휘의 일부다. 이런 용어들은 대개 "왕권들"(thrones) 또는 "주권들"(dominions) 같은 또 다른 용어들과 묶여 사용되기도 한다(엡 1:21; 골 1:16). 이 용어들은 모두 지리적인 영역을 지배하고 관할하는 영적 권세들을 일컫는 표현이기도 하다. 이와 같은 개념들이 한데 어울려, 바울이 구약에서 영향을 받은 우주적 지형을 갖춘(cosmic-geographical) 초자연적 세계관을 드러내고 있다. 이 세계관 속에서 신적 존재들은 바벨탑 사건 때 하나님에 의해 상속권을 박탈당하고 내버려진 민족들을 "배정"받았으나(창 11:1-9; 신 32:8-9; 단 10:13), 결국 여호와를 대적하고 이스라엘을 미혹시켰다는 사상이 함의되어 있다(신 4:19-20; 17:2-3; 29:24-26; 32:17; 시 82).[3]

THE BIBLE UNFILTERED

이제는 그리스도의 십자가로 말미암아, 그리고 그리스도의 왕국이 온 세계에 확장됨에 따라, 그 동안 적대적이던 영적인 존재들이 나라와 민족들에 대한 자신들의 입지와 지위를 상실하게 되었고 지금도 상실해 가는 중에 있다.

그리스도의 십자가로 말미암아, 이들 하나님께 적대적인 영적 존재들은 민족들을 지배하고 관할하던 자신들의 신분과 계급을 상실했으며 (지금도 여전히 상실중이며), 그와 동시에 그리스도의 왕국은 온 세상으로 확장되어가고 있다. 모든 권세를 상실한 이 영적 존재들을 대신해 죄 사함 받은 신자들이 다스리게 될 것이다(계 2:25-27). 신자들은, 말세에 새롭고 영화롭게 된 하나님의 자녀가 되어(요 1:12; 요일 3:1-3; 롬 8:18-19), "천사들을 심판"하게 될 것이다(고전 6:3).

55.
영감은 사건이 아니라 일련의 과정이다

모든 성경은 "하나님이 숨을 불어넣으심으로"(딤후 3:16, God breathed)[*] 된 것이라고 성경 스스로 분명하게 말하고 있다. 그래서인지 영감(감동하심, inspiration)을 어떤 비현실적이고 초자연적인 하나의 사건으로 생각하는 경향이 있다. 나는 여러 해 성경을 가르치는 동안 (그리고 교회에서 사람들과 대화를 나누면서), 이 영감에 대한 꽤나 이상한 설명들을 들어왔다. 말하자면, 어떻게 하나님이 성경 저자들의 손과 생각을 통제하셨는지, 또는 어떻게 성경 저자들이 하늘의 황홀경 상태에 들어갈 수 있었는지, 또는 어떻게 성령이 저자들의 마음에 정확한 단어들을 떠오르게 하셨는지 등이다. 솔직히 말하자면, 이 모든 이야기가 내 귀에는 성경신학적이기보다는 TV 드라마 《엑스 파일》 시리즈의 한 에피소드처럼 들릴 뿐이다. 성경의 영감과 관련하여 우리가 실제로 성경 안에서

* 개역개정. 하나님의 감동으로.

보게 되는 내용과는 전혀 다른 이야기라는 것이다.

성경의 영감이 "불가사의한 현상을 동반하는 단회적 사건"이라는 관점이 왜 말도 안 되는지를 보여주는 분명한 사례들이 있다. 신약성경에는 네 권의 복음서가 있다. 그중 첫 세 복음서(마태, 마가, 누가)는 예수님의 생애와 관련하여 기록된 내용들이 서로 중첩되는 것을 볼 수 있다. 그러나 사건들의 세부적인 사항에서[1] 또는 사건들의 배열 순서에서 차이를 보인다.[2] 세 복음서가 공통적으로 기록하고 있는 사건 속 대화조차 그 표현이나 어휘, 문장의 길이, 그리고 화자와 이야기의 발화 시점 등에서 다양한 차이를 드러내고 있다. 심지어 (영어 번역본에서는) 대화 내용이 서로 동일해 보이는 경우에도, 실제로는 그렇지 않은 예가 있다. 헬라어 원문에선, 저자들이 서로 다른 단어, 다른 동사 시제, 다른 명사의 격, 다른 접속사 등을 사용하기도 한다는 것이다. 예수님의 이야기가 저자들의 귀에 '들렸다든지' 또는 그들의 의식이 몽롱할 때 그대로 '다운로드'되었다면, 우리는 이 같은 차이들이 있을 거라 기대하기 어려웠을 것이다. 나는 성령이 정말 그런 방식으로 일하셔서 우리의 신학을 하찮은 것으로 만드실 거라 생각하진 않는다.

성경 본문에는 성경의 영감이 단회적인 사건이 아니었음을 꽤나 명백하게 보여주는 장면들이 많이 있다. 평소 주의 깊게 성경을 읽는 독자라면 이를 눈치 챌 수 있을 것이다. 가령 성경 대부분의 책들에는 편집된 흔적들이 남아 있는데, 그중 가장 좋은 예가 에스겔서의 첫 장일 것이다.

> 서른째 해 넷째 달 초닷새에 **내가**(**I was**) 그발 강가 사로잡힌 자 중에 있을 때에 하늘이 열리며 하나님의 모습이 **내게** 보이니(**I saw**) 여호야긴 왕이 사로잡힌 지 오 년 그 달 초닷새라 갈대아 땅 그발 강 가에서 여호와의 말씀이 부시의 아들 제사장 나 에스겔에게(came to Ezekiel) 특별히 임하고 여호와의 권능이 내 위에(upon him) 있으니라 **내가** 보니(**I looked**) 북쪽에서부터 폭풍과 큰 구름이 오는데 그 속에서 불이 번쩍번쩍하여 빛이 그 사방에 비치며 그 불 가운데 단 쇠 같은 것이 나타나 보이고(겔 1:1–4).

첫 번째 구절에서 진한 글씨체로 표시된 일인칭이 두 번 사용되고 있다. 이런 일인칭 화법은 에스겔이 자기 자신에 대해 기록하고 있다는 인상을 받게 한다. 그러나 밑줄로 표시된 3절에서는 삼인칭 화법으로(came to Ezekiel) 전환된다.* 여기서 저자는 분명 에스겔이 아니다. 에스겔이 자기 자신에 대해 기록하는 게 아니라, 우리가 이름을 알 수 없는 누군가가 저자가 되어, 에스겔을 3인칭 표현으로 언급하고 있다. 그런 후 4절에서는 또 다시 일인칭 화법으로 전환된다(진한 글씨체로 표시된 부분). 이런 화법의 전환은 편집자의 존재에 대한 숨길 수 없는 단서를 제공하는 것일 수 있다. 어처구니없게도, 성령이 자아분열을 일으켜 인칭을 자꾸 바꾸신 게 아니다. 누군가 말하는 것을 그대로 받아적거나 다운로드했거나 기계적으로 쓴 것 또한 분명 아니다.

* 저자는 영어 번역본을 기준으로 이 같이 말하고 있으며, 한글 개역개정은 일인칭으로 표기되어 있다.

하나님이 성경을 통해 사람들에게 말씀하시는 것은 사실이지만, 그 텍스트가 성경 저자들에 의해 어떻게 만들어졌는지를 기술하는 본문들은 그것을 결코 이례적인 용어로 설명하고 있지 않다. 성경에 따르면, 성경은 하나님의 신적인 영향력과 더불어 보통의 인간의 구술 활동, 더 확장하면 기록 활동의 산물이다(딤후 3:16; 벧후 1:16-21). 작가들은 사건들을 기록하고 느낌도 기록한다. 작가들은 논지를 펼치기도 하고, 자신들을 시적으로 표현하기도 한다. 또한 자료를 사용하거나 생각을 빌리기도 한다. 기존에 기록된 내용을 재술하거나 새롭게 다듬어 쓰기도 한다. 저자들은 장르, 구조, 문학적 장치, 단어 선택, 시적 대구, 그리고 내러티브 기술 등에 예민하다. 그들의 작품 속에는 언어유희와 풍자, 그리고 미리 구상된 플롯의 흐름이 있다. 성경의 모든 책도 저자들의 고된 글쓰기 과정과 신중한 사고의 결과물로 탄생한 것이며, 어느 날 일시에 한꺼번에 만들어진 것이 아니다. 그 어떤 책도 그저 "갑자기 생겨난" 것은 없다.

> **The Bible Unfiltered**
>
> 성경의 모든 책은 저자들의 고된 글쓰기 과정과 신중한 사고의 결과물로 탄생된 것이며, 다 같이 한 번에 저절로 나타난 것이 아니다.

성경 탄생 과정에서, 하나님의 역할은 매우 중대하고 계획적인 것이었다. 하나님은 다양한 부류의 사람들을 택하여 하나님의 신적인 섭리 가운데, 성경 기록의 순간 (즉 하나님의 성령으로 또는 다른 누군가의 영향으로 그들이 하나님 백성들의 유익을 위해 말씀을 기록하도록, 또는 선지자적 인물에게서 전수받은 자료를 수집하고 편집하도록 그들의 마음을 움직이실 그 순간)을 위해 그들을 준비시키셨다. 하나님은 하나님이 보존하길 원하시는 메시지를 기록하고자 하는 열망과 그런 필요가 일어나게 될 상황 속으로 그 준비된 자들을 인도하셨다. 하나님이 인간 저자들을 몽롱한 상태에 두시거나 그들의 손가락을 인위적으로 조종해 성경을 기록하게 하신 것이 아니다. 그들은 손을 붙잡히거나 또는 의식을 조종 당할 (또는 감정을 통제 당할) 하등의 이유가 없었다. 성경 저자들은 하나님의 목적을 위해 사용된 도구였을 뿐 결코 꼭두각시는 아니었다.

성경의 인간적 측면을 받아들이라

왜 이 문제가 중요한가? 성경의 저작 이면에 있는 인간적 측면을 최소화하거나 또는 부정하는 것은 성경 영감의 교리를 약화시키는 길이 될 것이 분명하다. 성경을 어떤 초고도의 지능을 가진 신적 존재가 영적 세계에서 나눠준 기이한 책으로 설명하는 것은 우리가 성경 속에서 실제로 보는 것과는 조화가 되지 않는다. 그러나 그런 견해와는 달리, 성경의 영감을 하나님의 섭리 가운데 신실하게 인도함을 받은 하나의 긴 과정으로 본다면, 성경의 경이로움을 설명하는 데에도 유용할 것이다. 이처럼 성경의 인간적 측면을 받아들이는 것은 성경 안에 실제로 포함되어 있는 부분들, 즉 성경의 다소 "흐트러진" 부분과 때로는 예술적인 요소들을 이해하는 데 엄청난 도움이 된다.

56. 빛들의 아버지

야고보서는 신약성경에서 특히 실천적이고 현실적인 면이 두드러진 편지로 잘 알려져 있다. 그렇기에 우리는 야고보서에서 그리스도인의 신앙생활에 유익한 광맥을 찾아내곤 하지만, 이 짧은 편지에 감춰진 신학적으로 중요한 진술들에 대해서는 쉽게 간과하고 있다. 그중 하나가 야고보서 첫 장에 등장한다(약 1:17).

> 온갖 좋은 은사와 온전한 선물이 다 위로부터 빛들의 아버지께로부터 내려오나니 그는 변함도 없으시고 회전하는 그림자도 없으시니라.

야고보서의 "빛들의 아버지"라는 문구는 성경에서도 유일무이한 표현이다. 이 표현을 먼저 이해할 수 있어야, 하나님은 "변함도 없고 회전하는 그림자도 없다"라는 야고보서의 선언을 이해하기가 쉬워진다. "빛들의 아버지"는 별들과 천체의 모든 것을 만드신 창조주로서 하나님의 역할을 가리킨다. 우리는 이런 개념을 창조 기사를 담고 있는 창세기뿐 아니라 시편에서도 엿볼 수 있다(창 1:14-18; 시 136:7-9; 148:1-5). 동일한 개념을 담은 이와 유사한 표현들이 사해 두루마리 사본 같은 고대 유대 문헌에서도 종종 발견된다.[1]

천체의 모든 것들은 계절과 날과 해를 알린다(창 1:14-18). 변화의 흐름과 관련이 되는 것이다. 야고보서 1:17에서 "변화"(change, *tropē*)로 번역된 명사는, 다른 헬라 문헌에서 별들의 이동 및 위치 변화, 계절 변화 및 그것이 땅에 미치는 영향, 그리고 하지와 동지 등을 묘사하는 데 사용되기도 했다.[2] 야고보가 "변화"라는 단어를 "그림자"라는 단어와 함께 사용한 것은 일(월)식을 암시할 수 있다. 야고보의 이런 언급은 매우 의미심장하다. 비록 하늘에 떠 있는 광명체들은 변화하고 바뀌지만, 그것들을 창조하신 하나님 아버지는 그렇지 않으시다. 하나님 아버지는 결코 요동함이 없으시다.

그러나 여기서 "빛들의 아버지"라는 표현은 창조주로서 하나님의 역할 이상의 의미를 전달하고 있다. 하나님의 성품과 본성은 다른 모든 신적 존재들과 근본적으로 다르다는 것이다. 다른 고대 문화권과 마찬가지로, 유대 문헌들은 하늘의 행성들이 천상의 존재라는 당대의 널리 퍼진 생각을 반영하고 있다. 이런 개념은 하나님의 아들들을 은유적으로 "하나님의 별들"(욥 38:7)이라고 표현하는 구약 본문에서도 발견된다.

그렇다면 하나님에 대한 야고보서의 "빛들의 아버지"라는 표현은 하나님을 모든 천상의 존재들에 대한 창조주로서의 하나님에 대해 말한다고 보아야 한다. 즉 그 모든 존재들은 하나님에 의해 창조된 피조물들이고 따라서 하나님보다 하등한 존재라는 것이다. 오직 하나님만이 지으심을 받지 않은, 스스로 존재하는 분이시다.

이 같은 개념은 "하나님은 빛이시라"는 요한일서 1:5의 말씀에도 살짝 스며들어 있다. 여기서 요한은 하나님을 빛이라는 하나의 에너지 분자로 칭하는 것이 물론 아니다. 만약 그렇다면 하나님은 피조 세계의 일부분이라는 의미를 가지며, 그것은 요한이 다른 곳에서는 단호하게 부인하는 개념이다(요 1:1-3). 오히려 요한은 이 표현을 은유적으로 사용하면서 그 의미를 "[하나님]에게는 어둠이 조금도 없으시다"는 언급으로 한정시키고 있다. 오직 하나님만이 완전히 참되고 선하시다는 것이다.

> **THE BIBLE UNFILTERED**
>
> 비록 광명체—우주의 천체—들은 변화하고 바뀌지만, 그들을 창조하신 아버지는 그렇지 않다. 하나님 아버지는 전혀 요동함이 없으시다.

우리의 하나님, 빛들의 아버지께서는 홀로 시간을 창조하셨고 계절과 절기를 나타내는 하늘의 광명체들을 만드셨다. 우주의 모든 천체는 창조 때 하나님이 정하신 법칙에 따라 움직이지만, 하나님의 본성은 전혀 변함이 없으시다.

모든 변화의 주인 되시는 하나님 자신은 조금도 변화가 없으신 것이다. 하나님 아버지의 성품에는 결코 변개함이나 요동함이 없다. 우리의 하나님이신, 빛들의 아버지는 다른 모든 영적 존재들(즉 하늘의 만군, 왕상 22:19)을 창조하셨지만, 오직 하나님만이 영원토록 참되고 선하시다. 다른 모든 것들의 본성은 변하고 실패할 수 있을지 모르나, 오직 하나님만은 영원무궁토록 변함이 없으시다.

57.
귀신들은 하나님에 대해 무엇을 믿는가?

《프린세스 브라이드》(*The Princess Bride*)는 내가 최고로 꼽는 로맨틱 코미디 영화 중 하나다. 이 영화는 기억에 남을 만큼 인상적인 배우들의 연기와 대사로 가득하다. 예를 들면, (자신을 천재라고 생각하는) 비지니(Vizzini)는 "믿을 수 없어!"(Inconceivable!)라는 감탄사를 거듭 연발하는 인물로 각인돼 있다. 그는 이 말을 너무나 자주, 특히 부적절한 상황에서도 쓰기 때문에 (물론 다 연출된 것이지만) 그럴 때면 그가 매우 어리석어 보이기도 한다. 어떤 장면에서는 이니고 몬토야(Inigo Montoya)가 그의 어처구니없는 언어 행태를 지적하며 비지니에게 이렇게 말한다. "너는 언제 어디서나 툭하면 그 말을 내뱉는데, 그 단어는 말이야, 절대로 네가 생각하는 그런 의미가 아니야."

마찬가지로, 누군가 야고보서 2:19의 "네가 하나님은 한 분이신 줄을 믿느냐 잘하는도다 귀신들도 믿고 떠느니라"를 인용(또는 잘못 인용)할 때마다 나는 줄곧 그 대사가 생각나곤 한다. 이 구절은 대부분의 독자들이 생각하는 그런 의미를 전달하고 있지 않기 때문이다.

야고보서 바로 읽기

나는 지난 수년 동안 복음의 메시지에는 단지 하나님을 믿는 것 이상의 의미가 담겨 있음을 설명하기 위한 일환으로 사람들이 이 구절을 인용하는 것을 자주 들어왔다. 그들은 취지는 이렇다. "귀신들도 하나님을 믿지요. 그러나 그들이 그것만으로는 천국에 못가는 걸 보세요." 맞는 말이다. 단순히 하나님이 존재한다고 믿는 것 하나만으로는 그 누구도 천국에 들어갈 수 없다. 그러나 여기서 야고보의 요지는 귀신들이 하나님을 믿는다는 것에 있지 않다.

본문을 다시 한번 읽어보라. 야고보의 진술에 따르면 귀신들이 믿는 것은 "하나님은 한 분이시다"라는 것이다. 귀신들은 하나님의 존재를 믿지만 야고보는 귀신들이 하나님에 대한 어떤 구체적인 진리에 대해 믿고 있다는 점을 말하기 위해 그 이상의 것을 언급하고 있으며, 바로 그 구체적인 진리에 대한 믿음이 그들을 떨게 하는 것이다.

쉐마

야고보서 2:19의 "하나님은 한 분"(God is one)이라는 표현은 신명기 6:4, "이스라엘아 들으라 우리 하나님 여호와는 오직 유일한 여호와이시니"를 떠올리게 한다. 이 구절은 쉐마라고 불리며 이스라엘 백성들의 가장 근본적인 신앙고백으로 여겨진다. 히브리어로 '쉐마'(*shema*)라는 용어는 우리 말로 "들으라!"(Hear!)는 명령을 음역한 것이다.

야고보는 예수님을 믿게 된 유대인 신자들을 대상으로 편지를 썼다(약 1:1-3). 따라서 당시 독자들은 그 표현을 쉽사리 알아채고 그 출처가 되는 본문 또한 알고 있었을 것이다. 야고보는 유대인 신자들에게 하나님이 한 분이심을 믿는 것은 좋은 일이라 말하고 있다. 예수님을 하나님으로 믿는 그들의 믿음은, 이런 성경적 신학의 근본 요지를 부정하게 만들지 않는다. 다만, 올바른 믿음은 반드시 의로운 삶으로 그 유효성이 확증되어야 한다는 것이다.

여기서 야고보는, 마치 하나님이 선행을 한 누군가에게 구원을 빚지시는 것 마냥, 우리의 어떤 행함이 공로가 되어 영생을 얻게 된다고 주장하는 것이 아니다. 하나님은 어떤 방식으로든 사람에게 빚을 지는 일이 결코 없으시다. 구원은 우리의 능력으로 획득할 수 있는 게 아니다(엡 2:8-9). 오히려 야고보는 편지를 받는 신자들의 믿음을 분별할 수 있기를 원한다. 그들의 행함은 야고보(그리고 다른 사람들)에게 그들이 믿는 바를 보여주게 될 것이다. 어떤 사람의 믿음이 참되다고 할 때, 그것은 그의 행함이라는 증거로 입증되기 때문이다. 우리가 선한 일을 하는 이유는, 하나님이 우리에게 주셔야 할 어떤 것을 얻어내기 위해서도 아니고, 마치 하나님이 우리에게 구원을 빚지게 만들기 위해서도 아니다. 오직 우리가 복음 (우리 스스로는 결코 얻어낼 수 없는 하나님의 은혜로운 구원의 선물)을 정말로 믿고 있음을 보여주기 위해 감사함으로 선한 일을 추구하는 것이다.

그렇다면 '쉐마'가 귀신들을 그토록 떨게 하는 이유는 무엇인가?

귀신들은 물론 "하나님은 한 분이시다"라는 올바른 개념을 알고 있을 수 있다. 그러나 그들에게는 결코 구원이 제공되지 않는다. 쉐마의 핵심 요지는 하나님이 아브라함의 후손, 이스라엘 백성을 통해 구속(redemption)을 제공하셨다는 것에 있다. 구약성경에서, 이스라엘은 하나님이 바벨에서 그 땅의 백성들을 온 지면에 흩으신 이후, 하나님의 초자연적 개입을 통해 탄생했다(창 10; 11:1-9). 신명기 32:8-9은 당시에 일어난 사건을 다음과 같이 묘사한다.

> 지극히 높으신 자가 민족들에게 기업을 주실 때에, 인종을 나누실 때에 이스라엘 자손의 수효대로 백성들의 경계를 정하셨도다 여호와의 분깃은 자기 백성이라 야곱은 그가 택하신 기업이로다.[1]

바벨탑 심판 후에, 하나님은 아브라함을 부르신다(창 12:1-3). 이 두 사건이 연이어 일어난다. 하나님이 아브라함을 부르시고 아브라함으로부터 시작되는 민족 이스라엘을 자신의 "분깃"(portion)으로 삼으시면서, 바벨탑 이전의 다른 모든 민족들은 흩어 내버리셨다. 이 민족들은 상속권을 박탈 당한 채 다른 신적 존재들, 곧 하나님의 아들들에게 배정되었는데, 신명기에서는 그 존재들을 각각 "하늘 위의 모든 천체"(host of heaven, 신 4:19; 17:3), 신들(히브리어로 *elohim*), 그리고 귀신들(demons, 히브리어로 *shedim*)이라고 부른다(신 4:19-20; 17:3; 29:24-26; 32:17).[2] 언제 어떻게 그렇게 되었는지는 알 수 없지만, 다른 민족들을 지배하고 관할하던 이 하나님의 아들들은 부패하여 자신들에게 주어진 권세를 남용했을 뿐 아니라(시 82편), 참 되신 하나님 대신 자신들을 섬기도록 이스라엘을 미혹했다(신 29:24-26; 32:17).

이 모든 것의 의미

여기서 중요한 신학적 요지는 이 민족들(열국, 열방의 백성들)과 그들을 배정받아 주관하던 귀신-신들(demon-gods)은 구원 계획 바깥에 있었다는 것이다. 반역한 하나님의 아들들, 곧 귀신들은(신 32:17) 쉐마가 무엇을 의미하는지 잘 알고 있었다. 그 표현은 참 되신 하나님의 임재 앞에서 자신들이 영원히 추방당했음을 떠올리게 하는 것이었다. 따라서 그들이 그런 생각에 두려워 떨었다는 사실은 전혀 놀라운 일이 아니다. 이스라엘 백성에게 있어서, "우리 하나님 여호와는 오직 유일한 여호와이시니"라는 선포는 그들에게 구원을 베푸실 이는 오직 하나님 한 분임을 상기시키는 것이고, 하나님이 모든 열방 가운데서 이스라엘을 자기 백성으로 택하여 삼으신 것을 기억나게 하는 외침이었다. 오직 이스라엘만이 지극히 높으신 하나님에 대한 진리를 소유할 수 있었다. 이제 하나님은 예수 그리스도 안에 성육신으로 임하셨다. 예수님을 받아들임으로써 야고보서의 독자들은 그들이 간직해 오던 고대의 언약 신앙의 궁극적인 결과물을 받아들이게 되었다.

> **THE BIBLE UNFILTERED**
>
> 쉐마는 반역한 하나님의 아들들이 참 되신 하나님의 임재 앞에서 영원히 추방당했음을 떠올리게 하는 것이었다.

58.
예수,
야곱에게서 나온
새벽 별

크리스마스에 예수님과 한 별에 대한 이야기를 듣게 된다면, 그것은 동방의 박사들이 하늘의 징조를 따라 요셉과 마리아와 아기 예수를 뵈러 왔다는 마태복음 2:1-12의 내용일 확률이 높다. 물론 이 친숙한 이야기가 이제까지 그래왔던 것처럼, 지금도 여전히 큰 주목을 받을 만한 가치가 충분하다는 것은 두 말할 필요가 없다. 하지만 우리가 이 이야기에만 열광하다 보면, 메시아의 별에 대한 또 다른 중요한 이야기를 상대적으로 소홀히 하게 되는 경우가 생길 수 있다. 민수기 24:17에서, 우리는 "한 별이 야곱에게서 나오며 한 규가 이스라엘에게서 일어나서"라는 예언의 말씀을 읽게 된다. 아마도 독자들은 동방박사 이야기를 기록할 당시에 마태가 떠올린 구약의 예언이 이것이라고 생각할지도 모르겠다. 그러나 그것은 사실과 다르다. 마태복음의 내용은 구약의 이 구절을 인용하거나 전혀 연상시키지 않는다.

민수기 24:17이 고대 유대인의 사고에서 메시아 예언의 본문으로 여겨진 건 맞다. 그러나 아무도 이 본문을 읽으면서 하늘의 징조에 대해 생각하지는 않았다. 이 별은 하늘에서 나타난다고 묘사되지 않고, 오히려 "야곱에게서"(go out from Jacob) 그리고 "이스라엘에게서 일어나"(rise from Israel)게 될 것이라 일컬어진다. 따라서 그 별은 어떤 한 인물을 나타낸다. 고대 시대에 별과 관련된 언어들은 주로 신들이나 왕들을 언급할 때 사용되곤 했다. 때로 왕들은 신들에 의해 임명되어 세상을 다스리고 심지어 신적인 혈통을 갖게 된 것으로 여겨졌기 때문에, 이 같은 개념들이 하나로 합쳐져 사용되기도 했다. 이스라엘 민족에게 별과 관련된 표현은 메시아-왕(the Messiah-King)을 가리키는 데 사용되었다. 따라서 민수기 24:17은 요한계시록의 다소 난해한 본문을 해석하는 배경이 되기도 한다. 다음은 예수님이 하신 말씀을 사도 요한이 기록한 본문이다.

> 다만 너희에게 있는 것을 내가 올 때까지 굳게 잡으라 이기는 자와 끝까지 내 일을 지키는 그에게 만국을 다스리는 권세를 주리니 그가 철장을 가지고 그들을 다스려 질그릇 깨뜨리는 것과 같이 하리라 나도 내 아버지께 받은 것이 그러하니라 내가 또 그에게 새벽 별을 주리라(계 2:25-28).

이기는 자, 예수님께 끝까지 신실한 자에게 "새벽 별을 주신다"(give

the morning star)는 것은 무슨 의미인가? 그 해답은 본문의 병행 구절 안에 이미 들어 있다. "새벽 별을 주신다"는 것은 "만국을 다스리는 권세를 주신다"(26절)는 의미다. 그러나 이 말이 의미하는 바가 정확하게 무엇인지를 이해하기란 여전히 쉽지 않다. 요한은 예수님이 새벽 별의 이미지를 사용하여 자신의 메시아적 신분과 권세를 묘사하시는 요한계시록 22:16을 통해 그 의미를 더 명확히 드러내고 있다.

> 나 예수는 … 다윗의 뿌리요 자손이니 곧 광명한 새벽 별이라.

다른 말로 하면, 예수님은 민수기 24:17에서 예고했던 신적인 메시아-왕이시다. 이런 표현과 그 본문들이 내포하는 함의는 실로 우리를 경이롭게 한다. 요한계시록 2:27에서, 예수님은 시편 2:7-9을 인용하신다. 민족들(열방)을 다스릴 자신의 통치권을 언급하는 시편인데, 예수님은 그 시편 말씀을 신실한 신자들에게도 적용하고 계신다. 예수님은 새벽 별이시고, 또한 새벽 별을 가지신 분이다. 예수님은 민족들(열방)을 다스리는 메시아적 권세를 가지셨지만, 그 권세를 하나님의 자녀들과 나누겠다는 의도를 드러내고 계신다. 요한은 이런 사상을 3:21에서도 반복하고 있다.

> 이기는 그에게는 내가 내 보좌에 함께 앉게 하여 주기를 내가 이기고 아버지 보좌에 함께 앉은 것과 같이 하리라.

베들레헴 하늘에 나타났던 큰 별은 크리스마스를 경이롭고 위대하게 만드는 유일한 별이 아니다. 새벽 별 그 자체이신 예수님은, 주를 따르는 신자들이 그저 영원토록 하나님과 함께 처소에 머물기만 할 것이 아니라, 새 하늘과 새 땅에서 왕이신 주님과 더불어 왕 노릇하게 될 운명임을 선포하고 계신 것이다.

59.
우리의 선입견을 주의하라

신중하고 세심하게 성경을 배우는 학생이 되고자 한다면, 자신에게 이미 내재해 있는 특정한 전제와 선입견으로 성경이 말하는 바를 걸러내지 말아야 한다. 우리의 신학은 성경 본문 자체에서 도출되어야 하지, 우리의 전통적인 성경 읽기 방식에서 비롯되어서는 안 된다.

우리의 선입견이 작동하지 못하도록 붙잡아놓는 것은 생각만큼 쉬운 일이 아니다. 우리가 종종 접해 왔던 빗나간 전제의 사례 하나를 들자면, 태곳적 세상에서, 창세기 3장에 언급되는 인류의 타락이 발생하기 전, 마귀가 하나님의 천사 중 삼분의 일에 달하는 무리와 합세해 하나님을 대적했다는 개념이다. 성경에는 그런 사건이 어디에도 기록되어 있지 않지만, 적지 않은 수의 그리스도인들이 그런 내용을 성경의 가르침이라고 믿고 있다. 천사들을 가리키는 것으로 추측하는 "삼분의 일"

이라는 표현은 단 성경의 단 한 본문에서만 발견되는데, 바로 요한계시록 12:1-9이다.

> 1 하늘에 큰 이적이 보이니 해를 옷 입은 한 여자가 있는데 그 발 아래에
> 는 달이 있고 그 머리에는 열두 별의 관을 썼더라 2 이 여자가 아이를 배
> 어 해산하게 되매 아파서 애를 쓰며 부르짖더라 3 하늘에 또 다른 이적이
> 보이니 보라 한 큰 붉은 용이 있어 머리가 일곱이요 뿔이 열이라 그 여러
> 머리에 일곱 왕관이 있는데 4 **그 꼬리가 하늘의 별 삼분의 일을 끌어다**
> **가 땅에 던지더라** 용이 해산하려는 여자 앞에서 그가 해산하면 그 아이
> 를 삼키고자 하더니 5 여자가 아들을 낳으니 이는 장차 철장으로 만국을
> 다스릴 남자라 그 아이를 하나님 앞과 그 보좌 앞으로 올려가더라 6 그 여
> 자가 광야로 도망하매 거기서 천이백육십 일 동안 그를 양육하기 위하여
> 하나님께서 예비하신 곳이 있더라 7 하늘에 전쟁이 있으니 미가엘과 그의
> 사자들이 용과 더불어 싸울새 용과 그의 사자들도 싸우나 8 이기지 못하
> 여 다시 하늘에서 그들이 있을 곳을 얻지 못한지라 9 큰 용이 내쫓기니 옛
> 뱀 곧 마귀라고도 하고 사탄이라고도 하며 온 천하를 꾀는 자라 **그가 땅**
> **으로 내쫓기니 그의 사자들도 그와 함께 내쫓기니라**.

이 본문은 분명하게 용을 마귀로 규정하고 있으며(12:9), 대부분의 학자들은 땅으로 "던져진"(cast down, ballō; 12:4) 하늘의 별들이 결국 "내쫓김을 당한"(thrown down, ballō; 12:9) 용의 천사들(사자들)이라고 밝

> **The Bible Unfiltered**
>
> 하나님의 천사들 삼분의 일이 마귀와 함께 하나님을 대적했다는 이야기는 성경 어디에도 기록되어 있지 않다.

히고 있다. 그러나 하늘에서 벌어지는 이 전쟁은 창조, 창세 전, 또는 인류의 타락과 직접적으로 연결되지는 않는다. 이 전쟁은 메시아의 탄생과 분명한 관련이 있어 보인다(12:5). 한 아이의 운명과 연결시켜 메시아적 표현을 사용하고 있기 때문이다(시 2:9; 슥 9:10). 게다가 이 요한계시록 본문은 마귀가 언제 하나님을 반역했는지에 대한 언급이 전혀 없다.

또한 이 본문에는 다소 모호한 요소들이 있다. 전쟁에 대한 직접적인 언급은 12:7에만 나오는데, 거기서는 용(마귀)과 그의 천사들이 미가엘과 그의 천사들에 맞서 싸우는 내용을 기록할 뿐이다. 여기서 제기되는 가능성은, 천사("별들", 12:4)의 삼분의 일이 마귀의 천사들이 아니라, 마귀와 마귀에게 충성하는 다른 천사들에게 패한 거룩한 천사들이라는 것이다. 여기서의 기본 전제는, 요한계시록 12:7-9의 전투 장면이 12:4의 사건을 확대 부연하는 설명이라는 것이다. 그러나 이 두 장면은 큰 전쟁 중에 일어난 서로 다른 별개의 두 사건일 가능성도 있다.

그것이 어떤 경우라 하더라도, 하늘의 전쟁이 발발한 시점에 대해서는 성경을 배우는 대부분의 학생이 추측할 만한 수준의 내용이 아니다. 요한계시록의 묵시적인 특징상, 이 본문 역시 어떤 해석도 확실하게 장담할 수 없다는 점을 감안해야 한다. 성경을 공부하다 보면, 특히 어려운 본문에 맞닥뜨리게 될 때, 종종 해묵은 (그리고 결함 있는) 전제들로 우리가 이해하지 못하는 간극들을 채우려 할 때가 많다. 그렇기에 하나님의 말씀에 신실하고자 한다면, 선입견을 가지고 성경을 읽거나 해석하지 않도록 각별히 주의해야 한다.

60.
예수,
우리의
용사

성경을 공부하는 많은 학생들은 당연하게 거룩한 전쟁, 즉 성전(holy war)이라는 주제를 구약과 연결시켜 생각한다. 민수기, 신명기, 여호수아 그리고 사사기 등 구약 여러 본문에서 이스라엘 백성들은 약속의 땅을 차지하고 있던 적대적인 거주민들에 맞서 여호와의 이름으로 (그리고 여호와의 도우심으로) 많은 전투를 치렀다.

이런 성전 및 그와 관련된 주제는 우리에게 너무나 강렬한 인상을 남기기 때문에, 많은 그리스도인들이 구약의 하나님을 신약에서 묘사된 성부 하나님, 그리고 특히 성육신하신 예수 그리스도를 통해 나타난 하나님의 성품과 어떻게 일치시켜야 하는지를 놓고 어려움을 겪기도 한다. 그러나 하나님에 대한 이런 다각도의 그림은 결코 모순되는 것이 아니다. 실제로 예수님은 신약에서 신적인 용사로 묘사된다. 바울이 에베소에 보낸 편지에서 이런 그림의 한 단면을 보게 된다.

구약의 성전 사상

구약은 거룩한 전쟁에 관한 규정과 그 배경에 대해 설명하고 있으며(신 7, 20장을 참조하라), 이스라엘이 전쟁을 치르는 동안 그대로 실행되었다. 이스라엘 백성들은 전쟁을 치르기 전에, 먼저 하나님께 아뢰고 그분의 뜻을 분별해야 했다(삼상 23:1-6). 하나님이 승리를 얻게 하실 때, 이스라엘은 적의 군사력을 괴멸시키고 "칼날로 그 안의 남자를 다 쳐죽여야" 했다(신 20:13). 이 거룩한 전쟁에서, 여호와 하나님은 친히 이스라엘의 신적인 용사가 되셨다. 즉 여호와는 전투에서 이스라엘 백성들을 이끄시고, 승리를 거두게 하시는 분이었다(출 15장; 수 5:13-15; 6:1-2, 27).

최종적으로 하나님은 마음에 합한 사람, 다윗을 택하시고 그를 하나님의 백성 위에 왕으로 세우셨다(삼상 16장). 하나님은 다윗과 언약을 맺으시면서, 이스라엘 역사 속에서 그의 자손이 왕의 계보를 이어갈 것을 승인하셨다. 이후로는 오직 다윗의 자손들만이 여호와의 백성 위에 왕으로 자리할 권리를 소유하게 되는 것이다(삼하 7장). 오직 다윗의 자손만이 이방 민족과 그 신들 및 어둠의 악한 권세로부터 하나님의 백성을 수호하도록 인정받은 자가 될 것이다(신 32:8-9 ESV).[1]

다윗의 자손 메시아는 이스라엘의 궁극적인 왕이시다. 신적 메시아이신 예수님은 신약에서 (구약의 거룩한 전쟁이라는 배경에서 언급되는) 용사이신 왕(warrior-king)으로 묘사된다. 예수님을 그런 이미지로 묘사하는 가장 익숙한 본문이 아마도 요한계시록일 것이다. 마지막 때에, 이방 족속 및 어둠의 권세에 맞서 벌어지는 종말론적 충돌은 자연스럽게 구약의 거룩한 전쟁이라는 이미지와 연결된다. 종말론적인 주의 날이 정점에 달할 때 실현될 예수님의 재림은 우리에게 낯설지 않은 전쟁의 한 장면을 보여주며, 이때 예수님은 하나님의 군대 선봉에 서 계신다(계 19:11-21).

> **THE BIBLE UNFILTERED**
>
> 신적 메시아이신 예수님은 신약에서 용사 같은 왕으로 묘사되기도 한다. 이는 구약의 거룩한 정복 전쟁에 대한 주제를 배경으로 사용한 것이다.

한편, 요한계시록을 제외한 신약의 다른 본문들은 신적인 용사(divine-warrior)라는 주제를 종말론적이지 않은 방식으로 다르게 사용한다. 예를 들면, 에베소서 4:8-12에서 바울은, 여호와께서 바산의 산을 정복하시는 것을 배경으로(시 68:15-18), 예수님의 죽음과 부활 그리고 성령 강림 사건을 다룬다. 바산은 거룩한 전쟁에서 모세와 여호수아에 의해 패배한 대적인 거인족(르바임)과 오랜 관련이 있다. 바산은 또한 가나안 종교에서 지하 세계로 가는 관문으로 알려진 아스다롯과 에드레이 성읍들의 본거지였다(신 1:4; 3:1).[2] 이처럼 신적인 정복 전쟁이라는 배경에서, 예수님은 (대적들을 멸하고 승리하셔서) 이제는 보좌에 앉으신 왕으로 그려지고 있다.

> 그의 능력이 그리스도 안에서 역사하사 죽은 자들 가운데서 다시 살리시고 하늘에서 자기의 오른편에 앉히사 모든 통치와 권세와 능력과 주권과 이 세상뿐 아니라 오는 세상에 일컫는 모든 이름 위에 뛰어나게 하시고(엡 1:20-21).

용사이신 메시아는 자신의 영적 용사들에게 권능을 주신다

구약의 이런 성전(holy-war) 신학은 신약으로 넘어와서는 영적 전쟁이라는 주제를 잘 담고 있는 본문의 배경이 된다. 에베소서 6:11-12에서 바울은 신자들에게 이렇게 말한다.

> 마귀의 간계를 능히 대적하기 위하여 하나님의 전신 갑주를 입으라 우리의 씨름은 혈과 육을 상대하는 것이 아니요 통치자들과 권세들과 이 어둠의 세상 주관자들과 하늘에 있는 악의 영들을 상대함이라.

뒤에 이어지는 전신갑주의 자세한 내용은(엡 6:13-20) 별도로 떼어 읽어서는 안 된다. 본래 메시지의 범주에서 벗어나지 않게 읽어야 한다. 즉 여호와의 영, 이스라엘의 신적 용사가 되시는 주께서, 우리를 위해 싸우실 것이라는 진리다. 전쟁에서 승리를 가져오는 진정한 권능은 인간의 참전 여부에 있지 않다. 오직 우리의 신적인 전사-왕이신 예수님만이 승리를 쟁취하실 수 있다. 이것이 우리의 올바른 성전(holy-war) 사상이다.

약어

ABD	*Anchor Bible Dictionary*. Edited by D. N. Freedman. 6 vols. 1992.
BDAG	W. Bauer. F. W. Danker, W. F. Arndt, and F. W. Gingrich. *A Greek-English Lexicon of the New Testament and Other Early Christian Literature*. 3rd. ed. 2000.
DDD	*Dictionary of Deities and Demons in the Bible*. Edited by K. van der Toorn, B. Becking, and P. W. van der Horst. 2nd rev. ed. 1999.
DPL	*Dictionary of Paul and His Letters*. Edited by G. F. Hawthorne and R. P. Martin. 1993.
FSB	*Faithlife Study Bible*. Edited by J. D. Barry. Electronic ed. 2016.
HALOT	*The Hebrew and Aramaic Lexicon of the Old Testament*. L. Koehler, W. Baumgartner, and J. J. Stamm. Electronic ed. 1994-2000.
LBD	*Lexham Bible Dictionary*. Edited by J. D. Barry. 2016.
LEH	J. Lust, E. Eynikel, and K. Hauspie. *A Greek-English Lexicon of the Septuagint*. Rev. ed. 2003.
LES	*The Lexham English Septuagint*. Edited by Rick Brannan, Ken M. Penner, Israel Loken, Michael Aubrey, and Isaiah Hoogendyk. 2012.
LSJ	H. G. Liddell, R. Scott, and H. S. Jones. *A Greek-English Lexicon*. 9th ed. with rev. supp. 1996.
TLOT	*Theological Lexicon of the Old Testament*. Edited by E. Jenni and C. Westermann. 3 vols. 1997.

참고 문헌

Annus, Amar. "On the Origin of Watchers: A Comparative Study of the Antediluvian Wisdom in Mesopotamian and Jewish Traditions." *Journal for the Study of the Pseudepigrapha* 19 (2010): 277–320.

Barry, John D., ed. *Faithlife Study Bible*. Bellingham, WA: Lexham Press, 2016.

________. *Lexham Bible Dictionary*. Bellingham, WA: Lexham Press, 2016.

Batto, Bernard F. "The Reed Sea: Requiescat in Pace." *Journal of Biblical Literature* 102 (1983): 27–35.

Bauer, Walter, Frederick W. Danker, William F. Arndt, and F. Wilbur Gingrich. *A Greek-English Lexicon of the New Testament and Other Early Christian Literature*. 3rd ed. Chicago: University of Chicago Press, 2000.

Brannan, Rick, trans. *The Apostolic Fathers in English*. Bellingham, WA: Lexham Press, 2012.

Brannan, Rick, Ken M. Penner, Israel Loken, Michael Aubrey, and Isaiah Hoogendyk, eds. *The Lexham English Septuagint*. Bellingham, WA: Lexham Press, 2012.

Darwin, Charles. *On the Origin of Species by Means of Natural Selection, or the Preservation of Favoured Races in the Struggle for Life*. London: John Murray, Albemarle Street, 1859.

Day, John. *From Creation to Babel: Studies in Genesis 1–11*. London: Bloomsbury Academic, 2013.

Dever, William G. *Did God Have a Wife? Archaeology and Folk Religion in Ancient Israel*. Grand Rapids: Eerdmans, 2008.

Engels, Friedrich. "Progress of Social Reform on the Continent." *The New Moral World*. November 4, 1843.

Feldman, Louis H., trans. *Judean Antiquities 1–4*. Vol. 3 of *Flavius Josephus: Translation and Commentary*, edited by Steve Mason. Leiden: Brill, 2000.

Flesher, Paul V. M., and Bruce Chilton. *The Targums: A Critical Introduction*. Waco, TX: Baylor University Press, 2011.

Freedman, David Noel, ed. *Anchor Bible Dictionary*. 6 vols. New York: Doubleday, 1992.

Harrison, R. K. *Introduction to the Old Testament*. Grand Rapids: Eerdmans, 1969.

Hawthorne, Gerald F., and Ralph P. Martin, eds. *Dictionary of Paul and His Letters*. Downers Grove, IL: InterVarsity Press, 1993.

Heiser, Michael S. *The Unseen Realm: Recovering the Supernatural Worldview of the Bible*. Bellingham, WA: Lexham Press, 2015. 『보이지 않는 세계』(좋은씨앗 역간, 2019).

________. *Supernatural: What the Bible Teaches about the Unseen World—And Why It Matters*. Bellingham, WA: Lexham Press, 2015. 『성경의 초자연적 세계관』(좋은씨앗 역간, 2020).

________. *I Dare You Not to Bore Me with the Bible*. Bellingham, WA: Lexham Press, 2014.

Heiser, Michael S., H. H. Hardy, and Charles Otte. *Hebrew and Canaanite Inscriptions with English Translation*. Bellingham, WA: Lexham Press, 2008.

Hess, Richard S. *Israelite Religions: An Archaeological and Biblical Survey*. Grand Rapids: Baker Academic, 2007.

Horner, Jack, and James Gorman, *How to Build a Dinosaur: Extinction Doesn't Have to be Forever*. New York: Dutton, 2009.

Jenni, Ernst, and Claus Westermann, eds. *Theological Lexicon of the Old Testament*. Translated by Mark E. Biddle. Peabody, MA: Hendrickson Publishers, 1997.

Joüon, Paul, and Takamitsu Muraoka. *A Grammar of Biblical Hebrew*. rev. Eng. ed. Roma: Pontificio Istituto Biblico, 2006.

Keating, Karl. *The New Geocentrists*. El Cajon, CA: Rasselas House, 2015.

Keil, Carl F., and Franz Delitzsch. *Commentary on the Old Testament*. 10 vols. Peabody, MA: Hendrickson, 1996.

Kidd, Colin. *The Forging of Races: Race and Scripture in the Protestant Atlantic World, 1600–2000*. Cambridge: Cambridge University Press, 2006.

Kilmer, Anne Draffkorn. "The Mesopotamian Counterparts of the Biblical Nepilim." Pages 39–44 in *Perspectives on Language and Text: Essays and Poems in Honor of Francis I. Andersen's Sixtieth Birthday July 28, 1985*, eds. E. W. Conrad and E. G. Newing. Winona Lake, IN: Eisenbrauns, 1987.

Kitchen, K. A. *On the Reliability of the Old Testament*. Grand Rapids: Eerdmans, 2006.

Koehler, Ludwig, Walter Baumgartner, and Johann Jakob Stamm. *The Hebrew and Aramaic Lexicon of the Old Testament*. Translated and edited under the supervision of M. E. J. Richardson. Electronic ed. Leiden: Brill, 1994–2000.

Levenson, Jon D. "Poverty and the State in Biblical Thought." *Judaism* 25 (1976): 230–41.

Lichtheim, Miriam. *Ancient Egyptian Literature: Volume II: The New Kingdom*. Berkeley: University of California Press, 1976.

Liddell, H. G., R. Scott, and H. S. Jones. *A Greek-English Lexicon*. 9th ed. with rev. supp. Oxford: Clarendon, 1996.

Livingstone, David N. *Adam's Ancestors: Race, Religion, and the Politics of Human Origins*. Baltimore: Johns Hopkins University Press, 2008.

Lust, Johan, Erik Eynikel, and Katrin Hauspie, eds. *A Greek-English Lexicon of the Septuagint*. Rev. ed. Stuttgart: Deutsche Bibelge- sellschaft, 2003.

Maier, Aren M. "A New Interpretation of the Term 'opalim in the Light of Recent Archaeological Finds in Philistia." *Journal for the Study of the Old Testament* 32 (2007): 23–40.

McDonald, Lee Martin. *The Biblical Canon: Its Origin, Transmission, and Authority*. Grand Rapids: Hendrickson, 2011.

McNamara, Martin. *Targum Neofiti 1: Genesis. Vol. 1A of The Aramaic Bible*, edited by Kevin Cathcart, Michael Maher, and Martin McNamara. Collegeville, MN: Liturgical Press, 1992.

Metzger, Bruce M. *A Textual Commentary on the Greek New Testament*. 2nd ed. New York: United Bible Societies, 1994.

Myers, Eric. "Secondary Burials in Palestine." *Biblical Archaeologist* 33.2 (1970): 2–29

Snaith, Norman H. "ים־סוף : The Sea of Reeds: The Red Sea." *Vetus Testamentum* 15 (1965): 395–98.

Toorn, Karel van der, Bob Becking, and Pieter W. van der Horst, eds. *Dictionary of Deities and Demons in the Bible*. 2nd ed. Leiden: Brill, 1999.

Waltke, Bruce K. *The Book of Proverbs, Chapters 15–31*. Grand Rapids: Eerdmans, 2005.

Walton, John H. "Exodus, Date Of." Pages 258–72 in *Dictionary of the Old Testament: Pentateuch*. Edited by T. Desmond Alexander and David W. Baker. Downers Grove, IL: InterVarsity Press, 2003.

Wildberger, Hans. Isaiah 28–39: *A Continental Commentary*. Translated by Thomas H. Trapp. Minneapolis, MN: Fortress Press, 2002. Wood, Bryant G. "Did the Israelites Conquer Jericho? A New Look at the Archaeological Evidence." *Biblical Archaeology Review* 16.2 (1990): 44–59.

Wyatt, Nicolas. "Cain's Wife." *Folklore* 97 (1986): 88–95.

미주

들어가는 글

1. Michael S. Heiser, *I Dare You Not to Bore Me with the Bible* (Bellingham, WA: Lexham Press, 2014), x.
2. 이 책은 그동안 내가 잡지와 인터넷 블로그에 수록했던 기사 내용들을 상당 부분 인용한 것이다. *Bible Study Magazine*; Logos Academic Blog (https://academic.logos.com/). 그러나 더 장황한 몇 가지 내용들은 아직 출간하지 않은 원고로 구성했다.

1. 진지한 성경 공부는 유약한 자들을 위한 것이 아니다

1. BDAG는 "Bauer, Danker, Arndt, Gingrich"의 각 첫 글자를 딴 약어로, Walter Bauer, Frederick W. Danker, William F. Arndt, and F. Wilbur Gingrich 가 공동 저술한, 학계의 표준이 되는 신약성경 헬라어 어휘사전, *A Greek-English Lexicon of the New Testament and Other Early Christian Literature*, 3rd ed. (Chicago: University of Chicago Press, 2000)을 가리킨다.

2. 진지하고 정직한 태도로 성경을 문맥적으로 해석하라

1. 테르툴리아누스는 약 주후 160–225년에 살았던 인물이다. 이레나이우스는 약 주후 130–200년, 그리고 아우구스티누스는 약 주후 354–430년에 살았던 인물이다.

2. 고대 후기는 약 주후 250–750년 고대 지중해 연안과 고대 근동 지역의 역사적 기간을 의미한다. 중세는 유럽 역사의 기간으로 대략 주후 5세기 로마의 멸망에서 15세기 르네상스의 발흥까지를 의미한다. 프로테스탄트 종교개혁은 16세기 서유럽에서 발생했다. 청교도들은 잉글랜드 개신교도들의 무리로, 주로 16–17세기와 관련된다.

3. 진정성 있는 성경 읽기와 초자연적 세계

1. Michael S. Heiser, *The Unseen Realm: Recovering the Supernatural Worldview of the Bible* (Bellingham, WA: Lexham Press, 2015), 32–36. 『보이지 않는 세계』, 58-65을 보라.
2. Heiser, Unseen Realm, 32. 『보이지 않는 세계』, 58-59.

4. 성경을 성경 되게 하라

1. 예를 들면, 다음과 같은 로고스 교육용 소프트웨어 프로그램(Logos Mobile Education), "Learn to Use Biblical Greek and Hebrew with Logos 6"을 사용할 수 있다.
2. Michael S. Heiser, *Supernatural: What the Bible Teaches about the Unseen World—And Why It Matters* (Bellingham, WA: Lexham Press, 2015). 『성경의 초자연적 세계관』.
3. Michael S. Heiser, "The Old Testament and the Ancient Near Eastern Worldview," *FSB*.

5. 잘못된 성경 해석은 사람들에게 상처를 줄 수 있다

1. 잘못된 성경 해석이 인종차별 또는 민족 우월주의 이론들로 이어지는 과정과 그런 사례에 대한 연구가 최근 학계에서 이뤄진 바 있다. 예를 들면, David N. Livingstone, *Adam's Ancestors: Race, Religion, and the Politics of Human Origins* (Baltimore: Johns Hopkins University Press, 2008); Colin Kidd, *The Forging of Races: Race and Scripture in the Protestant Atlantic World, 1600–2000* (Cambridge: Cambridge University Press, 2006)을 보라.

2. Charles Darwin, *On the Origin of Species by Means of Natural Selection, or the Preservation of Favoured Races in the Struggle for Life* (London: John Murray, Albemarle Street, 1859).

6. 고집스런 문자주의 해석: 뿌린 대로 거둔다

1. See, for example, Karl Keating, *The New Geocentrists* (El Cajon, CA: Rasselas House, 2015).
2. For a description of Old Testament cosmology, see my article "The Old Testament and the Ancient Near Eastern Worldview," *FSB*.

9. 마르크스주의와 성경신학은 동의어가 아니다

1. 내가 운영하는 인터넷 블로그에 수록된 가난과 성경의 신학에 대한 12편의 시리즈에 이 내용이 더 상세하게 설명되어 있다. The Naked Bible(http://drmsh.com/category/biblical-theology-doctrine/social-justice/).
2. Jon D. Levenson, "Poverty and the State in Biblical Thought," *Judaism* 25 (1976): 230-41.
3. Levenson, "Poverty," 235.
4. Friedrich Engels, "Progress of Social Reform on the Continent," *The New Moral World*, November 4, 1843.

10. 예언을 해석(또는 잘못 해석)하는 방법

1. 6장 "고집스런 문자주의 해석: 뿌린 대로 거둔다"를 보라.
2. 여기서 '사람들'은 히브리어 '아담'(*'adam*)을 상기시키는 표현이다.
3. 히브리어로는 '에돔'(*'edom*)이다. 사람들(mankind)이라는 표현에 쓰인 단어와 에돔이라는 단어에는 똑같은 히브리어 자음 표기(*'dm*)가 사용되고 있다. 주후 1세기 히브리어 본문에서 모음은 명확히 표기되지 않았다. 오늘날 우리가 히브리어 성경 본문을 통해 알고 있는 모음 표기는 마소라 사본에서 사용되기 시작했다(주후 약 600-1000년).

11. 여호와께서 가인을 낳으셨다?

1. 문자적으로, "I have gotten [*qanithi*] a man [*ish*] with YHWH [*eth-YHWH*]."
2. 예를 들면, N. Wyatt, "Cain's Wife," *Folklore* 97:1 (1986): 88–95 (esp. 88).

12. 당신 서재의 창세기 주석들은 추억의 카세트테이프에 불과하다

1. 창세기 6:1–4에 대한 해석적 방안들, 그리고 하나님의 아들들과 네피림 사이의 연관성에 대해 자세히 보려면, Heiser, *Unseen Realm*, 92–108. 『보이지 않는 세계』, 160-190을 보라.
2. Amar Annus, "On the Origin of Watchers: A Comparative Study of the Antediluvian Wisdom in Mesopotamian and Jewish Traditions," *Journal for the Study of the Pseudepigrapha* 19 (2010): 277–320.
3. Such as: J. C. Greenfield, "Apkallu," *DDD* 72–74; Anne Draffkorn Kilmer, "The Mesopotamian Counterparts of the Biblical Nepilim," *Perspectives on Language and Text: Essays and Poems in Honor of Francis I. Andersen's Sixtieth Birthday July 28, 1985*, eds. E. W. Conrad and E. G. Newing (Winona Lake, IN: Eisenbrauns, 1987): 39–44.

13. 이름에 담긴 의미는 무엇인가?

1. 이 신성한 이름은 '제호바'("Jehovah" 또는 "Yehovah" 또는 "Yahovah")로 발음되어서는 안 된다. "Jehovah"는 독일식 철자법이다. 독일어에서 "j"는 영어의 "y"처럼 발음된다. "Jehovah"라는 발음과 철자는 중세 시대에 히브리 필사자들의 관행을 오독한 것에서 비롯된 것이다. 필사자들은 경외심 때문에 하나님의 이름을 감히 발음하길 거부했다. 그들이 그 이름을 기록해야 할 때면, 그들은 네 개의 자음들(*yhwh*)로만 그것을 표기했다. 그리고 '아도나이'(*adonay*, "lord")라는 단어에서 모음들을 대신 빌려왔고, 이는 그 단어가 '아도나이'라고 소리 내어 읽어져야 함을 의도한 것이었다. *yhwh*라는 자음들을 이용한 다른 어떤 변형적인 발음도 의도된 것이 아니다. 그런 식으로 합쳐진 *yahovah* 또는 *yehovah*는 인위적으로 만들어낸 표현이다. 그것은 둘이 함께 읽혀져서는 안 되는 각각의 자음과 모음들이 합쳐진 것에 따른 오해에서 비롯된 것이다.

2. 히브리어 문자 '바브'("w") 와 '요드'("y")는 일부 단어의 철자에서 상호교환이 가능할 수 있게 되었다.
3. Ernst Jenni, "Yahweh," *TLOT* 522를 보라.
4. 고대 히브리어와 아람어에서 접두어 *yi*-는 접두어 *ya*-에서 파생되었다. Paul Joüon and Takamitsu Muraoka, *A Grammar of Biblical Hebrew*, rev. Eng. ed. (Roma: Pontificio Istituto Biblico, 2006), 118 [§41e]를 보라. 하나님의 신성한 이름 표기와 관련해서도 이런 일이 있었을 가능성이 있다.

14. 로스트 시즌, 바다 편

1. 출애굽기 14장은 이스라엘 앞을 가로막고 있는 물을 단지 "바다"(*yam*)로 언급하지만, 당시 사건을 언급하는 다른 여러 본문들은 그 바다를 *yam suph*로 적고 있다(예를 들면 출 13:18; 15:4; 신 11:4; 수 2:10; 4:23; 24:6; 느 9:9; 시 106:9; 136:15).
2. 민수기 33:8–10. 강조가 추가되었다.
3. 이 해석에 대하여는, Norman H. Snaith. "ים־סוף: The Sea of Reeds: The Red Sea." *Vetus Testamentum* 15 (1965): 395–98; 그리고 Bernard F. Batto, "The Reed Sea: Requiescat in Pace," *Journal of Biblical Literature* 102 (1983): 27–35를 보라.

16. 구약에 나타난 여호와의 천사

1. 사사기 6:12–17, 21–23의 인용문에서는 강조를 위한 볼드체가 첨가되었고, 몇몇 대명사의 지시 대상을 직접적으로 밝혔고, 화자 전환을 표시하기 위해 문단 띄어쓰기로 형식을 꾸몄다. 사용 본문은 LEB이다.
2. Metzger는 "예수"가 "헬라어 및 이형(異形) 사본에서 가장 신뢰할 만한 독법이다"라고 평했다(Bruce M. Metzger, *A Textual Commentary on the Greek New Testament*, 2nd ed. [New York: United Bible Societies, 1994], 657). 또한, Heiser, *Unseen Realm*, 270n9. 『보이지 않는 세계』, 457n9을 보라.

18. 들짐승(귀신)이 거하는 곳

1. *Dictionary of Deities and Demons in the Bible*(*DDD*) 사전에서 관련된 표제

어를 찾아보라.

2. 많은 주석가들이 그들을 그렇게 여기고 있다(예를 들면 C. F. Keil and F. Delitzsch, *Commentary on the Old Testament*, 10 vols. [Peabody, MA: Hendrickson, 1996], 7:198).
3. LSJ, s.v. "ὀνοκενταύρα."
4. LEH, s.v. "ὀνοκένταυρος."
5. 13절의 동물들을 단순히 야생동물로 생각하는 대부분의 주석가들도 14절에서 언급된 짐승들이 악귀적인 존재를 상징하는 것일 가능성을 열어두고 있다. Hans Wildberger에 따르면, 그 이미지는 불길한 동물들과 악귀적인 피조물들을 포함하지만, 본문 자체는 그 둘 사이의 경계선을 모호하게 그리고 있다(*Isaiah 28–39: A Continental Commentary* [Minneapolis, MN: Fortress Press, 2002], 335).
6. M. Hutter, "Lilith," *DDD* 520–21을 보라.

20. 계속되는 여리고 전투

1. 출애굽의 연대와 관련한 논쟁을 상세히 소개하는 개관에 대해서는, John H. Walton, "Exodus, Date of" in *Dictionary of the Old Testament: Pentateuch*, ed. T. Desmond Alexander and David W. Baker (Downers Grove, IL: InterVarsity Press, 2016), 258–72을 보라.
2. 20세기 초중반 고고학적 논쟁과 관련한 역사에 대해서는, R. K. Harrison, *Introduction to the Old Testament* (Grand Rapids: Eerdmans, 1969), 174–77을 보라.
3. 가나안 정복과 관련한 고고학적 자료에 관한 논의에 대해서는, T. Michael Kennedy, "Canaan, Conquest of," *LBD*를 보라.
4. Bryant G. Wood, "Did the Israelites Conquer Jericho? A New Look at the Archaeological Evidence," *Biblical Archaeology Review* 16.2 (1990): 44–59를 보라.
5. E.g., K. A. Kitchen, "Exodus, The," *ABD* 2:702–703; compare K. A. Kitchen, *On the Reliability of the Old Testament* (Grand Rapids: Eerdmans, 2006), 307–310.

21. 성경에 등장하는 신성한 나무들

1. 테레빈나무(terebinth)와 상수리나무(oak)는 상호 교환이 가능한 표현이다 (Irene Jacob and Walter Jacob, "Flora," *ABD*, 2:806을 보라).
2. Heiser, *Dare You*, 173–75.

22. 보아스는 율법 위반자인가?

1. 이후 랍비들의 가르침에서 룻의 회심에 주목했고, 신명기 23:3의 단어 형태가 남성형이기 때문에 그것은 암몬과 모압의 '남자들'만 의미한 것일 뿐이라고 첨언했다(Sifre 249; m. Yevamot 8:3을 보라).

23. 쥐와 남성에 대하여

1. 예를 들면, LEB와 ESV는 둘 다 *ophalim*을 "tumors"(종양/종기)로 번역한다.
2. *Qere*라는 단어는 삼상 6:11, 17의 일부 마소라 사본에서 연속적으로 발견된다. *ophalim*이라는 용어는 구약에서 여섯 차례, 사무엘상 5-6장의 블레셋 에피소드 문맥 밖에서는 단 한 차례 사용되고 있다. 그 예외적인 용례는 신명기 28:27이다. 그 본문에서 이 용어는 "괴혈병과 피부병"이라는 표현과 함께 사용되어, "종기"라는 의미를 지닐 가능성이 있다. 그러나 블레셋 이야기에서는 그런 수식어가 나타나지 않는다.
3. 그 용어(Ophel)는 고대 예루살렘의 길쭉하게 솟은 남동쪽 산등성이를 가리키는 명칭이 되었다(대하 27:3; 느 3:26–27). 일부 학자들은 이 *ophel*이라는 단어가 사무엘상 5-6장에서 사용된 것과 동형이의어(homograph. 즉 철자는 똑같으나 실제 의미는 서로 다른 단어)일 것으로 생각하기도 한다.
4. Aren M. Maier, "A New Interpretation of the Term ʾopalim in the Light of Recent Archaeological Finds in Philistia," *Journal for the Study of the Old Testament* 32 (2007): 23–40.

24. 사무엘의 영, 그리고 사울에게 임한 심판

1. J. Tropper, "Spirit of the Dead," *DDD* 806–809을 보라.

26. 고대의 대적들을 물리치는 일

1. Heiser, "Rephaim," *LBD*를 보라.
2. 대상 20:6-8의 병행 본문에서는 *ha-raphah*를 마지막 글자가 다르게(*ha-rapha'*)와 표기하고 있으며, 두 가지 표기법이 서로 교환 가능함을 보여준다. 후자의 표기법은 '르바임'(*rephaim*)에 해당하는 히브리어에 사용된다.

27. 여호와와 그의 아세라?

1. 이런 문구가 포함된 히브리어/가나안어 비문은 쿤틸렛 아즈루드(Kuntillet Ajrud) 그리고 키르벳 알 쿰(Khirbet El-Qom)이란 지역에서 발견되었다. 그 내용을 다음 자료에서 볼 수 있다. Michael S. Heiser, H. H. Hardy, and Charles Otte, *Hebrew and Canaanite Inscriptions* (Bellingham, WA: Lexham Press, 2008). Khirbet El-Qom 3 and Kuntillet Ajrud 14, 18, 19.1, 20을 보라.
2. Kuntillet Ajrud 18, line 2 (see Heiser, Hardy, and Otte, *Hebrew and Canaanite Inscriptions*).
3. 이런 비문들의 해석에 대한 더 상세한 개관은, Richard S. Hess, *Israelite Religions: An Archaeological and Biblical Survey* (Grand Rapids: Baker Academic, 2007), 283–90을 보라.
4. Jeremiah K. Garrett with Douglas Mangum, "Goddess," *LBD*를 보라.
5. 아쉬타르트(Ashtart)는 페니키아 여신의 이름이다. 우가리트에서 그 이름은 앗타르투(Athtartu)로 표기된다. 그리스어로는 아스타르테(Astarte)가 된다. 구약에서 그 이름은 주로 "아스다롯"(Ashtoreth)으로 나타나고 있다(예를 들면 왕상 11:5; Peter B. Boeckel, "Ashtoreth," *LBD*를 보라).
6. Eric Tully, "Asherah," *LBD*를 보라.
7. Hess, Israelite Religions, 283.
8. 21장 "성경에 등장하는 신성한 나무들"을 보라.
9. 지혜를 뜻하는 히브리어 *hokhmah*는 문법적으로 여성형이다.
10. Hess, *Israelite Religions*, 287–88.
11. William Dever는 이 비문은 일부 고대 이스라엘인들이 여호와에게 배우자가 있다고 믿은 하나의 증거로 이해되어야 한다고 주장한다(*Did God Have a*

Wife? Archaeology and Folk Religion in Ancient Israel [Grand Rapids: Eerdmans, 2008], 162–67).

28. 천사들은 완전한 존재가 아니다

1. 벧후 2:4–5; 유 1:6을 보라.
2. Heiser, *Unseen Realm*, 92–123. 『보이지 않는 세계』, 160-216.

30. 쥐라기 성경?

1. Jack Horner and James Gorman, *How to Build a Dinosaur: Extinction Doesn't Have to be Forever* (New York: Dutton, 2009). Horner는 《쥐라기 공원》의 기술 자문을 맡기도 했다.
2. Douglas Mangum with Matthew James Hamilton, "Leviathan," *LBD*.
3. Mangum with Hamilton, "Leviathan," *LBD*.
4. Trent C. Butler and Douglas Mangum, "Dragon and Sea," *LBD*; Douglas Mangum, "Rahab the Sea Monster," *LBD*를 보라.
5. 시편 74:12–17는 광야에서 하나님의 승리를 묘사하기 위해 홍해를 가르고 바로를 정복하는 등의 표현과 함께 창조의 전쟁 이미지를 사용하고 있음에 주목하라.

31. 잠언이 이집트의 지혜라고?

1. Translation of Amenemope from Miriam Lichtheim, *Ancient Egyptian Literature: Volume II: The New Kingdom* (Berkeley: University of California Press, 1976), 146–62.

32. 핀 숯을 그들의 머리 위에 쌓아놓기

1. Bruce K. Waltke, *The Book of Proverbs: Chapters 15–31* (Grand Rapids: Eerdmans, 2005), 331을 보라.

33. 사후 세계에 대한 부정

1. 다른 예로는 전 2:16; 3:19; 9:2–3 등이 있다.

2. "Old Testament Theology of the Afterlife"에 대한 내 소논문을 보라. *FSB*.
3. 가장 일반적인 표현들은 "자기 백성에게 돌아갔다"(gathered to his people) 그리고 "그의 조상들과 함께 잠이 들었다"(slept with his fathers)이다; 동일한 개념이 때로는 "그들의/너희의 조상들에게 돌아갔다"(gathered to their/your fathers)는 표현으로도 쓰였다(삿 2:10; 왕하 22:20; 대하 34:28).
4. 이 주제에 대한 탁월한 연구에 관하여는, Eric Myers, "Secondary Burials in Palestine," *Biblical Archaeologist* 33.2 (1970): 2–29 (esp. 15–17)을 보라.

34. 솔로몬의 신부인가? 예수님의 신부인가?

1. Lee Martin McDonald, *The Biblical Canon: Its Origin, Transmission, and Authority* (Grand Rapids: Hendrickson, 2011), 111–13을 보라.
2. Christopher M. Jones, "Song of Songs, Book of, Critical Issues," *LBD*.
3. McDonald, *Canon*, 112–13.

35. 초자연적 북쪽 끝에서 출현한 곡

1. J. Lust, "Gog," *DDD* 373–75을 보라.

36. 하나님을 간접적으로 보는 것

1. HALOT, s. v. "שׁוּד."

38. 스가랴서의 신적인 메시아

1. 16장 "구약에 나타난 여호와의 천사"를 보라.
2. 36장 "하나님을 간접적으로 보는 것"을 보라.
3. "The Name Theology of the Old Testament"에 대한 내 소논문을 보라. *FSB*.
4. Heiser, *Unseen Realm*, 270. 『보이지 않는 세계』, 456-457.

40. 귀신들, 돼지 떼, 우주적 지형

1. Heiser, *Dare You*, 139–41.
2. Heiser, *Dare You*, 67–69.

41. 기이한 권능의 표적들

1. Josephus, *Antiquities* 3.123; 3.180–181; see Louis H. Feldman, trans., *Judean Antiquities* 1–4, vol. 3, *Flavius Josephus: Translation and Commentary*, ed. Steve Mason (Leiden: Brill, 2000), 280n475.
2. 하나님의 초자연적인 신적 능력을 감안한다면, 마태의 기록에 대한 역사성을 부인할 필요는 없다. 그럼에도 우리가 굳이 그 불일치하는 부분들을 회피하려고 한다면, 그런 결정은 마태가 전하는 부활 이후 기록의 또 다른 부분들을 거부해야만 하는 필요성을 제기할 것이다. 또한, "그의 부활 후"(마 27:53)라는 표현은 부활의 "첫 열매"이신 예수님에게 우선성을 부여한다(고전 15:20, 23); 그것은 어떤 시간적 순서를 구체적으로 명시하는 것은 아니다(예수님이 운명하셨을 때 죽은 자들이 무덤에서 일어났지만 그들은 그의 부활 때까지 모습을 드러내기를 기다려야 했다는 식으로).

42. 축귀 은사는 누구를 위한 것인가?

1. Katie Jagel, "Poll Results: Exorcism," YouGov, September 17, 2013, https://today.yougov.com/news/2013/09/17/poll-results-exorcism/.
2. 40장 "귀신들, 돼지 떼, 그리고 우주적 형세"를 보라.
3. 예를 들어, Testament of Joseph 6:1–8을 보라. 그것은 주전 2세기부터 주후 2세기 또는 그 이후의 저작으로 추정된다. 이 자료에는 기독교식의 가필한 내용들이 상당한 것으로 알려져서 본래 유대인 또는 그리스도인의 저작인지에 대한 논쟁이 있다(Janghoon Park, "Testaments of the Twelve Patriarchs," *LBD*를 보라).

43. 하나님이신 말씀

1. 요한복음의 '로고스' 이미지에 대한 타르굼 배경에 대해서는, Paul V. M. Flesher and Bruce Chilton, *The Targums: A Critical Introduction* (Waco, TX: Baylor University Press, 2011), 423–36을 보라.
2. 모세오경에 대한 세 개의 주요 타르굼들이 있다. 옹켈로스(Onqelos), 네오피티(Neofiti), 그리고 위-요나단(Pseudo-Jonathan)이다. 타르굼 요나단 선지서

(Targum Jonathan to the Prophets)는 전선지서와 후선지서를 망라한다. 물론, 옹켈로스와 요나단은 랍비 유대교에서 가장 중요한 것으로 보인다(Flesher and Chilton, Targums, 9).

3. 여기 수록된 타르굼 역은 내가 사역한 것이다.
4. Martin McNamara, *Targum Neofiti 1: Genesis*, vol. 1A of *The Aramaic Bible*, ed. Kevin Cathcart, Michael Maher, and Martin McNamara (Collegeville, MN: Liturgical Press, 1992), 37–38.

44. 민족의 목록과 사도행전 2장

1. "민족의 목록"(Table of Nations)은 창 10장의 목록과 연결된다. 이 목록은 그것이 기록될 당시에 알려진 세상을 모두 열거하는데, 고대 근동 및 고대 지중해의 민족 집단을 망라한다. 각 민족의 이름은 그 대표적인 선조의 이름을 따르고 있다(Michael S. Heiser, "Understanding the Table of Nations," *FSB*을 보라).
2. 내가 사역한 것이다.
3. "하나님의 아들들"(sons of God)이라는 독법은 구약의 헬라어 역본인 칠십인역에 의해 지지된다. 이 칠십인 역은 전통적인 히브리 본문보다 훨씬 오래된 사본의 전통을 반영하고 있다.

45. 바울의 선교 목표

1. 43장 "하나님이신 말씀"을 보라.
2. 다시스의 위치에 대한 일부 논쟁이 있으나, John Day는 다시스가 에게해 지역이 아닌 스페인 부근에 위치해 있음을 훌륭하게 증명해 내고 있다("Where was Tarshish [Gen 10:4]?" in *From Creation to Babel: Studies in Genesis 1–11* [London: Bloomsbury Academic, 2013], 154–165을 보라).
3. 스페인에 당도하고자 했던 바울의 열망에 대한 더 자세한 내용은, Heiser, *Unseen Realm*, 302–306. 『보이지 않는 세계』, 510-516을 보라.
4. Rick Brannan, trans., *The Apostolic Fathers in English* (Bellingham, WA: Lexham Press, 2012), I Clement 5.5–7.

46. 깨닫지 못하게 하신 신적인 섭리

1. 사해 두루마리 사본에 따른 것이다. ESV를 보라.
2. 테오도티온(Theodotion)의 칠십인역 사본은 일관되게 *archōn*과 *archontōn*의 독법을 사용한다. 다른 칠십인역 사본들은 간혹 다른 용어를 쓰기도 한다.

48. 신약에서 영적으로 양자되고 자녀된 것에 대한 의미

1. Heiser, *Unseen Realm*, 110–15. 『보이지 않는 세계』, 191-201.
2. 다음 신약 본문들은 여기서 묘사된 자녀됨과 양자됨, 그리고 영화에 대한 언어를 대표적으로 보여주고 있다. 눅 20:34-36; 요 1:11; 롬 8:15–23, 9:6–8; 엡 1:4–5, 2:19–22; 골 1:11–13; 히 2:5–13; 요일 3:1; 벧후 1:2–4.

49. 성령이 되시는 주님

1. "Bashan and the Gates of Hell"에 대한 내 소논문을 보라. *FSB*.
2. 또한, 롬 8:9–10; 빌 1:19; 갈 4:4–6; 벧전 1:10–11을 보라.

51. 언어 표현에 주의하라?

1. LSJ, s.v. "σκύβᾰλον."

52. 더는 종노릇하지 않는다

1. Daniel G. Reid, "Elements/Elemental Spirits of the World," *DPL* 229을 보라. 내 목록은 기본적으로 Reid의 것을 따랐다. 그러나 그 가능성들을 다른 방식으로 세분화했다.

53. 세례와 할례의 관계

1. 오늘날, 종종 "여성 생식기 훼손"(female genital mutilation, FGM)으로 언급되는 그런 관행은 국제 사회로부터 강력한 비난을 받고 있다. 2012년 12월, UN은 이 같은 행위를 규탄하는 결의안을 통과시켰다(http://www.un.org/apps/news/story.asp?NewsID=43839).
2. Heiser, *Dare You*, 17.

54. 어둠의 권세를 무력화시키다

1. 일부 번역본은(예를 들면 ESV) 15절 하반부를 "그 안에서 그들에게 승리를 거둔 것"(triumphing over them in him)으로 쓰고 있다. 헬라어 사본은 LEB와 ESV, 두 번역을 모두 허락하지만, 문맥은 십자가("it")를 가리키고 있다.
2. 60장 "예수, 우리의 용사"를 보라. 이 주제에 대한 더 폭넓은 논의를 위해서는, 『보이지 않는 세계』 14–15장, 32–35장을 보라.
3. ESV에 반영된 것처럼, 사해 두루마리 사본에 따른 신명기 32:8의 "하나님의 아들들"에 대한 독법. Heiser, *Dare* You, 67–69를 보라.

55. 영감은 사건이 아니라 일련의 과정이다

1. 예수님의 시험에 대한 마태와 마가의 기사를 각각 비교해 보라. 마 4:1-11; 막 1:12–13.
2. 마태, 마가, 누가에서 열두 제자를 부르신 후의 사건들을 각각 비교해 보라(마 10:1–4; 막 3:13–19; 눅 6:12–15).

56. 빛들의 아버지

1. 예를 들면, "Father of light"(Testament of Abraham B 7:6), "Father of the universe/cosmos"(Philo, *De Specialibus Legibus* 1.96), and "prince of lights"(사해 두루마리 사본의 다마스커스 문서[Damascus Document] 5:18 그리고 훈련교본[Manual of Discipline] 3:20).
2. 태양이 천구의 적도에서 가장 먼 거리에 위치하는 하지점/동지점의 시점. 그런 의미에서 사용된 *tropē*에 관하여는, Herodotus, *Hist.* 2.19; Thucydides, *Hist.* 7.16; and Wisdom of Solomon 7:18을 보라.

57. 귀신들은 하나님에 대해 무엇을 믿는가?

1. 이것은 ESV의 독법이다. 다른 많은 영어 번역본들은 신 32:8을 "이스라엘의 아들들을 따라"(according to the sons of Israel)라고 번역해 놓았다." 반면 사해 두루마리 사본을 사용해 이 구절을 번역한 ESV가 오히려 맞다고 본다. 게다가 "이스라엘의 아들들"은 문맥에 맞지 않는다. 바벨탑 사건 당시 이스라엘은 민족

으로 존재하지도 않았기 때문이다. 이는 창 10장의 열국 목록에서 "이스라엘"이 포함되지 않은 이유이기도 하다.

2. 신적 존재들에 대한 다양한 용어들에 관하여는, Heiser, *Unseen Realm*, 30–34.『보이지 않는 세계』, 54-62을 보라. 민족들이 상속권을 박탈당하고 다른 신적 존재들의 다스림 아래 배정된 사실에 대해서는, Unseen Realm, 110–15.『보이지 않는 세계』, 191-201을 보라.

60. 예수, 우리의 용사

1. 신구약 전반에 나타나는, 신들의 실체 및 이런 개념에 관해서는『보이지 않는 세계』를 보라.
2. Heiser, "Bashan and the Gates of Hell," *FSB*을 보라.

성경 색인

구약

창세기